Guido Baltes

PAULUS – JUDE MIT MISSION

Guido Baltes

Paulus – Jude mit Mission

Alter Glaube in einer veränderten Kultur

Francke

Über den Autor:
Dr. Guido Baltes ist evangelischer Theologe und Pfarrer und lebt mit seiner Frau Steffi in Marburg. Er arbeitet als Dozent für Neues Testament am MBS Bibelseminar und ist Lehrbeautragter für Neues Testament an der Philipps Universität Marburg.

FSC
www.fsc.org
MIX
Papier aus verantwortungsvollen Quellen
FSC® C014138

Bibliografische Information der Deutschen Nationalbibliothek
Die Deutsche Nationalbibliothek verzeichnet diese Publikation in der Deutschen Nationalbibliografie; detaillierte bibliografische Daten sind im Internet über http://dnb.dnb.de abrufbar.

2. Auflage 2021
ISBN 978-3-86827-617-6

35037 Marburg an der Lahn
Umschlagbilder: © iStockphoto.com / stellalevi; Joel Carillet
Umschlaggestaltung: Francke-Buch GmbH / Sven Gerhardt
Satz: Francke-Buch GmbH
Printed in Czech Republic

www.francke-buch.de

Inhaltverzeichnis

*Für meine Eltern, die mich
als weitsichtige Wegbereiter,
großherzige Förderer und
weise Gesprächspartner auf
meinem Weg ins Leben und in
den Glauben begleitet haben.*

Kapitel 1

Paulus: Alte und neue Perspektiven

Eine Einführung

Vor drei Jahren habe ich in meinem Buch über Jesus, den Juden, viele meiner Erfahrungen und Entdeckungen in der Begegnung zwischen Christen und Juden beschrieben. Nun folgt ein weiteres Buch über einen berühmten Juden des ersten Jahrhunderts: Paulus. Pharisäer und Missionar, Christenverfolger und Gemeindegründer, Handwerker und Schriftsteller. Autor der ältesten uns bekannten christlichen Schriften. Und ein Jude aus tiefster Überzeugung.

Aber genau hier beginnt schon die Frage: War Paulus denn wirklich ein Jude? In gleicher Weise wie Jesus? Und blieb er es bis zum Ende seines Lebens? Oder hat Paulus nicht doch irgendwann die Grenzen des jüdischen Glaubens verlassen, um sich einem neuen Glauben zuzuwenden? In diesem Buch möchte ich dieser Frage nachgehen.

Ein Experiment

Dieses Buch ist kein Lehrbuch über Paulus. Keine umfassende Darstellung seines Lebens, keine Zusammenfassung seiner Theologie. Es gibt bereits viele gute Bücher, die sich dieser Aufgabe gewidmet haben.[1] In meinem Jesus-Buch habe ich den Fehler gemacht, das nicht deutlich genug und gleich am Anfang gesagt zu haben. So gab es viele Leser, die in dem Buch Wichtiges vermisst haben, was auch noch über Jesus hätte gesagt werden müssen, um das Bild abzurunden. Natürlich kann man über Jesus mehr sagen, als dass er ein Jude war. Und über Paulus auch. Darum soll es aber in diesem Buch nicht gehen. Ich möchte vielmehr zu einem Experiment einladen. Zu einem Experiment, dessen Ausgang für mich, das gebe ich ehrlich zu, selbst noch nicht feststeht. Das Experiment lautet: Wie ändert sich mein Bild von Paulus, wenn ich ihn nicht durch die gewohnte Brille meiner christlichen Tradition betrachte, sondern durch die Brille des jüdischen Glaubens? Was kann ich lernen, wenn ich auf die Stimmen jüdischer Forscher und Ausleger höre, die Paulus oft so ganz anders sehen und verstehen als ich? Wie klingen die Briefe des Paulus, wenn ich sie neben die Schriften der jüdischen Rabbinen und der Rollen vom Toten Meer lege? Klingt dann vielleicht manches, was mir bisher vertraut war, ganz anders? Und ist es möglich, Paulus als einen Juden zu verstehen, der das Judentum zeit seines Lebens nicht verlassen hat? Der festhielt am Glauben seiner Väter, am Gesetz des Moses, am Tempel in Jerusalem, an der Hoffnung auf den Messias? Und der dennoch diesen Glauben auch mit denen teilen wollte, die keine Juden waren?

Ehrliche Fragen – offene Antworten

Ich gebe zu, dass ich selbst noch nicht auf alle diese Fragen Antworten gefunden habe. Und dass ich noch nicht weiß, wohin dieser Weg führt, wenn man ihn einmal einschlägt. Aber ich möchte ihn neugierig gehen und Sie einladen, mich zu begleiten. Denn so viel kann ich jetzt schon sagen: Im Blick auf Jesus gab es für mich so viel Neues, Interessantes und Überraschendes zu entdecken, nachdem ich angefangen hatte, ihn durch die Augen jüdischer Kollegen, Freunde und Autoren zu sehen. Ich bin daher davon überzeugt, dass es bei Paulus ähnlich viel zu entdecken gibt. Aber ich habe inzwischen auch gelernt, dass die Forschung im Blick auf Paulus noch weit unausgereifter, die Meinungen deutlich geteilter und die Emotionen merklich angespannter sind als bei der Frage nach Jesus. Paulus ist nicht nur innerhalb der Christenheit, sondern auch zwischen Juden und Christen umstrittener als Jesus. Aber genau das macht mich neugierig. Neugierig, den Weg weiterzugehen, den ich bei Jesus begonnen habe. Aber ich möchte ihn fragend gehen. Suchend, bereit, Neues zu entdecken und aus Fehlern zu lernen.

Neues aus der Welt der Paulusforschung

Nicht alles ist dabei unsicher: Die neuere Forschung zu Paulus und seiner jüdischen Welt hat in den letzten Jahrzehnten jede Menge guter, interessanter und neuer Einsichten erbracht, die in der wissenschaftlichen Welt inzwischen zum Allgemeinwissen gehören. Viele davon sind aber bisher nur in Fachbüchern zu finden, die für Nicht-Theologen schwer zugänglich sind. Mit diesem Buch möchte ich daher dazu beitragen, dass diese neuen Entdeckungen eine weitere Verbreitung in Gemeinden, Bibelkreisen und Predigten finden. Manches in diesem Buch ist aber tatsächlich auch neu, ungewohnt und selbst unter meinen theologischen Kollegen nicht unumstritten. Es sind Beobachtungen, Ideen, Entdeckungen, die mir wichtig geworden sind. Interessante Einsichten, die ich aus dem jüdisch-christlichen Gespräch gewonnen oder in Forschungsarbeiten jüdischer Autoren gefunden habe. Und ich bitte darum, sie als einen Vorschlag zum Gespräch zu verstehen. Aus den Schriften der alten Rabbinen habe ich gelernt, dass es gut ist, unterschiedliche Meinungen offen zu diskutieren und auszutauschen, auch dann, wenn sie auf den ersten Blick abwegig zu sein scheinen. Dort wird nicht erst das aufgeschrieben, was als fertiges Ergebnis feststeht, sondern auch der Prozess der Suche selbst und die unterschiedlichen Meinungen der Rabbinen, die über eine Sache streiten. In jüdischen Lehrhäusern ist es üblich, in Partnerarbeit (hebr. *chevruta*) zu lernen, um gemeinsam Texte zu studieren, Lösungen für Probleme zu entwickeln und Antworten auf knifflige Fragen zu finden: Zwei Toraschüler sitzen sich dabei an einem Pult oder Tisch gegenüber und tauschen sich intensiv und oft auch lautstark über das aus, was sie beim Studium von Tora oder Talmud entdecken. Ich lade Sie also ein zu einer solchen *chevruta*: Dieses Buch enthält meine Entdeckungen, Vorschläge und Ideen. Und ich bin gespannt darauf, welche Reaktionen, Antworten, Ergänzungen und Widersprüche es hervorrufen wird.

Von Jesus zu Paulus: Eine Fortsetzung des Weges

Dieses Buch ist also in gewisser Weise eine Fortsetzung meines Jesus-Buches. Aber ich habe versucht, es so zu schreiben, dass man es auch lesen kann, ohne das erste Buch zu kennen. Manches Grundlegende allerdings will ich hier nicht in gleicher Breite noch einmal sagen. Dazu gehört der ausführliche Einblick in meinen eigenen Lebensweg und meine Begegnung mit dem Judentum in Schule, Studium und einigen Jahren des beruflichen Lebens in Jerusalem. Ein Weg, auf dem ich bei mir viele Vorurteile und Missverständnisse über das Judentum entdeckt, aber auch viele interessante Menschen kennengelernt habe, die mir geholfen haben, solche Vorurteile zu überwinden. Einige davon habe ich in meinem Jesus-Buch beschrieben. Und aus den Reaktionen von Lesern habe ich erfahren, dass es vielen anderen tatsächlich ganz ähnlich ging wie mir.

Ich habe außerdem in meinem ersten Buch versucht, ein Grundwissen über die wichtigsten Inhalte des jüdischen Glaubens und Lebens zu vermitteln, sowie die grundlegenden Texte und Quellen des

Judentums und die bedeutendsten Rabbinen der Reihe nach vorzustellen. Das alles will ich hier nicht noch einmal wiederholen, sondern setze es voraus. Allen Lesern, die sich bisher mit dem Judentum nicht viel beschäftigt haben, lege ich also nahe, zunächst mit dem ersten Buch zu beginnen. Wer aber ein gewisses Grundwissen über das Neue Testament und das Judentum mitbringt, der wird diesem Buch hier folgen können, auch ohne das erste zu kennen.

Paulus und Jesus: Zwei Welten?

Dass Jesus ein Jude war und zeit seines Lebens blieb, ist heute für viele Christen eine Selbstverständlichkeit. Zwar mussten dazu in den letzten Jahrzehnten eine ganze Menge von Missverständnissen, Vorurteilen und Schieflagen der Vergangenheit ausgeräumt und überwunden werden. Leider hat erst die schreckliche Katastrophe der Schoa hier wirklich zu einem tiefen Umdenken beigetragen. Aber heute ist der jüdische Jesus ein selbstverständliches und wichtiges Bindeglied zwischen Juden und Christen geworden.

Bei Paulus aber liegt die Sache ganz anders: Für viele Menschen bildet er noch immer die entscheidende Trennlinie zwischen den beiden Religionen. Seine Bekehrung „vom Saulus zum Paulus" stellt für sie nicht nur eine Wende vom Bösewicht zum Glaubenshelden dar, sondern eben auch eine Abwendung vom Judentum und eine Bekehrung zum Christentum. Julius Wellhausen, einer der großen Bibelforscher des 19. Jahrhunderts, war seiner Zeit voraus, als er 1905 den berühmten Satz schrieb: „Jesus war kein Christ, sondern Jude."[2] Weniger bekannt ist allerdings, wie er diesen Gedanken nur wenige Sätze später zu Ende führte: „Man darf das Nichtjüdische in ihm, das Menschliche, für charakteristischer halten als das Jüdische."[3] Deshalb sei es nur konsequent gewesen, dass Paulus den Bruch mit dem Judentum vollzog, den Jesus noch zu vermeiden versucht hatte:

> „Man kann sich nicht wundern, dass es den Juden so vorkam, als wollte er [Jesus] die Grundlagen ihrer Religion zerstören. Seine Absicht war das freilich nicht, er war nur zu den Juden gesandt und wollte innerhalb des Judentums bleiben (...). Der Schnitt erfolgte erst durch die Kreuzigung und praktisch erst durch Paulus. Er lag aber in der Consequenz von Jesu eigener Lehre und seinem eigenen Verhalten."[4]

Als ich mein Jesusbuch kurz nach dem Erscheinen einmal an einer deutschen Hochschule im Kreis von Kollegen vorstellte, warnte mich einer der Professoren wohlmeinend vor den unausweichlichen Folgen eines allzu jüdischen Jesus: „Je jüdischer Sie Jesus machen, desto tiefer treiben sie den Keil zwischen Jesus und Paulus, zwischen Jesus und seine Nachfolger. Das ist ein gefährlicher Weg. Sind Sie wirklich sicher, dass Sie ihn gehen wollen?" Ich habe diese Warnung als Anlass und Herausforderung genommen, tatsächlich noch ein Stück weiter und intensiver dieser Spur zu folgen: nämlich um herauszufinden, ob das wirklich stimmt: Muss man zwischen einem jüdischen Jesus und einem nichtjüdischen Paulus wirklich eine so deutliche Trennlinie ziehen? Oder was wäre, wenn Paulus, ebenso wie Jesus, sich selbst als gläubigen und gesetzestreuen Juden gesehen hätte, der seinen jüdischen Glauben nie aufgegeben hat?

Jesus und Paulus aus jüdischer Sicht

Die scharfe Trennung zwischen Jesus und Paulus hat auch die jüdische Forschung über Paulus lange Zeit geprägt. Zwar hat man bis zur Aufklärungszeit sowohl Jesus als auch Paulus gleichermaßen als „Ketzer" behandelt. In nahezu allen modernen Jesusdarstellungen seit dem 19. Jahrhundert aber wird Jesus dann von jüdischen Autoren ganz selbstverständlich als „einer von uns" ins Judentum zurückgeholt: Er war vielleicht ein ungewöhnlicher Jude, ein Reformjude, ein größenwahnsinniger Jude, ein verrückter Jude. Aber ohne Zweifel ein Jude. Ganz anders ist es mit Paulus: Er wird in der älteren jüdischen Forschung fast durchgängig als ein „Abtrünniger" dargestellt. Einer, der das Judentum verließ und eine neue Religion gründete. Heinrich Graetz etwa, der bekannteste jüdische Historiker des 19. Jahrhunderts, beschrieb Jesus, damals revolutionär, als einen gesetzestreuen Juden, der nur aufgrund eines Missverständnisses gekreuzigt wurde. Paulus dagegen erscheint bei ihm noch in ganz anderem Licht:

> „Schwach an Körper und kränklich, verband er damit eine Zähigkeit, die vor keinem Hindernis zurückwich. Reizbar und heftig an Seelenstimmung, war er maßlos einseitig, eckig, beharrlich und verfolgungssüchtig (...). Er hatte nur geringe Kenntnis vom judäischen Schrifttum und kannte die heilige Schrift nur aus der griechischen Übersetzung. (...) Paulus ging aber geradezu darauf aus, die Fäden zu zerreißen, welche die Christuslehre mit dem Judentum verknüpfte. (...) Paulus fasste daher das Christentum als völligen Gegensatz gegen das Judentum auf."[5]

Ähnlich urteilen nach ihm auch die meisten übrigen jüdischen Gelehrten: etwa Kaufmann Kohler, ein führender Denker des entstehenden Reformjudentums in den USA, oder auch der britische Neutestamentler Claude Montefiore.[6] In Israel erscheint im Jahr 1939 das erste Paulusbuch in hebräischer Sprache. Es stammt aus der Feder von Joseph Klausner, Professor an der gerade neu gegründeten hebräischen Universität von Jerusalem. Für ihn war Paulus schon durch seine Herkunft aus Tarsus ein „Diaspora-Jude", der sich vom eigentlichen Judentum entfremdet hatte.[7] Er habe den Wunsch gehabt, Judentum und Heidentum zu einer weltweiten Einheitsreligion zu verbinden, und zu diesem Zweck habe er die neue Religion, das Christentum, gegründet:

> „Ohne Jesus hätte es weder Paulus noch das Nazarenertum gegeben. Aber ohne Paulus hätte es kein Weltchristentum gegeben. In diesem Sinne ist nicht Jesus der Stifter des Christentums, wie das die allgemein verbreitete Ansicht unter den Völkern ist, sondern Paulus, der ‚Heidenapostel'."[8]

Martin Buber unterschied in seinem berühmten Werk „Zwei Glaubensweisen"[9] den jüdischen Glauben deutlich vom christlichen. Der jüdische Glaube, hebräisch *emuna*, sei in der Bibel immer eine persönliche Vertrauensbeziehung zwischen dem Menschen und Gott. Diesen Glauben sieht Buber in typischer Weise in Jesus repräsentiert. Paulus dagegen gebrauche für den Glauben das griechische Wort *pistis*, das nach Bubers Ansicht ein reines Für-wahr-Halten von Glaubenssätzen bezeichne. Dieses sei typisch für den christlichen Glauben geworden und bei Paulus liege daher auch der tiefe Grund für die Trennung zwischen Judentum und Christentum. Auch Bubers Zeitgenosse und Landsmann Leo Baeck folgte einer ähnlichen Linie, obwohl er gegen Ende seines Lebens einräumte, dass Paulus zwar

> „... auf der einen Seite seine Freiheit und Unabhängigkeit vom Judentum verkündet, (aber) auf der anderen Seite festhält am Forschen in diesem Judentum und an der jüdischen Denkweise und der jüdischen Lehrart. Er hat so tief im Judentum gelebt, dass er seelisch und geistig niemals von ihm freigekommen ist."[10]

Die traditionelle Trennung zwischen einem jüdischen Jesus und einem nichtjüdischen Paulus hält sich in vielen Köpfen bis heute. Noch im Jahr 1986 sorgte das Buch eines englischen jüdischen Gelehrten für Aufsehen: „Der Mythenschmied – Paulus und die Erfindung des Christentums".[11] Darin wird Paulus nicht nur als der eigentliche Gründer des Christentums dargestellt, sondern es wird sogar bezweifelt, dass er überhaupt je ein Jude gewesen sei.

Eine Trendwende kündigt sich an

Gleichzeitig hat sich aber in den letzten Jahrzehnten der Wind merklich gedreht: Der aus Deutschland stammende und später nach Israel emigrierte Gelehrte Schalom ben Chorin etwa veröffentlichte schon 1970 ein Paulus-Buch, das damals völlig gegen den Trend lief. Er beginnt sein Buch mit den programmatischen Worten:

> „Es gibt ein wissenschaftliches Dogma, das vor allem unter aufgeklärten Juden sehr verbreitet ist, aber heute auch unter Christen zahlreiche Anhänger findet: Jesus war und blieb Jude; Paulus vollzog den Schritt vom Judentum zum Christentum. Paulus also ist der Stifter des Christentums, nicht Jesus von Nazareth. Ich glaube das nicht. (...) Paulus ist Jude gewesen und geblieben. Das hat ihn nicht daran gehindert, seine Botschaft in die Völkerwelt zu tragen. In seiner Argumentation, in seiner Theologie und insbesondere auch in seiner Christologie, seiner Lehre vom Messias, ist er jüdischer Theologe geblieben."[12]

Das waren für einen jüdischen Autor ungewöhnlich positive Töne. Aber der streitbare Publizist fand großen Anklang und ist vielleicht einer der bekanntesten deutschsprachigen Vertreter einer neuen Sicht des Paulus, die sich in der jüdischen Forschung immer mehr durchsetzt. Zehn Jahre vorher hatte schon der jüdische Religionswissenschaftler Hans-Joachim Schoeps eine „Heimholung des Ketzers"[13] angeregt: Paulus gehörte auch für ihn ins Judentum hinein. Verschiedene englische, amerikanische und israelische Autoren schlossen sich dieser neuen Richtung an.[14] Sehr kämpferisch und besonders radikal folgt auch Pinchas Lapide diesem neuen Weg:[15] Wie man es von seinen Büchern kennt, versucht er aufgrund einer Reihe von vermeintlichen Fehlübersetzungen und Falschinterpretationen nachzuweisen, dass Paulus in Wirklichkeit ein Angehöriger der essenischen Gemeinschaft von Qumran war und eigentlich schon im Neuen Testament völlig falsch gedeutet wurde. Der Keil, der früher zwischen Jesus und Paulus getrieben wurde, entsteht also nun zwischen Paulus und dem späteren Christentum. Und es stellt sich die Frage: Haben die Christen nun nicht nur Jesus, sondern auch noch Paulus missverstanden? Diese Frage wird noch zu klären sein.

Ein „liberaler" oder ein „orthodoxer" Paulus?

Einig sind sich alle diese neuen jüdischen Paulusdarstellungen aber in einem Punkt: Sie sehen in Paulus einen „liberalen" Juden. Einen, der es mit der Tora und der jüdischen Tradition nicht so ganz ernst nahm. Die verbreitete christliche Ansicht, Paulus habe die „Freiheit vom Gesetz" gepredigt, ist auch unter seinen jüdischen Lesern weitverbreitet. So deuten sie Paulus ganz im Licht des modernen „Reformjudentums", eines Judentums, das zwar Grundwerte des jüdischen Glaubens bewahrt, aber die Treue zu Tora und jüdischer Lebensweise (*halacha*) weithin aufgibt. In letzter Zeit jedoch mehren sich die Stimmen, die auch diese Ansicht nun noch einmal infrage stellen und noch einen Schritt weiter gehen: Immer mehr jüdische Forscher, vor allem aus dem englischen Sprachraum, zeichnen mittlerweile ein noch konsequenteres Bild eines „orthodoxen" jüdischen Paulus. Für sie blieb er zeit seines Lebens nicht nur in seinem Denken, sondern auch in seiner Lebenspraxis der Tora und dem Tempel treu. Er feierte weiterhin jüdische Feste, praktizierte die Beschneidung, ging in den Tempel und hielt sich an die biblischen Speise- und Reinheitsgebote. Und das nicht nur dann, wenn es ihm gerade passte, sondern grundsätzlich. Das klingt für christliche Ohren zunächst befremdlich und schnell hat man Bibelstellen zur Hand, die einem solchen Paulusbild scheinbar widersprechen. Diese Stellen werden wir in den folgenden Kapiteln noch genauer betrachten. Ich möchte aber zunächst dieser neuen Spur einmal ernsthaft folgen und in diesem Buch Schritt für

Schritt prüfen, ob sich anhand des Neuen Testaments tatsächlich ein solches Bild von Paulus zeichnen lässt.

Christliche Paulusbilder im Wandel

Auch unter christlichen Forschern hat sich das Bild von Paulus im vergangenen Jahrhundert deutlich verändert. Die Entwicklung ist dabei ganz vergleichbar mit den jüdischen Stimmen: Das eingangs zitierte Wort von Julius Wellhausen über den „Schnitt" zwischen Jesus und Paulus, der gleichzeitig ein Bruch mit dem Judentum war, ist kein Einzelfall. Fast zeitgleich mit ihm veröffentlichte der Theologe William Wrede eine sehr bekannte Paulus-Biografie, die für viel Aufsehen sorgte: Laut Wrede war Paulus der „zweite Stifter des Christentums"[16], weil das, was er in seinen Briefen schrieb, mit der Botschaft und Lehre Jesu fast nichts gemeinsam habe. In einem Rückblick auf das Wrede-Buch titelt der SPIEGEL gut sechzig Jahre später: „Paulus hat Jesus nicht verstanden". Das Verhältnis des Paulus zum Judentum fasst Wrede so zusammen:

> „Er hat den Jesusglauben nicht nur über die Enge des Judentums hinausgehoben, sondern vom Judentum selbst losgerissen und damit der christlichen Gemeinschaft erst das Selbstbewusstsein einer neuen Religion gegeben."[17]

Auch für Rudolf Bultmann, den wohl wichtigsten neutestamentlichen Forscher der Nachkriegszeit, klafft zwischen Jesus und Paulus eine deutliche Lücke: Die Briefe des Paulus zeigten seiner Ansicht nach „kaum Spuren eines Einflusses (...) der Geschichte und Verkündigung Jesu". Für Paulus sei an Jesus nur das eine bedeutsam: „Dass er als Jude unter Juden gelebt hatte und dass er gekreuzigt worden war." Die Heilslehre des Paulus sei daher „keine Wiederaufnahme oder Weiterbildung der Verkündigung Jesu".[18] Diese Linie setzt sich vereinzelt bis heute noch fort. Im Jahr 2008 veröffentlichte der Göttinger Neutestamentler Gerd Lüdemann sein Buch „Paulus – der Gründer des Christentums". Lüdemann hatte schon einige Jahre früher von sich reden gemacht, als er die Auferstehung Jesu als eine Erfindung bezeichnete und daraufhin seine kirchliche Anerkennung als Professor der evangelischen Theologie verlor. Sein Lehrstuhl wurde daraufhin umbenannt in „Professur für Geschichte und Literatur des frühen Christentums", und so konnte er bis zu seiner Emeritierung 2011 weiterhin evangelische Pfarrer und Religionslehrer ausbilden. Für ihn jedoch ist das Ergebnis seiner lebenslangen Paulusforschung ernüchternd:

> „Die christliche Kirche verdankt diesem jüdischen Mann aus Tarsus fast alles. Er ist der wahre Gründer des Christentums. (...) Dabei versetzte er die Religion Jesu, so wie er sie missverstand, auf heidnisches Territorium und bewirkte, ohne es wirklich zu wollen, die andauernde Trennung von Kirche und Israel. (...) Er war gewiss eine wahrhaft große Gestalt im Christentum, ja ihr Gründer. Aber die bis heute vertretene Auffassung, seine Briefe enthielten Gottes Wort, ist ein trauriger Verrat an der Vernunft und eine Flucht vor dem Leben."[19]

Neue Paulusperspektiven

Gerd Lüdemann ist allerdings mit seinen radikalen Ansichten heute nicht mehr repräsentativ. Denn auch unter christlichen Bibelforschern hat sich der Wind inzwischen spürbar gedreht: Das Erschrecken über die Vernichtung von rund 6 Millionen Juden in der Zeit des Zweiten Weltkriegs ließ viele Christen aufhorchen. Die großen Kirchen verfassten Denkschriften und Erklärungen, die eine erneuerte und radikal veränderte Beziehung zum Volk Israel und zum jüdischen Glauben einforderten. Und die Frage wurde laut, ob es denn wirklich Paulus war, der den Jesusglauben von Jesus und vom Judentum dauerhaft gelöst hatte. War *er* es wirklich, der Jesus missverstanden und falsch gedeutet hatte? Oder waren vielleicht *wir*, die Christen, es, die Paulus missverstanden und falsch gedeutet haben? Haben wir ihn vielleicht zu sehr durch die Brille einer jahrhundertealten christlichen Judenfeindschaft gelesen? Haben wir vielleicht theologische Ideen in seine Briefe hineingelesen, die in Wirklichkeit unsere eigenen Fragen und unsere eigene Kultur mehr widerspiegeln als die jüdische Kultur des ersten Jahrhunderts?

Einer der wenigen deutschen Theologen, die schon vor dem Krieg stets darum bemüht waren, sowohl Paulus und Jesus als auch Paulus und das Judentum zusammenzuhalten, war der Tübinger Professor Adolf Schlatter. Er wurde dafür seinerzeit von seinen Kollegen müde belächelt. Man schrieb es seinem naiven Glauben und seiner bibelorientierten Frömmigkeit zu, dass er die vermeintlich gesicherten Erkenntnisse der modernen Forschung nicht akzeptierte. Aus heutiger Sicht aber muss man Schlatter zugestehen, dass er seiner Zeit schon damals weit voraus gewesen war. Vieles von dem, was er damals gegen den Strom der Zeit festhielt, hat sich durch die Forschung der letzten Jahrzehnte als richtig erwiesen. Der Tübinger Neutestamentler Peter Stuhlmacher formuliert im Rückblick:

> „[Damals] konnte man dies belächeln und als unwichtige Einzelmeinung beiseiteschieben. Heute können wir dies nicht mehr. Wir müssen vielmehr zugestehen, *dass Schlatters Sicht die historisch bessere und wegweisende war und ist.* Mag Schlatters Exegese im Einzelnen zu undifferenziert und konstruiert sein, seine Gesamtperspektive bleibt richtig, und das will nach fünfzig Jahren Paulusforschung, die mittlerweile ins Land gegangen sind, schon etwas heißen!"[20]

Eine veränderte Sicht des Judentums und damit auch eine veränderte Sicht des Paulus hat sich spätestens seit den 80er-Jahren des letzten Jahrhunderts unter der Bezeichnung „Neue Paulus-Perspektive" in der Forschung verbreitet.[21] Was genau sich hinter diesem Namen verbirgt und wer zu den Vertretern dieser Richtung gehört, das bleibt zwar bis heute umstritten. Und nicht alle Theorien und Meinungen, die sich unter diesem Dach sammeln, sind unbedingt richtig. Manches darf man zu Recht auch skeptisch beurteilen. Unterm Strich jedoch kann man schon jetzt sagen: Ganz gleich, ob man der neuen Paulusperspektive zustimmend oder skeptisch gegenübersteht, sie hat unser Bild von Paulus radikal verändert. Einzelheiten werden in den nachfolgenden Kapiteln noch deutlich werden. Aber insgesamt ist die Kluft zwischen Paulus und dem Judentum und auch die Kluft zwischen Paulus und Jesus heute viel kleiner als noch vor 50 Jahren. Mehr und mehr christliche Bibelforscher räumen heute ein, dass wir in den Briefen des Paulus nicht etwa eine fremde und neue Religion, sondern einen authentischen Ausdruck jüdischen Glaubens und Lebens im ersten Jahrhundert vor uns haben. Mehr und mehr Forscher sind der Meinung, dass Paulus selbst sich zeitlebens als Jude verstand, das heißt auch nach seiner Hinwendung zu Jesus und bis ans Ende seines Lebens.

Natürlich ist unser Bild vom antiken Judentum auch vielfältiger geworden. Nicht zuletzt durch die umfangreichen Schriftfunde vom Toten Meer, die wie die Paulusbriefe eine Spielart des Judentums darstellen, die von der offiziellen Mehrheitsmeinung abweicht. Viele Forscher sprechen daher heute nicht mehr von „dem Judentum“, sondern von „vielen Judentümern“, die es zur Zeit des Neuen Testaments gab. Und sie fragen nicht mehr, *ob* Paulus ein Jude war, sondern *welche Art* von Judentum er vertrat. Umstritten bleibt dabei vor allem, ob für ihn Treue zur Tora und zum Tempel weiterhin Bestandteil seines jüdischen Glaubens war. Diesen Fragen möchte ich in den nächsten Kapiteln genauer nachgehen.

Der trennende Faktor

Egal wie jüdisch, wie gesetzestreu und wie traditionsverbunden man das Bild von Paulus zeichnen mag – zwei charakteristische Kennzeichen seines Glaubens und seines Lebens unterscheiden ihn bis heute deutlich von allem, was Judentum sonst ausmacht und durch die Zeiten ausgemacht hat: Da ist zum einen sein unbeirrbarer Glaube daran, dass Jesus von Nazareth der Messias ist, der von der Schrift angekündigte gesalbte Nachkomme Davids und endzeitliche Retter Israels und der Welt. Dass ein solcher Messias von der Schrift verheißen ist und eines Tages kommen wird, das glaubten auch andere Juden, und es gehört bis heute zu den Kernüberzeugungen des Judentums. Manche jüdische Gruppen glauben sogar, ähnlich wie die Christen, dass der Messias bereits gekommen ist.[22] Aber dass es ausgerechnet dieser Jesus von Nazareth ist, darin unterscheidet sich der Jude Paulus und mit ihm alle jüdischen Anhänger des Jesusglaubens von allen anderen Juden. Es ist daher dieser Glaube und nicht irgendeine andere nichtjüdische Überzeugung, der letztlich zur endgültigen Trennung zwischen Judentum und Christentum geführt hat. Und es ist bis heute auch dieser Glaube, der für die meisten jüdischen Autoren den entscheidenden Punkt darstellt, an dem sich ihre Wege von Jesus und Paulus trennen. Die Wiederentdeckung des jüdischen Paulus sollte uns also nicht die Augen vor diesem entscheidenden und bleibenden trennenden Faktor verschließen, der nicht wegzudiskutieren ist. Aber wir müssen hier auch klar unterscheiden zwischen der Außensicht und der Selbstsicht: Es mag sein, dass andere Juden Paulus aufgrund seines Glaubens an den Messias nicht mehr als „echten" Juden betrachten. Das ist natürlich ihre Entscheidung. Eine andere Frage ist jedoch die, ob Paulus selbst seinen Glauben als „unjüdisch" betrachtete. Für ihn ging in Jesus eine alte jüdische Erwartung in Erfüllung, mit der er vermutlich schon als Kind aufgewachsen war. Für ihn wurde durch das Kommen des Messias das Judentum nicht aufgehoben oder beendet, sondern bestätigt. Das jedenfalls versuche ich in diesem Buch zu zeigen: Auch wenn andere ihm später sein Judentum absprachen: Für Paulus selbst stand stets außer Frage, dass er ein Jude blieb, auch wenn er nun in Jesus den gekommenen Messias sah. Oder gerade deshalb.

Ein Jude mit Mission?

Ein zweites Merkmal unterscheidet Paulus ebenfalls von (fast) allen anderen Strömungen des Judentums, damals und heute: Es ist sein unermüdlicher Missionseifer. Der Wunsch, dass nicht nur Juden zum Glauben an den Messias Jesus finden, sondern auch Menschen aller anderen Religionen und Weltanschauungen. Diese missionarische Grundeinstellung war in der jüdischen Welt des Paulus ebenfalls ungewöhnlich. Bis heute versteht sich das Judentum als eine nicht-missionarische Religion. Freiwillige Übertritte sind zwar möglich, es wird den Interessenten aber sehr schwer gemacht und es soll eher die Ausnahme bleiben. Zur Zeit des Neuen Testaments gab es zwar auch offenere Strömungen innerhalb des Judentums, in denen man Interessenten zum Übertritt ermutigte. Und wir wissen, dass es gerade in dieser Zeit auch insbesondere unter Griechen und Römern ein großes Interesse am jüdischen Glauben gab, welches zu einer großen Welle von Übertritten führte. Aber eine vergleichbare missionarische Aktivität, wie wir sie bei Paulus und den ersten Christen finden, gab es damals nirgends sonst. Und schon gar nicht eine Mission, die nicht den Übertritt zum Ziel hatte, sondern gemeinsame Gemeinden aus Juden und Nichtjuden. Hier geschah etwas Neues, etwas Revolutionäres. Und auch an dieser Stelle verläuft bis heute eine Trennlinie zwischen Juden und Christen. Eine sensible Trennlinie, die auch das christlich-jüdische Gespräch immer wieder belastet: Jüdische Gemeinden sprechen sich deutlich und unmissverständlich gegen jede Mission aus. Und sie erwarten das Gleiche auch von ihren christlichen Gesprächspartnern. Diese aber können sich nicht so einfach von dem lossagen, was für Paulus und die ersten Jesusnachfolger lebensbestimmend war. Paulus, der Jude mit Mission, bleibt daher ein Störfaktor im christlich-jüdischen Gespräch. Zwar gibt es inzwischen eine Reihe von kirchlichen Gruppen und auch Kirchenleitungen, die sich offen vom Begriff der „Mission“ distanzieren. Das gelingt aber auch nur deshalb, weil der Begriff als solcher in der Bibel gar nicht vorkommt. Von der Sache an sich hat sich bisher noch keine Kirche lossagen können und wollen. [23] In immer neuen Formulierungen versucht man das Problem zwar zu umgehen oder zu umschreiben. Man redet vom gegenseitigen Zeugnis, von der Weitergabe des Glaubens, vom Auftrag der Verkündigung, von der Einladung. Aber am Ende bleibt es doch unausweichlich im Raum stehen wie der berühmte Elefant, den man zu ignorieren versucht: Der Glaube des Neuen Testaments ist ein Glaube, der die ganze Welt im Blick hat. Juden wie Nichtjuden, Gläubige wie Ungläubige, Religiöse und Atheisten. Vielleicht hilft es ja, hier neu auf den Juden Paulus zu hören. Denn Paulus verband den jüdischen Glauben offenbar, wie Jesus, mit dem Gedanken der Mission, und für ihn war das kein Gegensatz. Wie beides für ihn zusammenpasst, das wird noch zu sehen sein.

Alter Glaube in einer veränderten Kultur

Wenn es stimmt, dass Paulus ein Jude war und es auch bis zu seinem Lebensende blieb, dann fällt damit auch neues Licht auf einen anderen Aspekt seines Lebens: seinen Umgang mit den Herausforderungen, als gläubiger Jude in einer nichtjüdischen Kultur zu leben. Diese Frage hat ja durchaus auch heute eine aktuelle Relevanz: Wie lebt man seinen Glauben in einer Umwelt, die diesen Glauben nicht teilt oder ihm sogar ablehnend gegenübersteht? Wie orientiert man sich an der Bibel in einer Kultur, der die Bibel fremd ist? Welchen Einfluss hat die Kultur unserer Umgebung auf unsere eigenen Werte und Weltanschauungen? Soll man sich völlig zurückziehen und abschotten gegen alle fremden Einflüsse von außen? Oder soll man sich für das Fremde öffnen und sich so gut es geht den Trends von Zeitgeist und Umgebungskultur anpassen?

Die ältere Paulusforschung sah in Paulus den Vorreiter einer Strategie der größtmöglichen Anpassung. Um in den Städten Asiens, Griechenlands und Roms ankommen zu können, sei er bereit gewesen, seine eigene jüdische Identität aufzugeben und seinen jüdischen Glauben zu verlassen. Dass er mit der „Enge des Judentums" brach, wurde Paulus als eine „großartige Leistung" von „weltgeschichtlicher Bedeutung" angerechnet.[24] Die oft zitierte Redewendung „Den Juden ein Jude, den Griechen ein Grieche" wurde sozusagen zum Kennzeichen eines weltoffenen Umgangs mit Glaube, Religion und Kultur, der sich je nach Umgebung wie ein Chamäleon den Erfordernissen anzupassen versteht. Dass diese Redewendung sich bei Paulus gar nicht findet, wurde dabei weithin übersehen.[25]

Identität bewahren – auch in einer veränderten Welt

Die neuere Paulusforschung hat auch hier ein ganz anderes Bild von Paulus entworfen: das Bild eines gläubigen Juden, der einen schwierigen dritten Weg zwischen völliger Abschottung und völliger Anpassung entwirft: Er überschreitet die Grenzen seines vertrauten jüdischen Umfeldes und sucht aktiv den Kontakt und die Berührung mit der fremden griechischen Kultur, die ihn umgibt. Und dennoch gibt er dabei seinen eigenen Glauben und seine eigene jüdische Identität nicht auf. Im Gegenteil. Sein Ziel ist es, dass beides zusammenfindet: der alte Glaube des Volkes Israel und die neue, veränderte Kultur. Der alte Glaube soll in der neuen Kultur Wurzeln fassen und diese von innen her verändern. Paulus vertraut darauf, dass der Glaube der Bibel gerade dann seine Kraft entfaltet, wenn er nicht nach Belieben verändert und den Gegebenheiten angepasst wird, sondern sich selbst treu bleibt. Es ist für Paulus nicht immer einfach, diesen Weg zu gehen. Er muss ständig nach neuen Lösungen und Antworten suchen auf Fragen und Probleme, die sich bisher nicht gestellt hatten: Wie lebt man den alten Glauben unter neuen Bedingungen, ohne falsche Kompromisse zu machen? Welche Gewohnheiten und Macken der anderen, fremden Kultur kann man geduldig ertragen, welche muss man mutig infrage stellen und mit welchen muss man radikal brechen? Wo sucht man den Frieden und wo ist Widerstand unausweichlich? In den Briefen des Paulus finden wir lebendige Beispiele, wie die ersten Christen mit solchen Fragen umgingen. Und wir erleben, wie Paulus darum ringt, den alten Glauben der Bibel in einer neuen und veränderten Kultur ins Leben umzusetzen.

Paulus, der Jude – und die Missverständnisse der Christen

Ich möchte mit diesem Buch einen neuen Blick auf Paulus werfen und damit auch einige verbreitete Missverständnisse und Vorurteile infrage stellen, die mir bei Gesprächen über Paulus immer wieder begegnen. Besonders häufig sind dabei solche Vorurteile, die einen Keil treiben wollen zwischen Paulus und andere. Paulus ist ohne Zweifel eine kantige Persönlichkeit. Das macht ihn einerseits sympathisch, aber andererseits eben auch unbequem. Doch anders als bei Jesus, bei dem man oft die versöhnlichen Seiten herausstreicht und die unbequemen unter den Teppich kehrt, gehen viele Christen mit Paulus anders um: Bei ihm sucht man den Konflikt mit der Lupe. Und wo immer man einen entdecken kann, versucht man ihn so krass wie möglich zu zeichnen. Paulus steht dann am Ende als einer da, der mit nahezu jedem anderen in der Welt im Streit lag und es sein Leben lang nur auf Auseinandersetzungen anlegte. Diese sehr verbreitete Sicht auf Paulus ist wie eine gefärbte Brille, die uns beim Lesen der biblischen Texte immer wieder den Blick trübt oder unser Bild von Paulus verändert. Ich möchte die wichtigsten dieser vermeintlichen Konflikte daher gern am Anfang dieses Buches vorstellen, damit wir sie wiedererkennen, wenn sie uns beim Lesen einzelner Texte begegnen. Und damit wir sie besser behalten können, benutze ich einmal ein griffiges Bild aus der Handwerkerwelt: den *Keil*, den man zwischen Paulus und seine vermeintlichen Kontrahenten treibt.

Der „Paulus-Jesus-Keil"

Der Paulus-Jesus-Keil ist uns in diesem Kapitel schon mehrfach begegnet. Er ist ein sehr beliebtes Werkzeug im Umgang mit Paulustexten. Wie man dieses Werkzeug anwendet, das ist je nach Situation verschieden. Man kann einen Keil zwischen den jüdischen Jesus und den christlichen Paulus treiben, so wie es bei vielen der oben zitierten jüdischen und auch christlichen Autoren zu sehen war. Man kann auch einen Keil treiben zwischen einen sanftmütigen Jesus und einen aufbrausenden Paulus. Oder zwischen einen liberalen Jesus und einen sittenstrengen Paulus. Viele Ausleger treiben aber auch einen Keil zwischen die Botschaft von Jesus und die Botschaft von Paulus. So schreibt etwa der bekannte katholische Religionspädagoge Hubertus Halbfas:

> „Jesus und Paulus vertreten verschiedene Evangelien. Es ist falsch und führt zu einem unklaren Denken, unter dem Wort Evangelium beide Programme zusammenzufassen. Das Neue Testament versammelt hier einander ausschließende Theologien. Da Paulus kein Zeuge des Evangeliums Jesu war, kann es auch nicht verwundern, dass das, was er ‚mein Evangelium' nennt,[26] seine vollkommen eigene Schöpfung war. Der Erfolg seiner Heidenmission, der sich die Kirche letztlich verdankt, als auch der Untergang des palästinischen Judenchristentums nach dem Jahr 70 führte dazu, dass das Reich-Gottes-Evangelium Jesu von dem inhaltlich ganz anders geprägten Evangelium des Paulus überdeckt wurde."[27]

Während dieser Keil in der kritischen Bibelforschung schon eine lange Tradition hat, die, wie wir gesehen haben, bis ins 19. Jahrhundert zurückreicht, wird er in neuerer Zeit auch von solchen Christen wiederentdeckt, die sich eher zum bibelfesten Lager zählen. Für sie ist Paulus ein Symbol für das traditionelle, dogmatische Christentum und deshalb ein Hindernis für eine echte, radikale Jesusnachfolge. Der amerikanische Theologe Brian McLaren etwa beschrieb 2010 in seinem Buch „A New Kind of Christianity“ eine Schlüsselerfahrung seines Lebens, die ihn dazu brachte, seinen bisherigen Glauben ganz neu zu überdenken:

> „Wie so viele Protestanten habe ich viele Jahre ‚genau gewusst', was das Evangelium ist. Ich ‚wusste', dass das Evangelium die Botschaft von der ‚Rechtfertigung aus Gnade durch Glauben' ist, verfälscht oder vergessen von den nervigen Katholiken, aber wiederentdeckt durch unseren großen Helden Martin Luther durch eine Lektüre des noch größeren Helden Paulus, besonders dessen Briefes an die Römer. Wenn sich die Katholiken als ‚römisch-katholisch' bezeichneten wegen ihrer Treue zu ihrem Hauptquartier in Rom, so hätte man uns als ‚römisch-evangelisch' bezeichnen können, denn wir hatten unser Hauptquartier im Römerbrief des Paulus. Recht kleinlaut habe ich aber vor etwa 15 Jahren aufgehört, vieles von dem zu wissen, was ich bisher gewusst hatte. Ein Mittagsgespräch in einem chinesischen Restaurant entüberzeugte und entlehrte mich. Mein Gesprächspartner war ein bekannter evangelikaler Theologe, der mit einer einzigen provokativen Aussage meine jahrelange theologische Gewissheit ziemlich rüde über den Haufen warf: ‚Die meisten Evangelikalen haben auch nicht die leiseste Ahnung davon, was das Evangelium wirklich ist.' Er fragte mich dann, wie ich das Evangelium definieren würde, und ich antwortete so, wie es die meisten guten römisch-evangelischen tun würden, indem ich aus dem Römerbrief zitierte. Er antwortete mit einer einfachen, aber ziemlich herausfordernden Frage: ‚Du zitierst Paulus. Solltest du aber nicht Jesus definieren lassen, was das Evangelium ist?' Ich schaute ihn etwas verstört an und er fragte weiter: ‚Was war denn das Evangelium von Jesus?' Peinlich berührt, mur-

> melte ich irgendwas wie ‚Sag du es mir', und er fuhr fort: ‚Für Jesus war das Evangelium sehr klar: Das Reich Gottes ist nahe. Das ist das Evangelium von Jesus. Oder nicht?' Ich murmelte wieder so etwas wie ‚Hm, ja, schon'. Er sah, dass ich noch nicht wirklich überzeugt war, und fügte hinzu: ‚Solltest du nicht Paulus aus der Perspektive von Jesus lesen, anstatt Jesus aus der Perspektive von Paulus?'"[28]

In der Tat ist die Frage mit der Perspektive gut gestellt. Auf den ersten Blick scheint es auch plausibel zu sein, dass die erstgenannte Richtung besser ist als die zweite. Wenn wir jedoch ernsthaft eintauchen in die jüdische Welt von Jesus und Paulus, dann müssen wir auch zugeben, dass beide Perspektiven sich gar nicht voneinander trennen lassen: Die Welt von Jesus und Paulus ist von der unsrigen immerhin durch zweitausend Jahre und noch weit mehr Kilometer getrennt. Jesus und Paulus dagegen gehören in die gleiche kulturelle und religiöse Welt, sie haben im gleichen Land gelebt und die gleiche Sprache gesprochen. Auch wenn sie sich vor Jesu Kreuzigung und Auferstehung nie persönlich trafen (was wir allerdings nicht genau wissen), liegen doch nur wenige Jahre, vielleicht gerade einmal Monate, zwischen den beiden. Ist es da nicht möglich und denkbar, dass der Jude Paulus die Botschaft des Juden Jesus tatsächlich besser und richtiger verstanden hat als wir heute? Ist es nicht ein großartiger Glücksfall, dass uns nicht nur die Berichte über das Leben Jesu und seine Worte erhalten geblieben sind, sondern auch noch die Briefe von jemandem, der uns nur wenige Jahre später ausführlich erklärt, wie diese Worte und dieses Leben auf einen jüdischen Zuhörer des ersten Jahrhunderts wirkten? Welche Bedeutung sie entfalten konnten? Und wie sie innerhalb weniger Jahrzehnte nicht nur ein Leben, sondern eine ganze Welt veränderten? Ich persönlich halte es gar nicht für dumm, Jesus durch die Brille des Paulus zu verstehen. Denn es ist, wenn man so will, die älteste und ausführlichste jüdische Brille, die wir aus dem ersten Jahrhundert haben. Eine unmittelbare jüdische Reaktion von einem Mann, der sich auskannte im Judentum. Der die Lehren der Pharisäer und Sadduzäer genauer kannte als wir. Und das nicht nur aus den wenigen Sätzen, die uns in den Evangelien überliefert wurden, sondern aus eigener Anschauung. Jemand, der das, was Jesus sagte, tat und war, einordnen konnte in den größeren Kontext der jüdischen Welt von damals mit ihren Erwartungen, Hoffnungen, Traditionen und Überzeugungen.

Ich denke, es macht Sinn, auf die Stimme von Paulus zu hören, um Jesus besser zu verstehen. Und nicht umgekehrt Jesus zuerst aus unserer heutigen Zeit heraus und durch unsere modern-westliche Brille zu deuten, um ihn dann gegen Paulus auszuspielen. Noch dazu gegen einen Paulus, dem wir unterstellen, er sei zu weit von Jesus entfernt gewesen, um ihn richtig zu verstehen. Möglicherweise stellt sich ja heraus, dass der Unterschied zwischen Jesus und Paulus am Ende doch gar nicht so groß ist, wie er oft gezeichnet wird. Und dass Paulus, als ein guter jüdischer Theologe, mit seinen eigenen ausführlichen Worten ganz gut das beschrieb und erklärte, was Jesus oft in nur wenigen Worten angedeutet hat: das Evangelium von der guten Herrschaft Gottes, die durch das Leben, den Tod und die Auferstehung Jesu in die Welt gekommen ist. Und in das Leben jedes Menschen, der sich dafür öffnet und daran festhält.

Der „Paulus-Moses-Keil"

Auch dieser Keil ist auf den vergangenen Seiten schon vielfach zur Sprache gekommen. Er steht für die verbreitete Ansicht, für Paulus habe die Hinwendung zu Jesus zugleich auch eine Abwendung vom Judentum, vor allem aber vom mosaischen Gesetz, bedeutet. An dieser Stelle übrigens ist man gern bereit, eine Kontinuität zwischen Jesus und Paulus herzustellen und sogar zu betonen: Schon Jesus habe sich ja dem jüdischen Gesetz gegenüber sehr frei verhalten. Er habe demonstrativ den Sabbat gebrochen, Speise- und Reinheitsgebote missachtet, das alttestamentliche Scheidungsrecht aufgehoben und auch mit ausdrücklichen Worten das Gesetz für ungültig erklärt. Ich habe in meinem Buch über Jesus versucht zu zeigen, dass alle diese Vorstellungen sich bei genauerem Hinsehen als sehr fraglich erweisen. Und dass die Vorstellung, Jesus habe mit dem jüdischen Gesetz gebrochen, möglicherweise nur ein Missverständnis ist, wenn auch ein lang gehegtes und vielen lieb gewordenes. Viele Leser haben mir daraufhin erwidert: Das mag ja im Blick auf Jesus stimmen. Aber spätestens bei Paulus ist es dann doch anders. Wirklich? Ich werde in einem späteren Kapitel ausführlicher auf diese Frage eingehen. Viele jüdische Autoren, die sich mit dem Neuen Testament und mit Paulus beschäftigen, kommen nämlich mittlerweile zu einer anderen Überzeugung. Nämlich, dass es ebenso schwer ist, einen Keil zwischen Paulus und Moses zu treiben wie zwischen Jesus und Moses. Oder zwischen Jesus und Paulus. Denn tatsächlich wären sich Jesus und Paulus dann auch in diesem Punkt wieder einig – nur eben anders als bisher angenommen: Denn sie beide wären als Juden dem Gesetz treu geblieben und hätten keinen Anlass gesehen, es zu brechen oder abzuschaffen.

Der „Paulus-Jakobus-Keil"

Dieser Keil hängt eng mit dem vorigen zusammen. Er funktioniert nur etwas anders: Wenn man sowohl den Paulus-Moses-Keil („Paulus brach mit dem jüdischen Gesetz") als auch den Paulus-Jesus-Keil („Jesus war gesetzestreu, Paulus aber nicht") konsequent anwendet, dann stellt sich die Frage: Gab es nicht auch Jesus-Anhänger, die Jesus treuer blieben als Paulus, auch in der Frage der Gesetzestreue? Und in der Tat, die frühe Bibelforschung hat eine solche Gruppe im Neuen Testament identifiziert: Die sogenannten „Judenchristen", als deren wichtigsten Anführer man Jakobus ansah, den Bruder von Jesus. Man unterschied also zwischen „Judenchristen" wie Jakobus und „richtigen Christen" wie Paulus, also solchen, die man allenfalls noch als „ehemalige Juden" bezeichnen konnte. Der Hauptunterschied: Beide Gruppen glaubten zwar an Jesus und an das Evangelium, aber „Judenchristen“ hielten sich außerdem weiterhin an die Gebote der Tora.

Als Erfinder des „Paulus-Jakobus-Keils“ kann wohl der Tübinger Bibelforscher Ferdinand Christian Baur (1792–1860) angesehen werden. Er gilt als Gründer der sogenannten „Tübinger Schule“, die bis heute für das Paulusbild vieler Christen prägend ist, auch wenn viele seiner Theorien inzwischen längst im Staub der Geschichte zerfallen sind: Baur und seine Schüler konstruierten nämlich die gesamte Geschichte des Urchristentums als einen erbitterten theologischen Flügelkampf zwischen Heidenchristen (vertreten durch Paulus) und Judenchristen (vertreten durch Jakobus und Petrus). Die beiden Flügel entwickelten sich dabei mit der Zeit immer weiter auseinander: Von Jakobus und Petrus aus führte eine direkte Linie zu den später als Sekte und als Irrlehrer verurteilten judenchristlichen Gruppen der Nazarener und Ebioniten, von denen die Kirchenväter des 2. und 3. Jahrhunderts berichten. Von Paulus aus führte dagegen eine ebenso direkte Linie zum „Erz-Ketzer“ Markion, der in der Mitte des zweiten Jahrhunderts das Alte Testament abschaffen und alle Schriften des Neuen Testaments von jüdischen Rückständen bereinigen wollte. Die christliche Kirche habe sich, so Baur, von beiden Extremen losgesagt und stattdessen einen gesunden Mittelweg gewählt, bei dem das Alte Testament zwar beibehalten, die darin enthaltenen Gesetze aber für abgeschafft und ungültig erklärt wurden.

Zur Zeit des Neuen Testaments sei dieser Streit aber bei Weitem noch nicht entschieden gewesen: Wer genau zwischen den Zeilen lese, entdecke überall die Spuren dieses Konfliktes, der die frühe Christenheit nicht nur an den Rand der Zerreißprobe geführt, sondern sie schlussendlich tatsächlich zerrissen habe.

So berichte Apg 15 zwar von einem Versuch, die Differenzen zwischen Paulus und Jakobus durch ein „Apostelkonzil“ zu kitten. Dass dieser Versuch jedoch am Ende gescheitert sei, zeige der weitere

Verlauf der Geschichte. So berichte Paulus in Galater 2,11-14 von einem heftigen Streit zwischen ihm und Petrus, aber nicht mehr davon, wie dieser beendet wurde. In der Apostelgeschichte werde zwar ab Kapitel 16 weiter von Paulus erzählt, Petrus aber werde mit keiner Silbe mehr erwähnt. Paulus berichte zwar in vielen seiner Briefe, dass er eine Kollekte für die Gemeinde in Jerusalem einsammeln wolle, aber in der Apostelgeschichte werde nirgendwo berichtet, dass diese am Ende auch von der Gemeinde in Jerusalem angenommen wurde. Aus all dem schloss Baur, dass es nach dem Apostelkonzil zu einem endgültigen Bruch zwischen der „Paulus-Fraktion" und der „Jakobus-Fraktion" kam, der auch nicht wieder geheilt werden konnte. Und eine große Zahl von Bibelforschern folgt ihm bis heute in dieser Ansicht.

Zwar würden die wenigsten heute den Flügelkampf zwischen Paulus und Jakobus noch so extrem zeichnen wie im 19. Jahrhundert. Aber in den Köpfen vieler Bibelleser geistert der „Paulus-Jakobus-Keil" oder die Unterscheidung zwischen „Judenchristen" und „normalen Christen" bis heute herum und prägt ihr Verständnis der Bibel. Ein frischer Blick in die Texte jedoch kann helfen, Vorurteile zu korrigieren. Ich werde später noch ausführlicher auf den Streit zwischen Petrus und Paulus im Galaterbrief eingehen und zeigen, dass man die genannten Texte auch ganz anders lesen kann. Aber wer neugierig ist, dem empfehle ich schon jetzt einmal Apg 15,1-21 aufzuschlagen: Schon eine oberflächliche Lektüre zeigt, dass dort nicht etwa Paulus auf der einen Seite und Jakobus und Petrus auf der anderen Seite des Streites stehen. Im Gegenteil: Jakobus und Petrus treten hier ausdrücklich zusammen mit Paulus auf und vertreten seine Meinung. Die Gegenpartei wird nicht namentlich erwähnt, es sind „einige von der Partei der Pharisäer, die gläubig geworden waren".[29] Schon hier entpuppt sich also die vermeintliche Meinungsverschiedenheit zwischen Paulus und Jakobus über die Frage der Beschneidung als ein Fantasieprodukt der frühen Forschung, die im Bibeltext keinen Anhalt hat. Es gibt aber auch sonst bei genauerem Hinsehen im Neuen Testament keine Hinweise für eine Meinungsverschiedenheit zwischen Paulus und Jakobus im Blick auf das jüdische Gesetz. Allerdings zeigen die gegensätzlichen Formulierungen in Röm 3,28 und Jak 2,24, dass man die Begriffe „Glaube", „Werke" und „gerecht sein" in der frühen Gemeinde durchaus unterschiedlich füllen und gebrauchen konnte. Der Sache nach ist jedoch auch hier nichts Gegensätzliches gemeint. Dazu aber ebenfalls später mehr.

Der „Paulus-Lukas-Keil"

Ein vierter Keil, der gerne angewendet wird, um das Bild eines unjüdischen Paulus zu stärken, ist der „Paulus-Lukas-Keil". Er ist selten bei einfachen Bibellesern zu finden, dafür aber umso häufiger bei solchen, die Theologie studiert haben oder lehren. Worum geht es also? Es geht darum, dass man einen deutlichen Unterschied sieht zwischen dem Bild, das Paulus in seinen eigenen Briefen von sich selbst zeichnet, und dem Bild, das die Apostelgeschichte von ihm malt. Demnach sei Paulus in seinen eigenen Briefen vor allem kritisch gegenüber dem Judentum, während er in der Apostelgeschichte weithin als gesetzestreuer Jude erscheine. Der „echte Paulus" aber sei nur in seinen Briefen zu finden, der „lukanische Paulus" dagegen sei ein geschöntes Bild aus späterer Zeit.

Auch dieser Keil geht letztlich auf die Hypothesen der „Tübinger Schule" zurück: Hier wurde nämlich die Apostelgeschichte als eine sehr späte Schrift angesehen, mit der die Kirche im 2. Jahrhundert versuchte, die gegensätzlichen „ebionitischen" und „markionitischen" Tendenzen zu überwinden: Die Apostelgeschichte zeichne daher ein harmonisches Bild der Urgemeinde, in der die tatsächlichen Konflikte geistlich übertüncht wurden: Nur deshalb trete Jakobus in Apg 15 als Verteidiger des Paulus auf. Und nur deshalb werde Paulus in Apg 21 als gesetzestreuer Jude dargestellt, der den Tempel besucht und jüdische Reinheitsvorschriften einhält. Mit anderen Worten: Die Berichte der Apostelgeschichte sind eine späte Erfindung, der man nicht trauen kann, weil sie nicht von Paulus selbst stammt und auch nicht von einem frühen Augenzeugen, sondern von einem unbekannten Christen des zweiten Jahrhunderts, der eine deutliche Tendenz verfolgte: Den „Paulus-Jakobus-Keil" zu überwinden. Leider ist ihm das nicht gelungen: Denn heute werden beide Keile, der „Paulus-Jakobus-Keil" und der „Paulus-Lukas-Keil" munter Seite an Seite angewendet, um den vermeintlichen „echten" Paulus freizulegen und ihn von allen anderen Christen der frühen Gemeinde zu isolieren.

Nun kann man natürlich zum einen die Frage stellen, ob es denn wirklich stimmt, dass die Selbstdarstellung eines Menschen immer so viel zuverlässiger und unvoreingenommener ist als die Fremddarstellung. Und ob das Bild, das wir selbst von uns haben, denn wirklich immer so viel zutreffender ist als das, was andere über uns sagen. Mit anderen Worten: Selbst wenn es deutliche Unterschiede zwischen dem Paulusbild der Briefe und dem Paulusbild der Apostelgeschichte gäbe, warum sollten dann die Briefe „echter" sein als die Apostelgeschichte? Als kritisch denkender Mensch müssen wir bei beiden Darstellungen davon ausgehen, dass sie nicht von Einseitigkeiten und Tendenzen frei sind. Aber wie im richtigen Leben können wir auch hier genau hinhören und versuchen herauszufinden, was hinter dem persönlich gefärbten Bild für uns noch an echter Realität erkennbar wird.

Bevor wir uns also der Frage zuwenden, wie groß denn wirklich der Unterschied zwischen Paulus und Lukas im Einzelnen ist, ist es deshalb nötig, noch einen Zwischenschritt zu gehen und zunächst einmal nach der Art und dem Wesen der Quellen zu fragen, die uns über Paulus Auskunft geben: Woher wissen wir eigentlich von Paulus, welchen Wert haben unsere Quellen und welchen Grund haben wir, den neutestamentlichen Darstellungen zu vertrauen oder zu misstrauen? Darum soll es im folgenden Kapitel gehen.

Kapitel 2

Was können wir von Paulus wissen?

Ein Blick auf die historischen Quellen

Woher nehmen wir eigentlich unsere Informationen über Paulus? Die bunte Verschiedenheit der heutigen Bilder von Paulus rührt zu einem großen Teil auch daher, dass man auf ganz unterschiedliche Quellen zurückgreift, um das Leben und das Denken des Paulus zu rekonstruieren. Und je nachdem, wie man diese Quellen wertet und gewichtet, ändert sich auch das Bild von Paulus, das sich daraus ergibt. An dieser Stelle stellt sich ganz grundsätzlich die Frage nach der Zuverlässigkeit der Bibel und ihrem historischen Wert. Sie wäre ein eigenes Buch wert und kann hier auf wenigen Seiten nicht sinnvoll beantwortet werden. Die Meinungen darüber gehen – je nach Glaubensrichtung und nach wissenschaftlichem Anspruch – weit auseinander.

Eine notwendige Frage

Vielleicht sind Sie ein Mensch, der an solchen historischen Fragen kein besonderes Interesse hat. Oder an der Frage nach der Zuverlässigkeit der neutestamentlichen Schriften. Vielleicht haben Sie diese Frage auch schon längst für sich entschieden, auch ohne viel darüber zu wissen, weil Sie einen festen Glauben haben. Dann lade ich Sie ein, dieses Kapitel getrost zu überspringen und im nächsten weiterzulesen. Wenn Sie aber daran interessiert sind, „den soliden Grund und Boden für die Lehre zu erfahren, die Sie bisher kennengelernt haben“[1], dann lade ich Sie ein, sich zusammen mit mir auf Spurensuche zu machen: Welche Quellen haben wir eigentlich, um ein zuverlässiges Bild vom Leben und Denken des Paulus zu entwerfen? Was verraten uns diese Quellen, an welchen Stellen lassen sie uns aber auch in Unkenntnis über Details und Hintergründe? Verfolgen sie eigene Ziele oder haben sie bestimmte Tendenzen? Und vor allem: Kann man diesen Schriften, die doch schon fast 2000 Jahre alt sind, heute überhaupt noch trauen?

Die Grundfrage nach der Glaubwürdigkeit der Bibel

Es gibt auf der einen Seite Strömungen im Christentum, die jede einzelne Detailaussage in der Bibel für wörtlich richtig halten, und zwar für richtig im Sinne heutiger naturwissenschaftlicher und historischer Forschung. Wenn also die Bibel sagt, dass Gott auf einem Thron im Himmel sitzt (Psalm 11,4) oder dass er Hände und Arme hat (5. Mose 26,8), dann ist das nicht bildlich gemeint, sondern es handelt sich um reale, naturwissenschaftlich nachweisbare Fakten. Für poetische Bildsprache, schriftstellerische Ausschmückung oder menschlichen Irrtum ist bei dieser Art der Auslegung innerhalb der Bibel kein Raum.

Auf der anderen Seite des Spektrums stehen solche christlichen Strömungen, die in der Bibel eine willkürlich zusammengestellte

Sammlung altorientalischer und antiker religiöser Schriften sehen, die historisch weithin wertlos ist, weil sie nur von Glaubensüberzeugungen einzelner Menschen, aber nicht von tatsächlichen Fakten und Ereignissen redet. Für solche Menschen sind die Evangelien, aber auch die Geschichten von Abraham, Mose und David über weite Strecken eine literarische Fiktion, also eine gut erdachte Geschichte mit wenig historischem, aber dafür dennoch großem religiösen Wert.

Ich persönlich stehe irgendwo zwischen diesen beiden Extremen – und mit mir vermutlich die breite Mehrheit der christlichen und jüdischen Bibelforscher, egal ob eher konservativer oder eher progressiver Herkunft: Die wenigsten von ihnen halten jedes einzelne Detail der biblischen Erzählungen für absolute historische Wahrheit. Und die wenigsten halten die gesamte Bibel für historisch absolut wertlos. Zwischen diesen beiden Extremen ist aber immer noch sehr viel Platz für Meinungsverschiedenheiten: Wie weit wir zum Beispiel den Aussagen der Bibel im Einzelfall vertrauen und wo wir die Grenzen zwischen historischer Tatsache und poetischer Dichtung ziehen, darin unterscheiden sich Bibelforscher deutlich. Ich persönlich etwa traue der Bibel an vielen Stellen viel mehr historische Zuverlässigkeit zu als viele meiner Kollegen an den Universitäten oder auf den Kanzeln. Und vieles, was andere für fromme Dichtung halten, halte ich für historische Tatsache. Ich glaube, dass viele Aussagen der Bibel unnötig und zu Unrecht infrage gestellt werden. Aber ich glaube auch, dass die Verfasser der Bibel reale Menschen waren, die durch ihren Glauben und ihre Weltsicht geprägt waren. Sie waren keine allwissenden Erzähler, die über den Dingen standen. Sondern sie waren Beteiligte, die uns ihre Perspektive der Dinge schildern. Die dabei auch Fehler machen konnten. Und die sich durchaus die Freiheit nahmen, ihre Erzählungen schriftstellerisch und auch poetisch auszugestalten. Dinge, die man nicht mit menschlichen Möglichkeiten begreifen und beschreiben kann, haben sie in Bildern und bildhaften Geschichten beschrieben, die man nicht mit modernen naturwissenschaftlichen Methoden sezieren kann. Und dennoch glaube ich (wie eigentlich alle Christen, die ich kenne, egal ob „liberal“ oder „konservativ“) an das, was man traditionell die *Inspiration der Schrift* nennt: dass also die Schrift, auf welche Weise auch immer, „von Gott eingehaucht“ ist, wie es im zweiten Timotheusbrief formuliert wird.[2] Wie wir uns diese Inspiration genau vorstellen müssen, darüber gibt es unter Christen unterschiedliche Ansichten: Ich verstehe sie so, dass in diesem ganzen Prozess des Erzählens, Schreibens, Sammelns und Lesens auf verborgene Weise Gottes Geist am Werk ist, der den menschlichen Worten göttliches Leben einhaucht und dafür sorgt, dass in der Bibel, so wie wir sie haben, genau das steht, was Gott uns durch dieses Buch sagen möchte. Nicht mehr, aber auch nicht weniger.

Die Briefe des Paulus: Informationen aus erster Hand

Die erste und wichtigste Quelle für das Leben und das Denken des Paulus sind natürlich die Briefe, die er selbst geschrieben hat. Damit stehen wir übrigens bei Paulus, im Gesamtvergleich der Bibel, auf ganz besonders sicherem Boden: Denn von Abraham, Mose oder David sind uns keine persönlichen Briefe erhalten. Nicht einmal von Jesus. Aber von Paulus haben wir gleich mehrere. Paulus steht damit nicht nur innerhalb der Bibel, sondern eigentlich innerhalb der gesamten antiken Literatur einzigartig da. Von keiner anderen Person der Antike sind uns so viele vergleichbar ausführliche und zugleich authentische Briefe erhalten wie von Paulus: Zwar gibt es Briefe von großen Philosophen wie Plato und Aristoteles oder von Staatsmännern wie Cicero und Plinius. Sie haben aber einen ganz anderen Charakter: Historiker und Bibelforscher unterscheiden hier zwischen „Gelegenheitsbriefen“ und „Lehrbriefen“: Gelegenheitsbriefe sind echte Briefe, die von einer bestimmten Person in einer bestimmten Situation an einen tatsächlichen Empfänger geschickt wurden. Lehrbriefe dagegen sind vergleichbar mit „offenen Briefen“, die heute in Zeitungen oder im Netz veröffentlicht werden: Sie sind nicht wirklich Briefe, sondern öffentliche Abhandlungen für eine breite Leserschaft, die sich nur die Form eines Briefes geben. Für den Historiker sind Gelegenheitsbriefe von ungleich höherem Wert, weil sie eigentlich nicht für die Nachwelt geschrieben sind, sondern einen authentischen Einblick in reale Lebenssituationen und Beziehungen geben. Aus der Antike, und sogar aus der Zeit des alten Israel, sind uns viele solcher Gelegenheitsbriefe erhalten, die uns unschätzbare Momentaufnahmen in das Alltagsleben der damaligen Zeit geben. Aber sie alle sind von ihrem Inhalt her nicht mit denen des Paulus vergleichbar:

Zwei antike Briefsammlungen

So wurde in Tell-el Amarna in Ägypten in den Jahren 1887–1892 das königliche Archiv des Pharao Echnaton (ca. 1350 v. Chr.) entdeckt und darin etwa 350 kleine, auf Tontäfelchen geritzte Briefe seiner Statthalter, Vasallen und Generäle aus allen Teilen des Reiches. Auch wenn diese Briefe oft nur sehr knapp von einzelnen kriegerischen Vorfällen oder Finanzabrechnungen berichten, geben sie doch einen sehr lebendigen Einblick in die Zeit des alten Ägypten, etwa zur Zeit des Mose.

Nur kurze Zeit nach dem Fund von Tell el-Amarna entdeckten britische Forscher bei Ausgrabungen in der antiken Stadt Oxyrhynchus, ebenfalls in Ägypten, eine riesige Müllhalde mit fast 400.000 alten Papyrusresten. Dieses Mal stammten sie aus der Zeit des Neuen Testaments und der frühen Kirche. Darauf entzifferte man viele biblische und außerbiblische Schriften, aber auch Werke der klassischen griechischen Dichtung und vor allem auch ganz alltägliche Gelegenheitsschreiben wie Einkaufslisten, Kaufbelege, Verträge und persönliche Briefe. Bis heute ist erst etwa 1 Prozent dieses Jahrhundertfundes entziffert und veröffentlicht und die Arbeiten dauern weiter an. Gerade die kleinen Alltagsbriefe sind dabei natürlich von ungeheurem historischen Wert: Denn ohne solche Funde kannten wir bisher immer nur die Geschichte der großen Herrscher und Feldherren, die von den Historikern dokumentiert war. Durch Alltagsbriefe und Gelegenheitsschreiben aber bekommen wir Einblick in das Leben der kleinen Leute: Briefe von Vätern an ihre Söhne, die zur Ausbildung in die große Stadt gezogen waren. Briefe an Geschäftspartner und Familienangehörige, Glückwunschschreiben zu verschiedensten Anlässen. An der unsicheren Handschrift und den vielen Rechtschreibfehlern können wir erkennen, dass die meisten dieser Briefe nicht von gebildeten Leuten stammen, sondern aus der Unter- oder Mittelschicht. Diese Briefe sind deshalb sehr authentisch. Ihr Nachteil besteht allerdings darin, dass oft nur wenige Zeilen erhalten sind und uns meistens weitere Informationen über den Verfasser, die Entstehungszeit oder das Umfeld fehlen.

Ganz anders als diese Gelegenheitsbriefe sind die Kunstbriefe der großen antiken Schriftsteller: Sie sind in Wirklichkeit literarische Produkte, die für die Öffentlichkeit geschrieben sind, und haben nur scheinbar die Form eines Briefes. Viele solcher Briefe, etwa die von Plato und Aristoteles, sind nach der Meinung der meisten Forscher zudem späte Fälschungen von Anhängern ihrer philosophischen Ideen. Andere, etwa die Briefe des Plinius, sind zwar echt, aber dennoch geben sie keinen authentischen Einblick in die private Korrespondenz dieser Schriftsteller. Denn sie sind von vornherein für die Veröffentlichung gedacht. Es fehlen persönliche Anmerkungen, spontane Gefühlsausbrüche und konkrete Anspielungen auf die Alltagssituation der Empfänger. Plinius gab seine Briefe bereits zu seinen Lebzeiten selbst als Sammelband heraus. Er konnte also selbst bestimmen, was davon veröffentlicht wurde und was nicht. Solche Briefe sind also eher literarische Kunstwerke und politische Programmschriften als authentische Alltagskorrespondenz.

Die Briefe des Paulus: Authentisch und doch tiefgründig

Vergleicht man nun die Briefe des Paulus mit dem übrigen Briefmaterial der Antike, so wird schnell ihr einzigartiger Wert deutlich: Denn zum einen handelt es sich hier um echte Gelegenheitsbriefe, Momentaufnahmen einer persönlichen Korrespondenz zwischen einem jüdischen Privatmann und kleinen Gruppen von Christen in verschiedenen Städten und Orten des Römischen Reiches. Keine Kunstprodukte eines Schriftstellers, die als Manifest für die Nachwelt verfasst wurden. Das macht diese Briefe echt und authentisch. Gleichzeitig aber sind sie nicht so bruchstückhaft und knapp wie die meisten anderen Gelegenheitsbriefe, die man auf Papyrusschnipseln und Tontäfelchen gefunden hat: Sie sind ausführliche, gut durchdachte, sorgsam formulierte und vollständig erhaltene Schreiben mit tief gehenden Inhalten. Es geht um Glaubensfragen, Geschichte, Bibelauslegung, aber auch um Alltagsfragen wie Kleidungsstil, Essensgewohnheiten, Eheprobleme und die Gestaltung von Gottesdiensten. Die Briefe des Paulus enthalten Glückwünsche, Dankesworte, argumentative Auseinandersetzungen, Lieder, Gedichte und Reiseplanungen. Gelegenheitsbriefe von diesem Umfang, dieser Vielfalt und dieser Tiefe sind aus dieser Epoche sonst sehr selten. Dass wir zudem noch mehrere Briefe desselben Autors aus unterschiedlichen Jahren und an unterschiedliche Empfänger in unseren Händen halten, macht diese Briefe noch wertvoller als historische Quellen. Sie sind daher unser erster und wichtigster Anhaltspunkt für die Frage, wer Paulus war und was er dachte und glaubte.

Die umstrittenen Briefe des Paulus

In der modernen Bibelforschung ist die Echtheit einiger Paulusbriefe allerdings umstritten: Weil es in der Antike Beispiele gibt, dass „Briefe“ von berühmten Persönlichkeiten nachträglich von deren Schülern oder Anhängern in ihrem Namen verfasst und herausgegeben wurden, nimmt man an, dass Ähnliches auch nach dem Tod des Paulus geschah. So geht eine Mehrheit der Forscher heute davon aus, dass der Epheser- und Kolosserbrief, aber auch der 2. Thessalonicherbrief sowie die Briefe an Timotheus und Titus nicht von Paulus selbst stammen. Der Grund für diese Annahme liegt darin, dass diese Briefe sich sowohl sprachlich als auch inhaltlich von den übrigen Paulusbriefen deutlich unterscheiden. Zudem habe man es in der Antike mit den Unterschieden zwischen „Original" und „Fälschung" nicht so ernst genommen, sodass es üblich und akzeptiert gewesen sei, Schriften unter falschem Namen herauszugeben.

Zweifel an den Zweifeln

Nun lassen sich die Unterschiede in Stil und Inhalt in der Tat nicht von der Hand weisen. Dennoch gibt es bis heute eine ganze Reihe von anerkannten Bibelforschern, die diese Briefe dennoch Paulus zuschreiben – oder aber zumindest einem Vertrauten des Paulus, der als sein Begleiter und Schreiber tätig war. Dass Paulus Briefe von Mitarbeitern schreiben ließ, das wird sogar in den unumstrittenen echten Briefen deutlich gesagt.[3] Es könnte daher sein, dass die Unterschiede in Sprache und Stil bei den „umstrittenen" Briefen darauf zurückzuführen sind, dass Paulus diese von seinen Mitarbeitern schreiben ließ und diese mal mehr, mal weniger selbständig formulierten.[4] Zudem können die Unterschiede auch daher rühren, dass manche dieser Briefe in einer deutlich späteren Lebensphase des Paulus entstanden als die unumstrittenen. Denn es wäre ja in der Tat nicht ungewöhnlich, dass ein Mensch im Laufe seines Lebens seinen Sprachstil, aber auch seine Denkweise und seine Weltanschauung verändert. Warum sollte das nicht auch bei Paulus der Fall sein? Hinzu kommt noch die Beobachtung, dass man sehr wohl auch in der Antike schon, und dann vor allem im frühen Christentum, einen Unterschied machen konnte zwischen Original und Fälschung.

Zwar kam es in der Tat recht häufig vor, dass Briefe oder Schriften unter dem (falschen) Namen längst verstorbener großer Persönlichkeiten erschienen, sei es im Namen von Philosophen wie Plato oder Aristoteles, sei es aber auch, in der jüdischen Welt, im Namen von Mose, Abraham oder Henoch. Man nennt solche Schriften „Pseudepigrafen", das heißt übersetzt „unter falschem Namen erschienene Schriften". Allerdings ist es eben nicht so, dass die Menschen solchen falschen Namenszuschreibungen deshalb einfach glaubten. Im Gegenteil, sie wussten, dass es sich um Fälschungen handelte und nannten dies auch beim Namen. Keine dieser „pseudepigrafen" Schriften ist deshalb am Ende in den biblischen Kanon aufgenommen worden, sondern nur solche Schriften, die entweder keine Autorenangabe hatten oder eben eine, die man für wahr hielt. Es ist daher eher unwahrscheinlich, dass man im Fall von „gefälschten" Paulusbriefen anders vorgegangen wäre.[5]

Der britische Neutestamentler N.T. Wright hat in seinem umfangreichen Paulusbuch zudem zu Recht darauf hingewiesen, dass die Urteile über „Echtheit" und „Unechtheit" von Paulusbriefen auch oft geprägt waren durch theologische Vorentscheidungen. So fehlte vielen Forschern im Epheser- und Kolosserbrief die „Rechtfertigungslehre" des Paulus, die für viele als einziges Kennzeichen des „echten" Paulus galt. Geht man jedoch vom vielschichtigeren Paulusbild der neueren Forschung aus, dann fügen sich die sogenannten „unechten" Briefe hier wieder viel harmonischer ein.[6]

Während daher die Echtheit der umstrittenen Paulusbriefe in der deutschsprachigen wissenschaftlichen Forschung fast ohne Ausnahme bestritten wird, ist das im englischen Sprachraum anders: Hier halten sich Gegner und Befürworter der Echtheit in etwa die Waage.[7]

Dieses Buch ist jedoch nicht der Ort, diesen Fragen intensiver nachzugehen und die Argumente, die für und gegen eine Echtheit sprechen, gegeneinander abzuwägen. Ich werde mich daher mit meinen Beobachtungen vor allem auf diejenigen Briefe konzentrieren, bei denen Einigkeit über die Echtheit besteht. Sie sind ohnehin die ausführlichsten und zugleich lebhaftesten Paulusbriefe und sind auch am deutlichsten geprägt vom jüdischen Denken des Paulus.

Die Apostelgeschichte

Auch wenn die Briefe des Paulus unsere erste und unmittelbarste Quelle sind, so haben sie doch einen offenkundigen Nachteil: Sie geben uns lediglich Momentaufnahmen aus dem Leben des Paulus, zudem nur aus einer recht kurzen Zeitspanne seines Lebens. Nur an wenigen Stellen erzählt uns Paulus selbst Einzelheiten aus seiner Lebensgeschichte.[8] Hin und wieder erwähnt er persönliche Erlebnisse, ohne aber zu sagen, wo und wann sich diese ereignet haben.[9] Manchmal macht er am Rande Bemerkungen über Reisepläne, aus denen wir rekonstruieren können, wo und wann er einen bestimmten Brief geschrieben hat.[10] Aber ein Gesamtbild seines Lebens oder seiner Reisen erhalten wir dadurch nicht. Diese Nebenbemerkungen sind eher wie einzelne Puzzleteile.

Eine wichtige Ergänzung zu den Briefen des Paulus ist daher die Apostelgeschichte: Hier wird ein längerer Abschnitt aus dem Leben des Paulus erzählt, der etwa die Jahre 45–64 n. Chr. abdeckt.[11] Hinzu kommen einzelne Berichte aus einem früheren Zeitraum (etwa 30 bis 34 n. Chr.) sowie einige Reden des Paulus, in denen er selbst auf sein Leben zurückblickt.[12]

Ob und inwieweit man die Berichte der Apostelgeschichte heranziehen kann, um das Paulus-Puzzle zu vervollständigen, ist unter Bibelforschern, wie so vieles, umstritten: Die Kirchenväter der ersten Jahrhunderte berichten uns schon ab dem zweiten Jahrhundert, dass „Lukas, der Arzt" (Kol 4,14) der Verfasser der Apostelgeschichte und des Lukasevangeliums war.[13] Dieser Überlieferung zufolge sei er ein Reisebegleiter des Paulus gewesen, zumindest auf einem großen Teil seiner Reisen. Tatsächlich fällt es auf, dass der Verfasser der Apostelgeschichte mitten in seiner Erzählung plötzlich von der dritten

Person („Da zogen sie durch Mysien und kamen hinab nach Troas") in die zweite Person wechselt („... da suchten wir sogleich nach Mazedonien zu reisen"),[14] so als ob der Erzähler von hier an selbst Teil der Reisegruppe des Paulus geworden sei. Auch sprachlich sind ab hier deutliche Veränderungen im Bericht der Apostelgeschichte festzustellen: Während die ersten 15 Kapitel immer wieder Spuren eines hebräischen Sprachstils aufweisen, ändert sich dies ab Kapitel 16.[15] Das könnte darauf hinweisen, dass der Autor im ersten Teil seines Berichtes stärker auf ältere, ihm bereits schriftlich vorliegende Berichte und Quellen zurückgriff und ab Kapitel 16 mehr aus eigener Kenntnis erzählte und daher freier formulierte. Diese Teile sind auch in historischen und geografischen Details deutlich detaillierter gestaltet. Das alles deutet auf einen tatsächlichen Augenzeugen hin, zumindest im hinteren Teil der Apostelgeschichte.

Fakt oder Fiktion?

In der neueren Forschung hält man diese altkirchliche Tradition allerdings weithin für falsch: Der Verfasser der Apostelgeschichte sei weder „Lukas, der Arzt" gewesen noch überhaupt ein Reisebegleiter oder Augenzeuge des Paulus. Vielmehr handele es sich um einen unbekannten Christen aus späterer Zeit, der uns keinen historisch glaubwürdigen Bericht vorlege, sondern eine theologisch motivierte Konstruktion der christlichen Frühgeschichte. Und zwar so, wie er sie sich vorgestellt bzw. gewünscht habe. So zieht etwa der amerikanische Bibelforscher David Trobisch zur Veranschaulichung einen Vergleich aus der neueren Zeit heran:

> „Denken Sie an Karl May. Wer damit aufgewachsen ist, wird ein Bild vom wilden Westen der USA haben, das von ehrenhaften Indianern, korrupten Eisenbahnfirmen, Trappern und europäischen Greenhorns bevölkert ist, die Wüsten durchziehen, auf Geisire treffen, mit dem Pferd Canyons übersprin-

> gen, Schätze aus Seen heben und Grislybären nur mit dem bloßen Messer töten. (...) Überprüft man aber die Tatsachen, so stellt sich schnell heraus, dass Karl May nicht aus eigener Erfahrung schreibt. Obwohl meistens in der ersten Person berichtet wird, hat er lediglich Reiseberichte seiner Zeit ausgewertet. Erst 1908, vier Jahre vor seinem Tod, bereist er zum ersten Mal die USA. Es stellt sich deshalb die Frage: Darf man in der ersten Person berichten, obwohl man nicht dabei war? Als Historiker wohl nicht, als Geschichtenerzähler aber sehr wohl. (...) Ist Karl May eine zuverlässige Quelle für die Situation in Nordamerika im ausgehenden 19. Jahrhundert? Wohl kaum. Zu viel Fantastisches mischt sich in die korrekten Beschreibungen. Was Karl Mays Werk aber ausgezeichnet beschreibt, ist das Bild, das der Autor und seine Leserschaft entwickelten, eine narrative Welt, die bis heute noch ihre Auswirkungen hat."[16]

Wir haben im vorangehenden Kapitel bereits gesehen, dass diese sehr kritische Sicht der Apostelgeschichte ihre frühesten Wurzeln in den Ansichten der „Tübinger Schule" hatte, die nach Anwendung des „Paulus-Jakobus-Keils" und des „Paulus-Lukas-Keils" davon ausging, dass die Apostelgeschichte erst mehr als hundert Jahre nach dem Tod des Paulus entstand und lediglich dem Zweck diente, den Flügelkampf zwischen „judenchristlichen" und „paulinischen" Gruppen in der Kirche zu überwinden. Der Autor der Apostelgeschichte habe daher ein Bild der frühen Kirche zeichnen wollen, das nicht durch Streit, sondern durch große Einheit des Glaubens geprägt sei und in dem die Gegensätze zwischen Judenchristentum und Heidenchristentum friedlich gelöst wurden. Dieses Bild sei aber in Wirklichkeit, so die Tübinger Schule, späte „Geschichtsklitterei" und verdecke nur die tatsächlichen Konflikte.

Mittlerweile ist man von diesen extremen Positionen auch in der kritischsten Forschung wieder abgerückt. Niemand würde heute mehr die Apostelgeschichte ins 2. Jahrhundert datieren. Und auch die Gegensätze zwischen Paulus und Jakobus werden dieser Tage weit weniger extrem gesehen als noch vor hundert Jahren. Gehalten hat sich aber die Ansicht, dass die Apostelgeschichte ein literarisches Kunstwerk ist, das den Zweck verfolgt, ein neues – und „jüdischeres" – Bild von Paulus zu zeichnen. Eines, das die Konflikte mit dem Judentum herunterspielt und eine Einigkeit zwischen Paulus und der Urgemeinde widerspiegelt, die es so in Wirklichkeit nicht gab. Wie weit man daher den Angaben der Apostelgeschichte trauen darf, darin gehen die Meinungen auseinander: Manche halten sie für völlig unzuverlässig und plädieren deshalb dafür, für eine Rekonstruktion von Paulus und seinem Leben ausschließlich die Briefe heranzuziehen. Andere nehmen durchaus vorsichtig die eine oder andere Information aus der Apostelgeschichte zur Ergänzung hinzu. Gerade für die Frage nach dem jüdischen Glauben des Paulus und nach seiner Treue zur jüdischen Tradition ist diese Frage jedoch zentral: Denn viele Forscher unterscheiden heute immer noch zwischen dem „unjüdischen" Paulusbild der Briefe und dem „jüdischen" Paulusbild der Apostelgeschichte. Träfe diese Ansicht zu, dann wäre das erstere Bild „echter" als das letztere.

Die Apostelgeschichte als historische Quelle

Kann man aber den Verfasser der Apostelgeschichte tatsächlich mit dem – ohne Zweifel genialen und witzigen – Geschichtenerfinder Karl May vergleichen? War seine Kenntnis der Fakten wirklich so dürftig und seine schriftstellerische Fantasie so groß? In neuerer Zeit mehren sich auch in der wissenschaftlichen Bibelforschung wieder Stimmen, die der Apostelgeschichte einen weit höheren historischen Wert zugestehen als die ältere Forschung.[17] Auch wenn unstrittig bleibt, dass die Erzählung des Lukas nicht den heutigen Standards historischer Wissenschaft entspreche, sei sie doch durchaus mit ernst zu nehmenden Historikern der Antike zu vergleichen wie etwa Josephus Flavius oder Tacitus. Tatsächlich spricht eine ganze Reihe von Beobachtungen dafür:

Die Apostelgeschichte weist eine erstaunlich gute Kenntnis einzelner historischer und geografischer Details auf, die uns auch aus anderen außerbiblischen Quellen bekannt sind. Ihr Autor zeigt eine gute Ortskenntnis des Heiligen Landes und insbesondere Jerusalems. Ihre Sprache weist, vor allem in der ersten Hälfte, Spuren eines hebräischen Sprachhintergrundes auf, was darauf hindeuten könnte, dass der Autor ältere Quellen und schon vorhandene Berichte anderer Autoren in seinen Bericht mit aufgenommen hat. In den ersten Versen des Lukasevangeliums, das vom gleichen Autor stammt, sagt er sogar ausdrücklich, dass er auf solche Berichte und auch auf noch lebende Augenzeugen zurückgreift.[18] Viele Widersprüche, die zwischen der Apostelgeschichte und den Briefen des Paulus zu bestehen scheinen, erweisen sich zudem bei näherem Hinsehen als Scheinwidersprüche.[19] Und die „Wir-Erzählungen" der Apostelgeschichte sind aus wissenschaftlicher Sicht eben nicht mit dem „Erzähler-Ich" des Karl May vergleichbar. Denn erfundene Augenzeugenberichte werden in der Antike immer in der Ich-Form beschrieben und beanspruchen damit ganz offen eine direkte Teilnahme des Autors. Die „Wir"-Form der Apostelgeschichte folgt gerade nicht diesem üblichen Stil, sondern deutet viel bescheidener eine Anwesenheit des Verfassers an. Das aber wird noch nicht einmal ausdrücklich gesagt, sondern nur durch die Wir-Form indirekt angedeutet. Das ist unüblich für „erfundene" Ich-Erzähler. Das alles spricht dafür, dass diese Wir-Berichte eben kein dichterisches Stilmittelsind, sondern Spuren eines echten Augenzeugen. Am Ende einer umfangreichen Untersuchung über das Leben des Paulus und den historischen Wert der Apostelgeschichte kommt der Dortmunder Neutestamentler Rainer Riesner daher zu dem Ergebnis:

> „Eine kritische Kombination der Apostelgeschichte mit den Paulus-Briefen bleibt nicht bloß für lukanische Einzeltradi-

tionen, sondern auch für Rahmenangaben möglich. (...) Das Wissen des Lukas war nicht gleichmäßig. Im Bereich der Wir-Berichte gibt er ausgezeichnete Informationen wieder, während seine Kenntnis sich an anderen Stellen als lückenhaft erweist. Unsere allerdings sehr begrenzte Untersuchung erbrachte jedoch kaum Hinweise dafür, dass (Lukas) fantasierte, wo ihm keine Nachrichten zur Verfügung standen. Lukas hat als antiker Historiker sein Material in den Dienst einer bestimmten schriftstellerischen Absicht gestellt, wobei er meiner Wahrnehmung nach hauptsächlich mit den Mitteln der Auswahl, Einordnung und effektvollen stilistischen Gestaltung arbeitete. Die gewisse Spannung, die manchmal in der Apostelgeschichte zwischen dem verarbeiteten Material und der redaktionellen Tendenz spürbar ist, zeugt auf ihre Weise von der Bindung des Autors an vorgegebene Informationen. Das historiographische Problem scheint nicht darin zu bestehen, dass Lukas einfach erfunden hätte, woran ihm lag, sondern dass er oft verschweigt, was ihm unangenehm oder nebensächlich erschien. So schwächte er insbesondere innergemeindliche Konflikte ab und hielt sich auch bei der Schilderung von Problemen mit dem heidnischen Staat oft zurück. Indem Lukas seiner Darstellung der Ursprünge des Christentums eine angemessene zeitliche Abfolge gab, hat er aber auf seine Weise die Wichtigkeit der Verbindung von Chronologie und Theologie hervorgehoben."[20]

Aus all diesen Gründen werde ich daher in meinem Buch die Apostelgeschichte mit gutem Gewissen als zusätzliche Quelle für das „Paulus-Puzzle" heranziehen. Allerdings bin ich mir bewusst, dass auch Lukas die Dinge nicht „objektiv" darstellt, sondern aus seiner Perspektive, mit seinen Gewichtungen, ohne Anspruch auf Vollständigkeit und auch mit einer gewissen schriftstellerischen Freiheit. Das zeigen allein schon die drei unterschiedlichen Berichte vom „Damaskus-Erlebnis" des Paulus, die alle aus der Feder des Lukas stammen und sich dennoch in wichtigen Details unterscheiden.[21] Die gleiche Gestaltungsfreiheit können wir auch annehmen für die vielen Reden und Predigten, die in der Apostelgeschichte aufgezeichnet sind. Es ist kaum anzunehmen, dass diese alle wortwörtlich mitgeschrieben oder nachträglich von den Predigern selbst niedergeschrieben wurden. Eher wahrscheinlich ist es, dass Lukas, der viele solcher Reden selbst miterlebt hat, hier aus seiner Kenntnis der Dinge, Personen und Inhalte heraus selbstständig Reden formuliert hat, die sachlich und sprachlich denen entsprachen, die er so oft mit angehört hatte.

Ein Beispiel für das „Paulus-Puzzle"

Ein gutes Beispiel dafür, wie kompliziert sich die Rekonstruktion der Paulus-Biografie im Einzelfall gestaltet, ist etwa die Frage: Was geschah eigentlich nach dem „Damaskus-Erlebnis" des Paulus? Liest man den Bericht der Apostelgeschichte, dann könnte man annehmen, dass Paulus schon kurze Zeit später nach Jerusalem reiste, um dort die Jünger zu treffen:

> „Saulus aber gewann immer mehr an Kraft und trieb die Juden in die Enge, die in Damaskus wohnten, und bewies, dass Jesus der Christus ist. Nach mehreren Tagen aber hielten die Juden Rat und beschlossen, ihn zu töten. Aber es wurde Saulus bekannt, dass sie ihm nachstellten. Sie bewachten Tag und Nacht auch die Tore, um ihn zu töten. Da nahmen ihn seine Jünger bei Nacht und ließen ihn in einem Korb die Mauer hinab. Als er aber nach Jerusalem kam, versuchte er, sich zu den Jüngern zu halten; doch sie fürchteten sich alle vor ihm und glaubten nicht, dass er ein Jünger wäre. Barnabas aber nahm ihn zu sich und führte ihn zu den Aposteln und erzählte ihnen, wie Saulus auf dem Wege den Herrn gesehen und

dass der mit ihm geredet und wie er in Damaskus im Namen Jesu frei und offen gepredigt hätte. Und er ging bei ihnen in Jerusalem ein und aus und predigte im Namen des Herrn frei und offen."[22]

Vergleichen wir diesen Bericht nun mit dem, was Paulus selbst über seine Begegnung mit Jesus schreibt, dann klingt das auf den ersten Blick ganz anders:

> „Als es aber Gott wohlgefiel, der mich von meiner Mutter Leib an ausgesondert und durch seine Gnade berufen hat, dass er seinen Sohn offenbarte in mir, damit ich ihn durchs Evangelium verkündigen sollte unter den Heiden, da besprach ich mich nicht erst mit Fleisch und Blut, ging auch nicht hinauf nach Jerusalem zu denen, die vor mir Apostel waren, sondern zog nach Arabien und kehrte wieder zurück nach Damaskus. Danach, drei Jahre später, kam ich hinauf nach Jerusalem, um Kephas kennenzulernen, und blieb fünfzehn Tage bei ihm. Von den andern Aposteln aber sah ich keinen außer Jakobus, des Herrn Bruder."[23]

Viele Ausleger sehen hier völlig unvereinbare Widersprüche: Nach dem Bericht der Apostelgeschichte reiste Paulus kurz nach seiner Bekehrung nach Jerusalem und traf dort die Jünger. Nach dem Bericht des Paulus jedoch reiste er zunächst nach Arabien (das Gebiet des heutigen Jordanien), blieb dann drei Jahre in Damaskus und reiste erst dann wieder nach Jerusalem. Hier traf er auch nicht alle Apostel, sondern lediglich Kephas (Petrus) und Jakobus.

Damit scheint belegt, dass man einer der beiden Darstellungen nicht trauen kann. Oder? Schaut man genauer hin, dann entdeckt man, dass wir in den Bericht der Apostelgeschichte mehr hineinlesen, als tatsächlich darinsteht. Zum einen macht Lukas nämlich keine Angabe darüber, wie viel Zeit zwischen Vers 25 („sie ließen ihn die Mauer herab“) und Vers 26 („Als er nach Jerusalem kam“) vergeht. Zum anderen müssen wir die Tatsache berücksichtigen, dass es im griechischen Urtext der Apostelgeschichte weder Punkte noch Kommas und schon gar keine Zeilenumbrüche oder Kapitelüberschriften gab. Alle heutigen Einteilungen und Absätze stammen aus moderner Zeit, erst recht die Zwischenüberschriften im Bibeltext. Betrachten wir den Text der Apostelgeschichte daher genauer, dann ist es durchaus möglich, dass Lukas hier zwei ganz unterschiedliche Episoden aus dem Leben des Paulus erzählt, die zeitlich gar nicht miteinander zusammenhängen:

Episode 1: Paulus begegnet Jesus in Damaskus.
Episode 2: Paulus begegnet den Gemeindeleitern in Jerusalem.

Dass zwischen den beiden Episoden im Leben des Paulus noch viel anderes passiert ist, ist damit nicht ausgeschlossen. Wir sehen lediglich, dass Lukas offensichtlich nicht daran gelegen war, alle biografischen Details lückenlos aufzuzählen. Er wollte nur die wichtigsten Stationen aus der Frühzeit des Paulus nennen: Dazu gehört seine Bekehrung und sein erster Besuch in Jerusalem. In unseren Bibelausgaben sollten wir also in Zukunft, um dies zu verdeutlichen, zwischen Vers 25 und 26 eine Kapitelüberschrift einfügen.

Und wie ist es mit den Aposteln, die Paulus in Jerusalem sah oder auch nicht sah? Auch hier besteht bei näherem Hinsehen kein echter Widerspruch: Denn Paulus sagt zwar zunächst, dass er nur Petrus sehen wollte, fügt aber im nächsten Satz hinzu, dass er auch Jakobus traf. In der Apostelgeschichte lesen wir, dass er „die Apostel“ traf – also nicht „alle Apostel“. Das wäre auch recht unwahrscheinlich, denn wir können nicht annehmen, dass immer alle zwölf Apostel gleichzeitig in Jerusalem waren. Im Gegenteil, im Bericht der Apostelgeschichte sind nur beim Pfingstereignis alle Jünger in Jerusalem zusammen. Später werden nur noch Petrus, Jakobus und Johannes erwähnt. Die übrigen Apostel wohnten also vermutlich an anderen

Orten oder waren bereits auf Missionsreisen in anderen Teilen der Welt unterwegs. Es ist also nur normal, dass Lukas hier schreibt: „Er traf die Apostel" – auch wenn es sich dabei lediglich um zwei von ihnen handelte. Es ergibt sich daher aus beiden Berichten am Ende doch ein einheitliches Bild, das nicht im Widerspruch zueinander steht. Aber es wird zugleich auch deutlich: Beide Autoren, Lukas und Paulus, berichten weder objektiv noch lückenlos: Sie wählen die Informationen sorgfältig aus, die sie nennen. Sie lassen weg, was sie für unwichtig halten und betonen das, was ihnen wichtig scheint.

Für viele eher skeptische Bibelforscher wäre es jedoch unerlaubt, die Berichte der Apostelgeschichte und der Paulusbriefe in dieser Weise miteinander zu kombinieren. Sie betonen stattdessen die Widersprüche und Unterschiedlichkeiten und sprechen verächtlich von „unzulässiger Harmonisierung", wenn man sie darauf aufmerksam macht, dass unterschiedliche Berichte sich nicht notwendigerweise widersprechen, sondern einander auch ergänzen können. Ich persönlich kann das nicht nachvollziehen. Ohne Zweifel gibt es viele Widersprüche in der Bibel, die muss man auch nicht mit allen Mitteln vertuschen oder verschweigen. Aber da, wo sich Widersprüche durch genaues Hinsehen auflösen oder erklären lassen, muss das auch erlaubt sein. Ich gehe also in diesem Buch davon aus, dass wir sowohl die Paulusbriefe als auch die Apostelgeschichte mit gutem Gewissen heranziehen können, um ein Bild von Paulus zu entwerfen.

Weil ich aber die Skepsis mancher Kollegen gegenüber der Apostelgeschichte kenne und auch verstehe, wo sie herkommt, konzentriere ich mich bei der Frage nach dem „jüdischen Paulus" immer zuerst auf die Briefe, und zwar auf die unumstritten echten. Und erst danach ziehe ich auch die Apostelgeschichte hinzu, wenn sie sinnvolle Ergänzungen liefert. Denn der Verdacht der Skeptiker ist ja der, dass der „Paulus der Briefe" weniger jüdisch ist als der „Paulus der Apostelgeschichte". Es sollte aber dann erlaubt sein, einen „jüdischen Paulus" aus den Briefen durch entsprechende Angaben aus der Apostelgeschichte zu ergänzen, die mit dem Bild der Briefe übereinstimmen. Das ist dann keine „unzulässige Harmonisierung“, sondern lediglich gesunder Menschenverstand. Der umgekehrte Fall jedoch, dass ein „jüdischer Paulus“ der Briefe durch einen „weniger jüdischen Paulus“ aus der Apostelgeschichte korrigiert werden müsste, ist mir nicht bekannt.

Paulus im restlichen Neuen Testament

Abgesehen von den Briefen und der Apostelgeschichte haben wir nur sehr wenige andere Quellen, um Paulus besser kennenzulernen. Im Neuen Testament wird er nur ein weiteres Mal ausdrücklich erwähnt, und zwar im 2. Petrusbrief:

> „Erachtet die Geduld unseres Herrn für eure Rettung, wie auch unser lieber Bruder Paulus nach der Weisheit, die ihm gegeben ist, euch geschrieben hat. Davon redet er in allen Briefen, in denen einige Dinge schwer zu verstehen sind, welche die Unwissenden und Leichtfertigen verdrehen ...“[24]

Viel Neues erfahren wir hier nicht. Dass die Briefe des Paulus manchmal schwer zu verstehen sind, das wissen wir auch aus eigener Erfahrung. Dass man sie falsch verstehen kann, wenn man unwissend oder leichtfertig ist, das wissen wir ebenso. Was aber interessant ist, ist die Tatsache, dass die Briefe des Paulus offenbar schon früh gesammelt wurden (die Leser des Petrusbriefes kannten bereits mehrere Paulusbriefe) und dass es schon früh Streit um ihre richtige Auslegung gab. Manche Ausleger sehen daher auch im Jakobusbrief eine frühe Antwort auf die Briefe des Paulus, obwohl der Name des Paulus darin nicht ausdrücklich genannt wird.[25] Manche Formulierungen im Jakobusbrief erinnern jedoch so auffällig an charakteristische Passagen aus den Paulusbriefen, dass man vermuten kann, dass hier eine direkte Reaktion auf Lehren des Paulus vorliegt – beziehungsweise auf frühe Missdeutungen seiner Lehren.[26]

Eine apokryphe Lebensgeschichte des Paulus

Welche Quellen haben wir noch, aus denen wir Informationen über Paulus erhalten? Außerhalb des Neuen Testaments finden wir nur noch spärliche Quellen. Von zweifelhaftem historischen Wert ist eine Schrift aus dem späten 2. Jahrhundert, die sogenannten „Paulusakten“, die man zu den christlichen „Apokryphen“ zählt:[27] Es handelt sich um einen Text, der in ähnlicher Weise wie die Apostelgeschichte Episoden aus dem Leben des Paulus beschreibt. Form und Stil unterscheiden sich jedoch deutlich: Während die Apostelgeschichte eher den Werken antiker Geschichtsschreiber ähnelt, erinnern die Paulusakten mehr an antike Groschen- und Liebesromane, die es in Hülle und Fülle gab. Auch die Inhalte der Predigten des Paulus sind sehr anders: Statt über Jesus und das Evangelium predigt Paulus sehr ausführlich über seinen zölibatären Lebensstil. Schon um das Jahr 200 n. Chr. warnte der christliche Lehrer Tertullian vor dieser Schrift, die er die „fälschlich geschriebenen Paulusakten“ nennt. Echte historische Informationen über Paulus können wir also aus dieser Schrift wohl nicht gewinnen. Die wohl interessanteste Passage der Paulusakten ist allerdings eine Notiz über sein Äußeres:

> „Er sah aber Paulus kommen, einen Mann von kleiner Gestalt, mit kahlem Kopf und krummen Beinen, in edler Haltung mit zusammengewachsenen Augenbrauen und ein klein wenig hervortretender Nase, voller Freundlichkeit; denn bald erschien er wie ein Mensch, bald hatte er eines Engels Angesicht.“[28]

Ob es sich bei dieser Beschreibung um ein reines Fantasieprodukt des 2. Jahrhunderts handelt oder ob darin Reste historischer Erinnerung enthalten sind, wird sich wohl nicht mehr feststellen lassen. Die Beschreibung erinnert stark an verbreitete Beschreibungen des Halbgottes Herkules in der griechischen Literatur – das spricht dafür, dass hier jemand einfach aus anderen Heldengeschichten abgeschrieben hat. Der kahle Kopf allerdings gehört gerade nicht zu den typischen Herkules-Merkmalen, er ist also vielleicht doch authentische Erinnerung.[29]

Weitere Notizen aus der frühen Kirche

Zuverlässiger als die Paulusakten, wenn auch nicht so ausführlich, sind einige kurze Notizen frühchristlicher Schriftsteller über die letzten Lebensjahre des Paulus. Der Bericht der Apostelgeschichte endet ja etwa im Jahr 62 n. Chr., aber Paulus ist zu dieser Zeit noch gesund und munter. Ein Lebensende ist noch nicht in Sicht und wird auch nicht erwähnt. Nur in Apg 20,22-38 gibt Paulus einen unbestimmten prophetischen Ausblick auf seinen bevorstehenden Tod.[30] Was also geschah nach dem Jahr 62? Der Kirchenvater Eusebius von Cäsaräa berichtet im 4. Jahrhundert, dass Paulus nach seiner ersten Gefangenschaft in Rom noch einmal freigekommen sei, weitere Reisen unternommen habe, die ihn unter anderem bis nach Spanien führten, und dann nach einer weiteren Gefangenschaft in Rom als Märtyrer gestorben sei.[31] Viele Forscher halten die Nachricht über eine Spanienreise zwar heute für einen späten Mythos: Eusebius habe aus den Reiseplänen, die Paulus in Röm 15,24-28 äußert, einfach eine tatsächliche Reise erdichtet. Jedoch gibt es entsprechende Nachrichten auch schon aus sehr früher Zeit, möglicherweise schon aus dem ersten Jahrhundert. In einem Brief schreibt ein Gemeindeleiter der Gemeinde von Rom bereits wenige Jahre nach dem Tod des Paulus:

> „Kommen wir nun zu denen, die in jüngster Zeit ihren Kampf gekämpft haben. Nennen wir die edlen Beispiele aus unserer eigenen Generation: ... Er (Paulus) trug sieben Mal Ketten,

> wurde vertrieben und gesteinigt. Er wurde Verkündiger im Osten wie im Westen (des Römischen Reiches) und empfing den wahren Ruhm seines Glaubens. Er lehrte die ganze Welt Gerechtigkeit, gelangte bis an die Grenzen des Westens und legte vor den Machthabern Zeugnis ab. So schied er aus der Welt und gelangte an den heiligen Ort und wurde das größte Vorbild der Geduld."[32]

Die meisten Ausleger sehen in den Worten „Grenzen des Westens" einen Hinweis auf Spanien, da dies im äußersten Westen des Römischen Reiches lag. Auch zwei Schriften aus dem zweiten Jahrhundert bezeugen einen solchen Aufenthalt in Spanien zusätzlich.[33] Es ist also unwahrscheinlich, dass es sich dabei um eine reine Erfindung des Eusebius handelt. Dass Paulus jedoch schon bald danach, vermutlich in den Jahren 63 oder 64 n. Chr. in Rom den Märtyrertod starb, ist durch eine ganze Reihe von altkirchlichen Zeugnissen belegt[34] und auch in der neueren Forschung kaum umstritten.

Paulus in jüdischen Quellen?

Paulus wird in keiner antiken jüdischen Schrift namentlich erwähnt. Dennoch hat man immer wieder versucht, Anspielungen auf seine Person in jüdischen Texten zu entdecken. Joseph Klausner und Schalom ben Chorin haben in einer Erzählung des Talmud, in dem ein Streit zwischen Rabbi Gamaliel und einem seiner Schüler geschildert wird, der nur geheimnisvoll „jener Schüler" *(otho talmid)* genannt wird, einen versteckten Hinweis auf Paulus entdecken wollen.[35] Im Jahr 1947 veröffentlichte der deutsch-amerikanische Rabbi Harris Hirschberg einen Artikel, in dem er verschiedene im Talmud erwähnte Namen von Irrlehrern als heimliche Decknamen für Paulus deutete.[36] Beide Ansichten haben jedoch unter Forschern kaum Beachtung oder Zustimmung gefunden. Wesentlich publikumswirksamer waren die Theorien des amerikanischen Forschers Robert

Eisenman, die in Deutschland im Jahr 1992 durch den Bestseller „Verschlusssache Jesus" für großes Aufsehen sorgten. Eisenman behauptete, dass die 1947 in Qumran am Toten Meer entdeckten jüdischen Schriftrollen, entgegen aller bisherigen Annahmen, in Wirklichkeit nicht aus vorchristlicher Zeit stammten. Es seien vielmehr Dokumente der frühen Urgemeinde. Eisenman belebte die alten Theorien der „Tübinger Schule", und damit den beliebten „Paulus-Jakobus-Keil", wieder neu und behauptete, dass die Qumran-Schriften in Wirklichkeit den Streit zwischen den judenchristlichen Jakobus-Jüngern und den antijüdischen Paulus-Jüngern widerspiegelten. Der in den Schriften oft erwähnte „Lehrer der Gerechtigkeit" sei der Jünger Jakobus, und sein Gegenspieler, der „Lügenpriester" aus Jerusalem, sei der Apostel Paulus. Diese revolutionäre Tatsache werde lediglich durch den Umstand verschleiert, dass der Vatikan den größten Teil der Qumran-Schriften unter Verschluss halte.

Aber auch diese Theorie war im wahrsten Sinne des Wortes auf Wüstensand erbaut. Heute sind alle Texte aus Qumran veröffentlicht und in vielen Bibliotheken der Welt frei zugänglich. In keiner einzigen dieser Schriften, das ist inzwischen klar, taucht der Name Jesus, Jakobus oder Paulus auf. Alle von Eisenman angeführten Schriften wurden sowohl mit der Radiokarbon-Methode als auch aufgrund einer Handschriftenanalyse auf ihr Alter untersucht – ihre Entstehungszeiten liegen durchweg in vorchristlicher Zeit. Auch aus diesen Schriften können wir also nichts Neues über Paulus erfahren. Allerdings sind die Texte aus Qumran für unsere Frage nach Paulus dennoch alles andere als unwichtig: Denn sie sind ein wichtiges Zeugnis für die Vielfalt des Judentums im ersten Jahrhundert. Und gerade die Spielart des Judentums, die uns in den Schriften von Qumran begegnet, hat, wie wir noch sehen werden, einen wichtigen Einfluss auf die ersten Jünger und auch auf Paulus selbst gehabt.

Damit sind wir aber schon bei der Frage, die uns im nächsten Kapitel beschäftigen wird: Wie sah das Leben des Juden Paulus vor seiner Hinwendung zu Jesus aus? Wodurch war sein jüdischer Glaube geprägt? Welchen Strömungen des Judentums stand er nahe? Auch wenn das Neue Testament nur an wenigen Stellen über diese Fragen eine Auskunft gibt, lohnt es sich, ihnen nachzugehen. Und wie das zurückliegende Kapitel gezeigt hat, bewegen wir uns dabei sogar auf recht sicherem Boden.

Kapitel 3

Ein „Ex-Pharisäer?"

Paulus und seine jüdische Vergangenheit

Wenn Paulus auf sein eigenes Leben zurückblickt, dann beschreibt er ein jüdisches Leben. Die drei Passagen aus seinen Briefen, in denen er uns über seine Herkunft und Vergangenheit berichtet, zeigen ihn als einen durch und durch gesetzestreuen und traditionsverbundenen Juden, der fest in seinem jüdischen Glauben verwurzelt ist:

> „Ich bin am achten Tag beschnitten. Aus dem Volk Israel, vom Stamm Benjamin, ein Hebräer von Hebräern, nach dem Gesetz ein Pharisäer, nach dem Eifer ein Verfolger der Gemeinde, nach der Gerechtigkeit, die das Gesetz fordert, untadelig gewesen."[1]

> „Sie sind Hebräer – ich auch! Sie sind Israeliten –, ich auch! Sie sind Abrahams Kinder – ich auch!"[2]

„Denn ihr habt ja gehört von meinem Leben früher im Judentum, wie ich über die Maßen die Gemeinde Gottes verfolgte und sie zu zerstören suchte und übertraf im Judentum viele meiner Altersgenossen in meinem Volk weit und eiferte über die Maßen für die Satzungen der Väter.“[3]

Diese Angaben des Paulus über sich selbst werden ergänzt durch Angaben aus der Apostelgeschichte. Dort wird berichtet, dass Paulus bei verschiedenen Anlässen zu seiner Verteidigung auf seine jüdische Herkunft verweist:

„Ich bin ein jüdischer Mann, geboren in Tarsus in Zilizien, aufgewachsen aber in dieser Stadt und mit aller Sorgfalt unterwiesen im väterlichen Gesetz zu Füßen Gamaliels, und war ein Eiferer für Gott, wie ihr es heute alle seid.“[4]

„Mein Leben von Jugend auf, wie ich es von Anfang an unter meinem Volk und in Jerusalem zugebracht habe, ist allen Juden bekannt, die mich von früher kennen, wenn sie es bezeugen wollten. Denn nach der allerstrengsten Richtung unsres Glaubens habe ich gelebt als Pharisäer.“[5]

„Ihr Männer, liebe Brüder, ich bin ein Pharisäer und ein Sohn von Pharisäern.“[6]

Schon auf den ersten Blick fällt auf, dass die Angaben der Briefe und der Apostelgeschichte sich in vielen Details überschneiden: Vor allem die Bezeichnung „Pharisäer“ taucht mehrfach auf, aber auch der Begriff des „Eiferers“ (griechisch: *Zelotes*). Beides scheint für Paulus bestimmend gewesen zu sein. Interessant ist jedoch, dass der „Zelot“ nur in der Vergangenheitsform erscheint. Ein „Pharisäer“ aber scheint Paulus auch am Ende seines Lebens zu sein – wenn man der Apostelgeschichte trauen kann. Die Formulierung im Philipperbrief lässt beide Möglichkeiten offen: Ist und bleibt Paulus ein Pharisäer, so wie er Hebräer, Israelit und Nachkomme Benjamins bleibt? Oder „war" er ein Pharisäer, so wie er ein Zelot und ein „untadelig Gerechter" war? Diese Frage wird uns weiterbeschäftigen. Aber gehen wir die einzelnen Stationen seines Lebens zunächst der Reihe nach durch:

„Hebräer von Hebräern, ein Nachkomme Abrahams ..."

Als erstes Zeichen seiner jüdischen Identität nennt Paulus seine Abstammung: Er stammt aus dem Volk Israel und seine Familie führt ihre Herkunft über den Stammvater Benjamin bis auf den Erzvater Abraham zurück. Die doppelte Formulierung „Hebräer von Hebräern" erscheint dabei auf den ersten Blick eigenartig. Sie wird aber verständlich, wenn man bedenkt, dass man Jude nicht nur durch Abstammung, sondern auch durch Übertritt werden kann. Zur Zeit des Paulus war der Übertritt zum Judentum unter den gebildeten Vertretern anderer Religionen sogar so etwas wie eine Modeerscheinung geworden. Einige jüdische Rabbinen freuten sich über diese wachsende Offenheit der anderen Völker. So ist von Rabbi Elieser, einem führenden Lehrer des ersten Jahrhunderts, der folgende Ausspruch überliefert:

> „Der Heilige hat die Israeliten nur deshalb unter die Völker zerstreut, damit viele von ihnen (zum Judentum) übertreten. Deshalb heißt es ‚Ich habe sie auf das Land ausgesät' (Hos 2,25)."[7]

Andere Rabbinen aber sahen das Ganze skeptisch, weil sie befürchteten, dass die eigenständige Identität Israels durch zu viele Übertritte mit der Zeit verloren gehen könnte. Vor allem in späterer Zeit, als Jerusalem zerstört war und das jüdische Volk nur noch in der Diaspora lebte, lehnte man Übertritte zunehmend ab. Das ist übrigens bis heute so geblieben. Heutige jüdische Gemeinden verstehen sich nicht als „missionarisch", im Gegenteil: Wer zum Judentum übertreten will, dem wird dieser Schritt nicht leicht gemacht. Rabbi Chelbo, der im dritten Jahrhundert n. Chr. lebte, formulierte daher sehr krass:

> „Die Übergetretenen sind für Israel wie ein Ausschlag."[8]

Das Thema des Übertritts zum Judentum ist für Paulus später zu einer Art Lebensthema geworden. Damit werden wir uns noch beschäftigen. Im Blick auf seine eigene Herkunft war es Paulus aber offenbar wichtig zu betonen, dass er ein „Hebräer von Hebräern war", also nicht aus einer Familie von „Zugezogenen" stammte, die irgendwann zum jüdischen Glauben übergetreten war. Paulus zählt sich zum Stamm Benjamin, einem der zwölf Stämme Israels. Damit führt er seine Ahnenlinie bis auf den Stammvater Abraham zurück. Zum Stamm Benjamin gehörte auch sein Namensvorbild, der berühmte Krieger und König Saul (hebräisch *Schaul)*, von dem das Alte Testament erzählt.

Geboren in der Fremde

Vielleicht war die Abstammung aus dem Volk Israel für Paulus deshalb so wichtig, weil er selbst nicht in Israel geboren wurde. Nach Angaben der Apostelgeschichte stammte er aus Tarsus, einer Stadt an der Südostküste der heutigen Türkei.[9] Einmal wird er sogar „Saul von Tarsus" genannt.[10] Er war also, wie viele Juden seiner Zeit, ein Kind der Diaspora, der Zerstreuung. Allerdings ist es interessant, dass Paulus diese Herkunft in seinen Briefen nie erwähnt. Dagegen spielen Jerusalem und andere Orte im Umfeld des Landes Israel hier eine viel größere Rolle.[11] Das mag damit zusammenhängen, dass Paulus zwar aus Tarsus stammte, aber die Wurzeln seiner Familie in Israel lagen: Nach Aussagen des Kirchenvaters Hieronymus stammte seine Familie ursprünglich aus Galiläa, nämlich aus dem kleinen Ort Giscala:

> „Die Eltern des Apostels Paulus kamen aus Giscala in Judäa. Weil diese Gegend, wie ganz Judäa, von den Römern verwüstet wurde, zerstreuten sich die Juden von dort in die ganze Welt, und die Eltern des Paulus flohen nach Tarsus, eine Stadt in Kilikien. Ihr Schicksal teilte auch der heranwachsende Paulus."[12]

Einer anderen Notiz des Hieronymus zufolge ist Paulus sogar selbst in Giscala geboren worden.

> „Paulus, der Apostel und einer der zwölf Jünger, der zuvor auch Saulus genannt wurde, stammte aus dem Stamm Benjamin und aus dem Dorf Giscala in Judäa, von wo aus er, weil dieses von den Römern besetzt war, zusammen mit seinen Eltern nach Tarsus auswanderte. Von ihnen wurde er dann wieder nach Jerusalem zurückgeschickt, um dort bei Gamaliel Tora zu lernen, einem sehr gelehrten Mann, der auch von Lukas erwähnt wird."[13]

Das widerspräche jedoch der Aussage von Apg 22,28, der zufolge Paulus bereits als römischer Bürger geboren wurde. Möglicherweise hat Hieronymus hier also die Familienherkunft des Paulus mit seinem persönlichen Geburtsort verwechselt.

An Giscala in Galiläa erinnert heute noch immer der Name des Ortes Djisch unweit der israelisch-libanesischen Grenze. Er ist neben Nazareth einer der wenigen Orte in Galiläa, in denen sich durch alle Jahrhunderte hindurch eine mehrheitlich christliche, aramäischsprechende Bevölkerung erhalten hat. Die malerische Lage in den grünen Hügeln Nordgaliläas und die satten grünen Wälder und Wiesen, die es jedes Jahr im Frühling umgeben, haben dem Ort den hebräischen Namen „Gusch Chalav" eingebracht, was so viel bedeutet wie „Fetter Flecken Erde", was dann im Griechischen zu „Giscala" wurde. Reste einer alten Synagoge erinnern hier auch heute noch an die jüdische Geschichte dieses Ortes.

Nur wenige Kilometer entfernt, an den Hängen des Berges Meron, war im ersten Jahrhundert ein wichtiges Zentrum jüdischer Schriftgelehrsamkeit. Bis heute befinden sich hier die Gräber vieler berühmter jüdischer Lehrer, unter anderem die von Hillel und Schammai, den zwei wichtigsten Autoritäten zur Zeit der Geburt des Paulus. Einmal im Jahr versammeln sich hier zum jüdischen Fest „Lag Ba-Omer", am 33. Tag nach dem Passahfest, Zehntausende orthodoxer Juden, um auf den Wiesen und in den Wäldern rund um die Gräber der großen Gelehrten an nächtlichen Lagerfeuern zu singen, zu tanzen und über die Worte der Weisen zu diskutieren. Man kann sich gut vorstellen, dass auch der heranwachsende Paulus immer dann, wenn er mit seinen Eltern oder Großeltern die alte Heimat besuchte, Spaziergänge zu den Gräbern der Weisen unternahm und Geschichten aus ihrem Leben hörte (auf Hebräisch nennt man solche Geschichten *haggada*). Aber auch ihre unterschiedlichen Ansichten zu Gesetzesfragen (hebr. *halacha*) könnte er hier kennengelernt haben. Paulus selbst erwähnt solche Besuche in Galiläa allerdings nie, daher bleibt das letztlich eine Frage der historischen Wahrscheinlichkeit und unserer Fantasie, ob sie jemals stattfanden.

Traurige Berühmtheit bekam Giscala erst später, kurz nach dem Tod des Paulus, durch einen seiner Bewohner: Johanan ben Levi, der in den Jahren 66–70 n. Chr. zunächst in Galiläa und dann auch in Jerusalem den jüdischen Krieg gegen die Römer anführte. Wir wissen nicht, ob Giscala auch schon 100 Jahre früher ein heimlicher Ort des jüdischen Widerstands gegen die Römer gewesen ist. Manche Forscher vermuten, dass die Großeltern des Paulus vielleicht den Ort in jener Zeit verließen, als Galiläa von den Römern besetzt wurde, das war etwa 63 v. Chr. Möglicherweise wurden sie als Kriegsgefangene einer römischen Familie deportiert. Vielleicht waren es aber auch einfach berufliche oder geschäftliche Gründe, die sie zur Auswanderung bewegten.

Tarsus: Metropole griechischer Kultur und Bildung

Als Paulus in Tarsus geboren wurde, erlebte die Stadt an der Südostküste der heutigen Türkei gerade eine besondere Blütezeit: Kaiser Augustus hatte ihr den Status einer „Metropole" verliehen, also einer Art Provinzhauptstadt. Nach Aussagen des griechischen Geografen und Historikers Strabo gab es in Tarsus „alle Arten von Schülern der rhetorischen Künste", und es herrschte „unter den Einwohnern ein so großer Eifer für die Philosophie und die ganze sonstige allgemeine Bildung, dass sie darin sogar Alexandria, Athen und jeden anderen Ort übertrafen".[14] Bei der letzten Aussage ist vermutlich die dichterische Übertreibung ein wenig mit ihm durchgegangen, aber es bleibt die Tatsache, dass Tarsus offenbar zu den wichtigsten Großstädten des Mittelmeerraumes gehörte.

Ebenso wie über seine Beziehung zu Galiläa schweigt Paulus allerdings in seinen Briefen auch über seine Heimatstadt Tarsus völlig. Manche Bibelforscher haben hier den „Paulus-Lukas-Keil" angesetzt und angenommen, die Herkunft aus Tarsus sei eine reine Erfindung des Lukas. Es gibt allerdings kaum einen plausiblen Grund, warum Lukas sich gerade die Stadt Tarsus ausgewählt haben sollte, wenn es ihm nur darum ging, das römische Bürgerrecht des Paulus zu begründen. Er hätte sich dafür auch ganz andere Orte aussuchen können. Vor allem solche, die dann auch bei den Reisen des Paulus eine Rolle spielen, wie z. B. Ephesus. Die wahrscheinlichste Annahme bleibt daher, dass Paulus tatsächlich aus Tarsus stammte. Es bleibt aber eine interessante Beobachtung, dass er bei seinen eigenen biografischen Rückblicken nicht Tarsus und seine Herkunft aus der Diaspora, sondern den Stamm Benjamin und die Hebräer nennt.

Ein „Diaspora-Jude“?

Viele jüdische Gelehrte des letzten Jahrhunderts sahen in der Herkunft des Paulus aus der Diaspora den eigentlichen Grund für seine spätere Loslösung vom Judentum und für die Entstehung des Christentums. Noch heute ist es so, dass viele Juden in Israel mit Skepsis auf ihre Glaubensgenossen in anderen Ländern herabschauen, weil sie der Überzeugung sind, dass ein „richtiger“ Jude in Israel leben muss und dass der Abstand zur Heimat letztlich auch zu einem Abstand vom jüdischen Glauben führt. Im Blick auf Paulus wird das etwa an den Stimmen der beiden jüdischen Forscher Joseph Klausner (1939) und Schalom ben Chorin (1970) deutlich, die beide, wie Paulus, selbst aus der Diaspora stammen, aber als Erwachsene nach Jerusalem übersiedelten. Klausner schildert Paulus wie folgt:

> „Bei all seinem ‚Hebräertum‘ war Paulus ein Diaspora-Jude. Er gehörte der jüdischen Diaspora in Kleinasien an. In diesem Sinn war er losgerissen von dem in sich geschlossenen Judentum, das auf dem Boden, in den es eingepflanzt worden ist, lebte und an diesen gebunden war. Nur darum konnte Paulus eine Ideologie schaffen und den Grund zu einer neuen Kirche legen, die Judentum und Nichtjudentum zugleich sein sollte.“[15]

Auch für Schalom ben Chorin blieb Paulus „bei aller Wandlung [...] doch, was er durch Herkunft und Milieu bereits ursprünglich war: Ein hellenistischer Diaspora-Jude“[16]. Er nennt Paulus den „Prototyp eines Assimilations-Juden“[17] und verdeutlicht seine Lage anhand eines Vergleichs mit seiner eigenen Biografie:

> „Paulus war ein Diaspora-Jude. Ich bin es auch. Er kam von der Diaspora nach Jerusalem, um hier im Judentum zuzunehmen, wie er es ausdrückt. Dasselbe darf ich von mir beken-

> nen, der ich nun schon den größeren Teil meines Lebens in Jerusalem zugebracht habe. Trotzdem bleiben Elemente der Kindheit und Jugend formende Kräfte für das ganze Leben. Das habe ich, aus dem deutschen Sprachraum kommend, oft schmerzlich erfahren. [...] Paulus kam aus dem hellenistischen Kulturkreis, wurde von hier aus geformt, und wir sehen deutlich seine Schwierigkeiten mit seiner jüdischen Umwelt in Jerusalem, insbesondere mit den Kreisen, die diese hellenistische Komponente nicht kannten.“[18]

Auch christliche Forscher haben in der Vergangenheit diese Kluft zwischen Diaspora und Jerusalem in ähnlicher Weise betont. Sie zogen aber den umgekehrten Schluss daraus: Für sie war der „Weltbürger“ Paulus, im Gegensatz zu den ungebildeten galiläischen Jesusjüngern, derjenige, der die Befreiung des Christentums aus den engen Grenzen des Judentums erst ermöglichte. Gerade im 19. Jahrhundert verehrte man das griechisch-römische Altertum als die Blütezeit und Wiege westlicher Kultur. Das Judentum dagegen verachtete man als eine orientalische Stammesreligion. Griechische Kultur und Sprache galt als Zeichen von Weltoffenheit, Bildung, religiöser Weite und demokratischer Gesinnung. Hebräische Kultur und Sprache dagegen galt als provinziell, engstirnig und unaufgeklärt. Daher sah man in dem griechisch gebildeten und aus der griechischen Kultur stammenden Paulus den Befreier des Christentums aus den engen Grenzen des Judentums.[19]

Manche Forscher des letzten Jahrhunderts gingen sogar so weit, die Kernaussagen der Botschaft des Paulus auf den Einfluss griechischer Göttermythen aus Tarsus zurückzuführen. Der jüdische Religionswissenschaftler Hans-Joachim Schoeps etwa nahm an, Paulus habe seine Lehre von Tod und Auferstehung des Messias aus Jugenderinnerungen an eine Legende entwickelt, die man in Tarsus über den als Halbgott verehrten „Sandon-Herakles“ erzählt habe.[20] Auch viele christliche Bibelforscher nahmen früher solche Anleihen aus der griechischen Religion an. Paulus, so hieß es, sei eben, im Gegensatz zu Jesus, ganz ein Kind der griechischen Kultur. Kein Wunder, dass er das Judentum schlussendlich hinter sich gelassen habe.

Zwei Welten: Verschieden, aber doch nicht getrennt

Es ist allerdings aus zwei Gründen höchst zweifelhaft, ob diese Variante des „Paulus-Jesus-Keils" wirklich historisch tragfähig ist. Denn zum einen war der Gegensatz zwischen „griechischem" und „hebräischem" Denken nach allem, was wir heute wissen, weit weniger scharf als früher angenommen. Und zum anderen zeigen die Briefe des Paulus, dass er kulturell nur sehr wenig vom Tarsus seiner Kindheit geprägt war.

Die Vorstellung von einer scharfen Trennung zwischen Diaspora und Jerusalem, zwischen hellenistischer und jüdischer Kultur, zwischen „griechischem" und „hebräischem" Denken, ist bis heute in den Köpfen vieler Bibelleser fest verankert. Die historische und archäologische Forschung der letzten hundert Jahre hat aber gezeigt, dass dieser Gegensatz zur Zeit des Paulus weit geringer war als man früher annahm: Natürlich waren jüdische Gemeinden in Rom, Ephesus oder Alexandria kulturell anders geprägt als in Jerusalem oder Galiläa. Trotzdem wissen wir inzwischen, dass es auch in der Diaspora eine lebendige und traditionsverbundene jüdische Kultur gab, die engen Kontakt nach Jerusalem pflegte und sich kulturell und religiös nicht von der Heimat distanzierte. Und umgekehrt zeigen auch die Schriften der jüdischen Rabbinen eine sehr enge Vertrautheit und Verzahnung mit der griechisch-römischen Kultur, die sich manchmal in weitherziger Übernahme und manchmal in scharfer Ablehnung ausdrückt, vor allem aber auch in sprachlichen Einflüssen und in der Übernahme philosophischer Begriffe und Konzepte. Im Talmud wird sogar von Unterhaltungen jüdischer Rabbinen mit Alexander dem Großen[21], Julius Cäsar[22] und Königin Kleopatra[23] berichtet. Zwar ist der historische Wert dieser Berichte eher zweifelhaft, aber sie sind dennoch ein lebendiger Ausdruck dafür, dass das Judentum den aktiven Dialog mit der griechisch-römischen Kultur suchte und pflegte.

Grenzen des Miteinanders

Allerdings gab es auch Grenzen: So war etwa ein regelmäßiger Besuch des Theaters für gläubige Juden eher schwierig. Nicht etwa deshalb, weil man den Kontakt mit Nichtjuden mied oder weil das Theater „unrein" war, wie es oft in Predigten zu hören ist. Das Problem lag vielmehr darin, dass die Inhalte der beliebtesten griechischen Dramen dieser Zeit, etwa die „Bacchen" des Euripides, oft durchsetzt waren mit sexuellen Anzüglichkeiten, die in den Augen eines traditionell lebenden Juden alle Grenzen des Erträglichen überschritten. Auch Paulus scheint sich, trotz seiner Herkunft aus der griechischen Kulturmetropole, recht wenig mit griechischer Literatur beschäftigt zu haben. Zumindest sind in seinen Briefen keine Spuren davon zu erkennen, auch keine Zitate aus bekannten Dramen oder philosophischen Schriften. Einen griechischen Dichter zitiert er nur einmal und das mit einem Sprichwort, das sicher auch außerhalb des Theaters ein geflügeltes Wort war: „Schlechter Umgang verdirbt die guten Sitten."[24] Paulus hatte zwar eine gute Kenntnis der griechischen Sprache, aber die griechische Literatur und Dichtung hat ihn offenbar wenig geprägt.

Was die Briefe des Paulus wirklich prägt, sind nicht die griechischen Dichter und Denker, sondern biblische Überlieferungen und die Traditionen und Lehren der jüdischen Lehrer. Paulus mag zwar in der Fremde geboren sein, aber wir können davon ausgehen, dass er auch dort von Anfang an verwurzelt war in einer erkennbar jüdischen Kultur: Diese legte zwar Wert darauf, eine eigenständige jüdische Identität zu bewahren. Aber das bedeutete nicht, dass sie sich deshalb völlig für die Kultur der Umwelt verschloss. Und genau diese doppelte Prägung sollte auch später für Paulus wegweisend sein.

„Beschnitten am achten Tag ..."

Nach seiner familiären Herkunft erwähnt Paulus als Nächstes seine Beschneidung. Die Beschneidung der neugeborenen Jungen (*brit mila*) war – und ist bis heute – neben der Abstammung das zweite wichtige Kennzeichen jüdischer Identität. Ihren Ursprung hat sie im Bund Abrahams mit Gott, und sie ist daher das Zeichen der Aufnahme in die Familie Abrahams:[25] Von Gottes Seite her ist dieser Bund in der Abstammung begründet, ohne dass der Mensch etwas dafür tun muss. Von menschlicher Seite aus jedoch wird er aktiv durch die Beschneidung bestätigt. Aber auch diese geschieht zu einem Zeitpunkt, zu dem das Kind selbst noch wenig zu diesem Bund beitragen kann. Schon die Beschneidung macht daher deutlich, dass die Botschaft von der Gnade, die später für Paulus so bestimmend sein wird, nicht erst im Christentum entstanden ist, sondern zu den Grundüberzeugungen des Judentums gehört: dass ein Mensch zur Familie Abrahams und zum Volk Gottes gehört, ist nicht seine eigene Leistung. Es wird auch nicht durch gute Taten verdient. Es ist ein Geschenk, Gnade, auf Griechisch *charis*. So schreibt Paulus etwa über die Erwählung Jakobs, des Stammvaters der zwölf Stämme:

> „Ehe die Kinder geboren waren und weder Gutes noch Böses getan hatten, wurde zu ihrer Mutter gesagt: ‚Der Jüngere soll über den Älteren herrschen.' So blieb es Gottes Entscheidung und seine freie Wahl, und es geschah nicht aufgrund des Verdienstes von Werken, sondern durch die Gnade dessen, der sie berufen hatte. Denn er hatte gesagt: ‚Jakob habe ich geliebt, Esau aber habe ich hintenangesetzt.'"[26]

Dass auch ein Geschenk aktiv angenommen werden sollte, wie es in der Beschneidung geschieht, ist dazu kein Widerspruch, sondern es ergibt sich daraus sogar ganz selbstverständlich. Die Beschneidung macht aber deutlich: Am Anfang steht die Gnade, das Geschenk.

Daraus folgt dann die Antwort des Menschen. Sie geschieht aus Dankbarkeit, aus Gehorsam und aus Glauben. Und natürlich soll sie im Leben des Juden später auch Folgen haben. Das aber ist ein zweiter Schritt, der nach dem ersten folgt.

Es ist also ein Missverständnis, wenn viele Christen gerade an dieser Stelle den entscheidenden Unterschied zwischen Christentum und Judentum sehen. Oder wenn sie behaupten, dass Paulus der jüdischen „Gesetzesreligion" eine christliche „Gnadenreligion" entgegenstellt. Dass die Gnade am Anfang steht, hat der neugeborene Paulus am achten Tag nach seiner Geburt am eigenen Leibe erfahren. Dieses Geschenk der Gnade war es, das er später auch denen bringen wollte, die nicht von Geburt an zur Familie Abrahams gehörten.

Kindertage: Tarsus oder Jerusalem?

In seinen eigenen Briefen schweigt Paulus über seine Geburt in Tarsus ebenso wie über seine Kindheit. Aus dem Bericht der Apostelgeschichte erfahren wir aber dann doch weitere Einzelheiten darüber:

> „Ich bin ein jüdischer Mann, geboren in Tarsus in Zilizien, aufgewachsen aber in dieser Stadt (Jerusalem) und mit aller Sorgfalt unterwiesen im väterlichen Gesetz zu Füßen Gamaliels, und war ein Eiferer für Gott, wie ihr es heute alle seid."[27]

Viele Ausleger, darunter auch Schalom ben Chorin in dem oben zitierten Absatz, haben diese Worte so verstanden, dass Paulus seine Kindheit und Jugend in Tarsus verbrachte. Dann sei er als junger Mann zum Tora-Studium nach Jerusalem gekommen, um dort den bekannten Lehrer Gamaliel zu hören. In der Tat war Jerusalem in dieser Zeit eine Hochburg der jüdischen Tora-Gelehrsamkeit. In späteren jüdischen Quellen lesen wir:

> „480 Synagogen hat es in Jerusalem gegeben, und jede besaß ein Schulhaus (*bet sefer*) und ein Lehrhaus (*bet midrasch*). Ein Schulhaus für die Unterweisung in der Tora, und ein Lehrhaus für die Unterweisung in der Mischna. Und gegen alle ist der römische Kaiser Vespasian zu Felde gezogen."[28]

Möglicherweise wird hier in der späteren Rückschau schon ein etwas verklärtes Bild von Jerusalem gezeichnet. Dass es aber in der Tat solche Lehrhäuser schon früh gab, davon zeugt eine Schrift aus dem 2. Jahrhundert vor Christus, in der der weise Lehrer ben Sira Wissbegierige in sein Lehrhaus einlädt:

> „Kommt her zu mir, ihr Ungelehrten, und verbringt die Nacht in meinem Lehrhaus!"[29]

Besonders berühmt war offenbar das sogenannte „große Lehrhaus" in Jerusalem, das im Talmud immer wieder erwähnt wird und wohl auf dem Tempelberg gelegen war.[30] Hier sollen vor der Zerstörung Jerusalems große Lehrer wie Johanan ben Zakkai regelmäßig gelehrt haben. Und tatsächlich kamen Schüler von weit her, um in Jerusalem bei den großen Lehrern zu lernen. Von Hillel, der etwa eine Generation vor Paulus lebte, wird erzählt, dass er im Alter von vierzig Jahren aus Babylon nach Jerusalem kam, um hier das Lehrhaus von Schemaja und Abtalion zu besuchen. Allerdings kam er aus einer armen Familie und ihm fehlte das nötige Bargeld. Dennoch ließ er sich nicht von dem Wunsch abbringen, von diesen berühmten Lehrern zu lernen:

> „Man erzählt von Hillel dem Älteren, dass er sich täglich als Tagelöhner ein paar Groschen verdiente. Die Hälfte davon verwendete er für das Schulgeld, die andere Hälfte dafür, sich und seine Familie zu versorgen. Eines Tages fand er keine Arbeit, und konnte das Schulgeld nicht bezahlen. Da ließ ihn

der Türsteher nicht ins Schulhaus hinein. Da kletterte er aufs Dach des Hauses und setzte sich neben die Kaminöffnung, um die Worte des lebendigen Gottes aus dem Mund von Schemaja und Abtalion zu hören. Man erzählt sich, dass dies an einem Freitagabend im Winter geschah, und es begann zu schneien. Als am nächsten Morgen die Sonne wieder aufging, sagte Schemaja zu Abtalion: ‚Bruder, an jedem anderen Tag ist dieser Raum hell, weil Licht durch die Kaminöffnung fällt. Aber heute bleibt es dunkel. Ist es denn so ein wolkiger Tag?' Da schauten sie hinauf und entdeckten den Körper eines Menschen, der auf der Kaminöffnung lag. Sie stiegen aufs Dach und fanden Hillel, zwei Meter hoch mit Schnee bedeckt. Sie holten ihn ins Haus, wuschen und salbten ihn und setzten ihn an die Feuerstelle. Von da an sagte man: Solch ein Mann verdient es, dass man seinetwegen die Sabbatruhe bricht!"[31]

Kindheit oder Studium?

Kam Paulus also, wie seinerzeit Hillel, als junger Mann nach Jerusalem, um eines dieser Lehrhäuser zu besuchen? Viele Ausleger schließen das aus der Formulierung „zu den Füßen Gamaliels": Denn sich jemandem zu Füßen zu setzen, das war eine bekannte Geste des Lernens. Von Rabbi Akiba wird etwa berichtet:

> „R. Akiba kam einmal zu spät in das Lehrhaus, weshalb er zunächst draußen blieb, darin aber wurde eine Frage angeregt, welche eine spezielle Gesetzesauslegung betraf. Da hieß es: Die richtige Auslegung steht direkt vor der Tür; es folgte darauf eine andere Frage und es hieß auch: Die Tora ist direkt vor der Tür; endlich wurde noch eine Frage erörtert und nun hieß es: Rabbi Akiba steht draußen. Es wurde ihm Platz gemacht, er kam und setzte sich zu den Füßen des R. Elieser. (...) Es lag aber ein Stein dort, den man ihm als Sitz anbot. Diesen küsste

> Rabbi Josua später mit den Worten: Dieser Stein gleicht dem Berge Sinai und der, welcher darauf sitzt, der Bundeslade."[32]

In den „Sprüchen der Väter", einer sehr alten Sammlung von Lehrsprüchen der Rabbinen, heißt es:

> „Mache dein Haus zu einem Versammlungsort der Weisen und bestäube dich mit dem Staub ihrer Füße."[33]

Und auch von Jesus wird erzählt, dass Maria sich zu seinen Füßen setzte, um von ihm zu lernen. Es liegt also nahe anzunehmen, dass Paulus von einer Ausbildung im Lehrhaus des Gamaliel redet. Blickt man jedoch genauer auf den Wortlaut, dann entdeckt man, dass Paulus eigentlich noch mehr sagt als das: Paulus spricht hier zwar von seiner Geburt in Tarsus, „aufgewachsen" sei er jedoch in Jerusalem. Das hier verwendete griechische Wort *anatethrammenos* bezeichnet im Griechischen normalerweise die frühen Kinderjahre. Paulus behauptet also nicht nur, zu den Füßen Gamaliels „ausgebildet" worden zu sein, sondern buchstäblich dort bereits als Kind (oder zumindest als Teenager) „aufgewachsen" zu sein. Auch andere Details der Apostelgeschichte sprechen dafür, dass Paulus schon sehr früh nach Jerusalem kam, vermutlich auch nicht allein, sondern zusammen mit seiner Großfamilie: Denn Paulus hatte offenbar noch eine Schwester, die ebenfalls mit ihrer Familie in Jerusalem lebte.[34] Möglicherweise kehrte also die ganze Familie des Paulus nach einigen Jahrzehnten in der Fremde wieder zurück ins Heimatland und siedelte sich in Jerusalem an. Vielleicht waren ja schon die Eltern des Paulus begierig, bei Gamaliel zu lernen, und nahmen ihren Sohn mit ins Lehrhaus, wo er dann zu den Füßen des großen Lehrers spielen – oder vielleicht auch biblische Bilderrätsel ausfüllen konnte? Immerhin bezeichnet Paulus sich ja nicht nur selbst als Pharisäer, sondern auch als „Sohn eines Pharisäers".[35] Das alles wären natürlich wieder Spekulationen, denn Genaueres als das, was Paulus mit dürren Worten andeutet, können wir über diese Zeit nicht wissen.

Möglich ist auch, dass Paulus noch in Tarsus eine Art Grundschule besuchte und danach erst nach Jerusalem kam. Der Tübinger Neutestamentler Martin Hengel vermutet aufgrund der guten griechischen Sprach- und Bibelkenntnis des Paulus, dass seine Muttersprache auf jeden Fall Griechisch war und er mindestens eine griechischsprachige Elementarschule absolviert haben muss.[36] Das kann jedoch sowohl in Tarsus als auch in Jerusalem geschehen sein. Denn auch in der Heiligen Stadt gab es mittlerweile so viele griechischsprachige Juden, dass es eigene Synagogen für sie gab. Eine davon ist sogar durch einen archäologischen Fund nachgewiesen: Im Jahr 1913 wurde in der Davidsstadt, dem ältesten Teil Jerusalems, eine Steintafel gefunden, die aus der Zeit vor der Tempelzerstörung stammt. Darauf fand sich die folgende Inschrift:

> „Theodotus, der Sohn des Vettenos, Priester und Synagogenvorsteher, Sohn eines Synagogenvorstehers, Enkel eines Synagogenvorstehers, erbaute diese Synagoge für die Vorlesung der Tora und zum Unterricht in den Geboten, ebenso auch das Gästehaus und die Zimmer und die Wasseranlagen für die Fremden, die eine Herberge brauchen. Den Grundstein hatte noch sein Vater gelegt, zusammen mit den Ältesten und mit Simonides."[37]

Viele der Griechisch sprechenden Juden in Jerusalem waren vermutlich ehemalige Kriegsgefangene aus allen Teilen des Römischen Reiches oder deren Nachkommen, die nach vielen Jahren von ihren Besitzern freigelassen wurden und nun nach Jerusalem zurückkehrten. Sie waren inzwischen in der griechischen Sprache besser zu Hause als in der hebräischen. Möglicherweise stammte auch die Familie des Paulus aus diesem Hintergrund. Die Apostelgeschichte berichtet von einer eigenen „Synagoge der Freigelassenen" in Jerusalem[38] und auch von den Konflikten, die in der Urgemeinde zwischen den hebräisch- und den griechischsprachigen Juden existierten.[39] Das alles zeigt, dass man auch hier nicht allzu scharf trennen darf zwischen „griechischer“ und „jüdischer“ Kultur. Vielmehr gab es schon früh sowohl eine griechische als auch eine hebräische jüdische Kultur. Und Paulus hat aufgrund seiner besonderen Familiengeschichte vermutlich schon als Kind beides kennengelernt: einerseits eine griechischsprachige jüdische Schulbildung, andererseits bereits früh die Lehren der hebräischsprachigen Weisen in den Lehrhäusern Jerusalems. Paulus verband also in seiner Herkunft das Beste aus beiden Welten, und es schloss sich nicht gegenseitig aus: Er sah sich selbst als ein „Hebräer von Hebräern“, und doch schrieb er seine Briefe auf Griechisch. Der Bericht der Apostelgeschichte beschreibt eine Episode aus seinem Leben, die für diese breite kulturelle Bildung des Paulus exemplarisch ist: Als Paulus in Jerusalem von einem wütenden Mob bedrängt wurde, weil er angeblich einen Nichtjuden mit in den jüdischen Teil des Tempels genommen hatte, überrascht er alle Anwesenden mit seinen Sprachkenntnissen. Der römische Oberst war zunächst erstaunt, als Paulus ihn auf Griechisch anredete. Und die Volksmenge von Jerusalem war ebenso erstaunt, als er anschließend eine Rede auf Hebräisch hielt.[40]

„Zu Füßen des Gamaliel …“

Wie aber ging es für ihn nach der Schulzeit weiter? Wenn das aus späterer Zeit stammende Sprichwort über den üblichen Ausbildungsgang eines jüdischen Jungen auch für die Zeit des Paulus zutrifft, dann könnte er im Lehrhaus des Gamaliel etwa ab seinem 15. Lebensjahr eine weiterführende Ausbildung im Umgang mit Tora und Überlieferung erhalten haben:

> „Mit fünf Jahren soll ein Junge die Bibel lernen. Mit zehn Jahren die mündlichen Gebote. Mit dreizehn soll er die Gesetze

> einhalten. Mit fünfzehn soll er Talmud lernen. Mit achtzehn soll er heiraten, mit zwanzig einen Beruf ergreifen. Mit dreißig erreicht er seine volle Lebenskraft, mit vierzig Einsicht, mit fünfzig Weisheit und mit sechzig das Alter ..."[41]

Aber wer war eigentlich dieser Rabbi Gamaliel, zu dessen Füßen Paulus heranwuchs? Auch hier müssen wir wieder gut unterscheiden zwischen historischen Fakten und späterer Legende. Die älteste Erwähnung von Gamaliel stammt – wie unsere Informationen über das Judentum so oft – aus dem Neuen Testament: In Apostelgeschichte 5,34-39 wird Gamaliel vorgestellt als ein „Pharisäer und Schriftgelehrter", der für die Sache Jesu ausdrücklich ein gutes Wort einlegt. Was war passiert? Petrus und Johannes waren nach einem illegalen Missionseinsatz im Tempelbezirk vor den Hohen Rat zitiert worden. Als sie hier erneut ihre Botschaft von Jesus erklärten, wurden die Anwesenden wütend, sogar die Forderung nach einer Todesstrafe wurde laut. Da aber meldete sich Gamaliel zu Wort mit den Worten, die als weiser „Rat des Gamaliel" in die Geschichte eingingen:

> „Denn wenn diese Sache, diese Bewegung nur von Menschen stammt, dann wird sie keinen Bestand haben. Wenn sie aber von Gott herkommt, dann könnt ihr diese Leute auch nicht vernichten. Passt nur auf, dass ihr am Ende nicht als Kämpfer gegen Gott dasteht!"[42]

Offenbar hatte sein Wort im Hohen Rat Gewicht, denn sein Vorschlag wurde tatsächlich befolgt und die beiden Jünger wurden freigelassen, wenn auch nicht, ohne vorher gegeißelt zu werden. Was war das für ein Mensch, der hier mit einem weisen Wort einen Streit schlichtete und eine Tür für das Evangelium öffnete, an das er doch selbst nicht glaubte? Wir können annehmen, dass es sich um „Gamaliel den Älteren" handelt, einen der berühmtesten jüdischen

Lehrer der Zeit Jesu, der uns nicht nur aus dem Neuen Testament, sondern auch aus der jüdischen Literatur gut bekannt ist.

Wenn wir versuchen, aus den späteren jüdischen Quellen ein Bild dieses großen Mannes zusammenzustellen, dann ergibt sich, wie so oft, das Problem der historischen Zuverlässigkeit. Anders als das Neue Testament entstanden Mischna und Talmud erst in sehr viel späterer Zeit. Und auch wenn diese Schriften noch viel ursprüngliches und echtes Material enthalten, kann man dieses oft von späteren Überlieferungen nur sehr schlecht unterscheiden. Daher bleibt unser historisches Bild von Gamaliel undeutlich. Folgen wir aber den traditionellen Überlieferungen, dann ergibt sich in etwa Folgendes: Sein Großvater Hillel gehörte zu den „Urvätern" der späteren rabbinischen Bewegung. Von ihm stammte ein geflügeltes Wort, das uns später auch bei Jesus in ganz ähnlicher Weise begegnet:

> „Was du nicht willst, dass man es dir antut, das tue auch deinem Nächsten nicht an. Das ist das ganze Gesetz. Alles andere ist Auslegung. Gehe hin und studiere es."[43]

Hillel wird in den rabbinischen Schriften noch nicht mit dem Titel „Rabbi" bezeichnet. Sein Enkel Gamaliel jedoch war der erste Pharisäer, der sogar den Ehrentitel „Rabban" („unser Lehrer") trug. Vermutlich war er sogar der Vorsitzende des Hohen Rates. Das hohe Ansehen, das er beim Volk hatte, zeigt sich in dem Ausspruch:

> „Als Rabban Gamaliel starb, starben mit ihm die Ehrfurcht vor dem Gesetz, Reinheit und Frömmigkeit."[44]

Die Weitherzigkeit und Besonnenheit, mit der er auf den Streit um Petrus und Johannes reagiert, scheinen zu seinen grundlegenden Charaktereigenschaften zu zählen. Er war offenbar jemand, der den Mut hatte, Grenzen und Vorurteile zu überwinden, im Interesse eines höheren Gutes: Die traditionellen Animositäten zwischen Pharisäern und Sadduzäern etwa durchbrach er, als er seiner Tochter die Hochzeit mit einem Sadduzäer erlaubte.[45] In mehreren kniffligen Fragen der Gesetzesauslegung erlaubte Gamaliel ein Abweichen von strengen jüdischen Vorschriften. Er prägte dafür die Formel, dass etwas erlaubt sei „im Dienste der Heilwerdung der ganzen Welt" (*tikkun ha-olam*).[46] Dieser Grundsatz, obwohl er von Gamaliel nur selten und in Ausnahmefällen angewendet wird, wurde in der jüdischen Tradition später ein wichtiges und grundlegendes Prinzip der Sozial- und Gesellschaftsethik: *Tikkun Ha-Olam*, die Verbesserung und Heilwerdung der Welt, ist heute für viele Juden eine kurze Zusammenfassung für den Auftrag, den sie in dieser Welt und für diese Welt haben.

Eine spätere christliche Überlieferung behauptet, dass Gamaliel sich irgendwann selbst der Jesusbewegung anschloss.[47] Vermutlich ist das aber eine spätere Erfindung, denn die Quellen dafür sind nicht sehr zuverlässig. Auch in den jüdischen Quellen ist davon nichts zu lesen. Und es ist fraglich, ob Gamaliel sein hohes Ansehen in der jüdischen Tradition behalten hätte, wenn er wirklich ein Jesusjünger geworden wäre.

Das Bild, das die Apostelgeschichte von Gamaliel zeichnet, passt aber gut zu dem, was auch die jüdischen Quellen erzählen: Gamaliel war ein Mann der versöhnlichen und vermittelnden Positionen. Ein Mann mit Weitblick und einem Anliegen für die „Heilung der ganzen Welt". Zu diesem Zweck musste er das Gesetz nicht brechen, aber er musste nach Wegen suchen, das Gesetz so auszulegen, dass es einen Spielraum für ungewöhnliche Wege öffnete. Manches von dieser Einstellung kommt auch später in der Haltung des Paulus zum Tragen. Auch Gamaliels Sohn Simon, der von Flavius Josephus des Öfteren erwähnt wird, galt als ein vermittelnder Charakter, der nach der Zerstörung Jerusalems 70 n. Chr. mäßigend auf die immer noch kriegerischen Zeloten einzuwirken versuchte.[48]

„Was das Gesetz angeht, ein Pharisäer …"

Paulus selbst scheint jedoch kein so ausgleichender Charakter zu sein. Ihm ist es wichtig zu betonen, dass er zur Gruppe der Pharisäer gehört, „der allerstrengsten Richtung unseres Glaubens"[49], oder, wie man wörtlicher übersetzen könnte, „der akribischsten Gruppierung unserer Religion". Das Wort „akribisch", das Paulus hier benutzt, wird auch von Flavius Josephus öfters verwendet, um die Gruppe der Pharisäer zu kennzeichnen. So beschreibt er den Sohn des Gamaliel, Simon, mit ganz ähnlichen Worten wie Paulus sich selbst:

> „Dieser Jerusalemer stammte aus einer hochberühmten Familie und aus der Partei der Pharisäer, die den Ruf haben, im Bereich der väterlichen Gesetze die anderen an akribischer Kenntnis (*akrebeia*) zu übertreffen."[50]

Aber was genau glaubten eigentlich die Pharisäer und wer waren sie? Was war typisch für sie und worin unterschieden sie sich von anderen jüdischen Gruppen? Wenn wir diese Fragen beantworten könnten, dann wüssten wir viel darüber, wer Paulus, der Jude, vor seiner Hinwendung zu Jesus war und was seinen Glauben ausmachte. Aber leider ist das nicht so: Obwohl uns die Pharisäer aus dem Neuen Testament so wohlvertraut scheinen, ist es immer noch schwierig, ein genaues Bild dieser Gruppe zu zeichnen. Die Meinungen der Forscher gingen in der Vergangenheit weit auseinander, und sie tun das bis heute immer noch.

Die Vorfahren der Rabbinen?

Lange Zeit sah man in ihnen einfach die Vorgänger der späteren rabbinischen Lehrer. Diese Gleichsetzung ist aber nicht ganz zutreffend, denn in den rabbinischen Schriften sind nicht nur pharisäische Überlieferungen gesammelt: Viele berühmte Lehrer, wie etwa Hillel und Schammai oder auch Rabbi Akiba, werden in den Quellen nie ausdrücklich als Pharisäer bezeichnet. Von Gamaliel wissen wir nur durch das Neue Testament, dass er ein Pharisäer war.[51] Josephus berichtet das Gleiche von seinem Sohn Simon.[52] Rabbi Johanan ben Zakkai aber war kein Pharisäer, sondern ein Sadduzäer. Doch in der Tat dominieren in den späteren rabbinischen Schriften, in Mischna und Talmud, vor allem die Lehrmeinungen der Pharisäer. Der Grund dafür ist einfach: Die beiden anderen wichtigen Gruppen, die zur Zeit Jesu neben den Pharisäern existierten, waren die Sadduzäer und die Essener. Beide waren sehr eng mit dem Priestertum und dem Tempel in Jerusalem verbunden. Nach der Zerstörung des Tempels im Jahr 70 n. Chr. verloren sie ihr wichtigstes Identitätsmerkmal. Deshalb verschwanden diese beiden Gruppen bald danach im Staub der Geschichte. Und ihre Lehrmeinungen fanden nur in Ausnahmefällen den Weg in die schriftlichen Sammlungen von Mischna und Talmud, die ab ca. 200 n. Chr. aufgeschrieben wurden. Bei den Pharisäern jedoch war es anders: Ihr zentrales Anliegen war es, „Heiligkeit“ nicht nur im Tempel von Jerusalem, sondern in allen Bereichen des Alltags zu leben. Die Pharisäer waren eine Laienbewegung, vielleicht vergleichbar mit dem Pietismus der Neuzeit. Die meisten Pharisäer waren keine Theologen oder Priester, sondern Handwerker, Kaufleute oder Bauern. Nach allem, was wir wissen, wollten sie aber in ihrem Berufs- und Familienalltag wie Priester leben – weil Gott ja nicht nur im Tempel, sondern überall gegenwärtig ist. Das ermöglichte ihnen auch, als einzige der drei Gruppen, ihre spezifische Frömmigkeit auch nach der Zerstörung des Tempels weiterzupflegen: Denn auch, wenn es nun keinen Tempel mehr gab, konnten das persönliche Torastudium, das Gebet und die tätige Nächstenliebe an die Stelle rücken, die vorher der Tempel eingenommen hatte. Daher lag es nahe, die Pharisäer einfach mit den späteren Rabbinen gleichzusetzen. In vielen Bibelkommentaren werden deshalb unterschiedslos alle Aussagen, die man in Mischna und Talmud findet, auf „die Juden“ der Zeit Jesu, insbesondere auf

„die Pharisäer" übertragen. Inzwischen weiß man aber, dass wir hier viel vorsichtiger sein müssen und im Einzelnen jeweils zu prüfen ist, ob eine Aussage aus den späteren rabbinischen Schriften auch wirklich schon für die Zeit des Neuen Testaments vorausgesetzt werden darf oder nicht.[53]

Ein frommer Exklusivklub?

Manche Forscher gehen sogar noch weiter: An die Stelle einer gut begründeten Vorsicht tritt eine radikale Skepsis gegenüber den späteren rabbinischen Quellen. Man vermutet, dass sie ein Idealbild des Judentums im ersten Jahrhundert zeichnen wollen, das nicht der historischen Wirklichkeit entspricht – so ähnlich, wie kritische christliche Forscher es für die Apostelgeschichte annehmen. So geht etwa der bekannte amerikanische jüdische Gelehrte Jacob Neusner davon aus, dass die Pharisäer zur Zeit des Neuen Testaments eine winzig kleine, unbedeutende Randgruppe des Judentums ohne gesellschaftlichen Einfluss waren. Erst später, als sie nach der Zerstörung des Tempels die einzige überlebende Gruppe darstellten, setzten sich ihre Ansichten durch und wurden nach und nach zum „Mainstream". Ähnlich sieht es auch der britische Neutestamentler E. P. Sanders, der als Vater der sogenannten „Neuen Paulusperspektive" gilt. Die Pharisäer, und mit ihnen Paulus, seien eine kleine Gruppe von Extremisten gewesen, die versucht hätten, eine bestimmte Form des strengen Gesetzesgehorsams in der Bevölkerung durchzusetzen. Die Mehrheit der Bevölkerung sei jedoch ihren Ansichten nicht gefolgt. Vielmehr habe es eine Art „Mainstream-Judentum" (*common Judaism*) gegeben, das in etwa mit unserem Volkskirchentum vergleichbar sei: Man habe einige wenige Eckpunkte der jüdischen Tradition eingehalten, wie etwa die Beschneidung der Kinder und die großen Jahresfeste. Im normalen Alltag jedoch habe die Einhaltung der Tora keine besondere Rolle gespielt, schon gar nicht besondere Regelungen wie die Sabbatruhe, Reinheits- oder Speisegebote. Paulus, der Pharisäer, stand also mit seinen Ansichten von Anfang an, schon vor seiner Lebenswende, gegen die Mehrheit seiner jüdischen Zeitgenossen. Seine Abwendung vom Judentum war daher, nach Sanders, gar keine Abwendung vom Judentum, sondern von einem missverstandenen Judentum.

Pharisäer 2.0

Diese exklusive Sicht der Pharisäer ist aber inzwischen durch eine umfangreiche Untersuchung der historischen Quellen, vor allem aber durch neuere archäologische Funde, weitgehend widerlegt worden:[54] So haben archäologische Funde in Galiläa gezeigt, dass dort in jüdischen Haushalten der Zeit Jesu Steingefäße anstelle des üblichen Tongeschirrs weitverbreitet waren – was nur dann notwendig war, wenn man sich beim Essen an die pharisäischen Reinheitsvorschriften hielt. Auch jüdische Tauchbäder, die in Galiläa gefunden wurden, deuten auf eine weite Verbreitung pharisäischer Praxis hin. Großes Gewicht haben aber vor allem die Aussagen des Flavius Josephus, der in seinen beiden berühmten Geschichtswerken die wichtigsten jüdischen Gruppen mehrmals ausführlich vorstellt.[55] Dabei geht er auch auf die Frage ein, welche der Gruppen den größten gesellschaftlichen Einfluss gehabt habe:

> „Sie (die Pharisäer) stehen beim Volke in solchem Ansehen, dass sie stets Glauben finden, selbst wenn sie etwas gegen den König oder den Hohepriester vorbringen. (...) Für jetzt will ich nur noch bemerken, dass die Pharisäer dem Volke durch mündliche Überlieferung viele Gebote aufbewahrt haben, welche in die Gesetzgebung des Mose nicht aufgenommen sind. Diese Gebote nun verwirft die Sekte der Sadduzäer und behauptet, das allein sei maßgebend, was geschrieben stehe, während die mündliche Überlieferung der Vorfahren keine Gültigkeit habe. Über diesen Punkt entstanden oft heftige

Streitigkeiten, wobei die Sadduzäer nur die Reichen, die Pharisäer aber die große Menge des Volkes auf ihrer Seite hatten."[56]

„Infolge dieser Lehren besitzen sie beim Volke einen solchen Einfluss, dass sämtliche gottesdienstliche Verrichtungen, Gebete wie Opfer, nur nach ihrer Anleitung dargebracht werden. Ein so herrliches Zeugnis der Vollkommenheit gaben ihnen die Gemeinden, weil man glaubte, dass sie in Wort und Tat nur das Beste wollen."[57]

Es scheint also in der Tat so gewesen zu sein, dass die Pharisäer innerhalb des Judentums die breiteste und wichtigste religiöse Bewegung darstellten.[58] Vor allem aber waren sie keine Bewegung der Elite, sondern eine des Volkes. Von daher verwundert es nicht, dass ihre Ansichten am Ende auch den Test der Zeit überdauerten und in den späteren rabbinischen Schriften ihren Niederschlag fanden: Offenbar waren die Pharisäer eben doch so etwas wie der „jüdische Mainstream". Oder zumindest diejenige Gruppe, die am konsequentesten das in die Praxis umsetzte, was eine große Mehrheit der Theorie nach dachte. Roland Deines, einer der wichtigsten Experten auf dem Gebiet der Pharisäer, beschreibt die Pharisäer daher als „die grundlegende und prägendste religiöse Strömung innerhalb des palästinischen Judentums zwischen 150 v. Chr. und 70 n. Chr."[59].

Diese Bewegung war also gerade nicht durch ihre Abgrenzung und Exklusivität bekannt, wie es verbreitete Klischees und auch der oft missverstandene Name nahelegen.[60] Im Gegenteil, das wichtigste Anliegen der Pharisäer war es, durch einen exemplarischen Lebensstil des Gesetzesgehorsams möglichst viele Juden mit hineinzunehmen in eine breite Erneuerungsbewegung, die sich an der Tora orientierte. Roland Deines nennt die Pharisäer daher eine Bewegung des „normativen Judentums" und zugleich des „inklusiven Judentums":[61] Normativ waren die Pharisäer, weil sie die Grenzen dessen bestimmten, was jüdisch ist und was nicht – und diese Grenzen wurden weithin als allgemeingültig akzeptiert. Inklusiv waren sie, weil sie die Menschen ihrer Zeit durch diese deutlichen Grenzen nicht ausschließen wollten, sondern im Gegenteil jeden dazu einluden, mit hineinzukommen in diese Grenzen. Für Paulus, den „Juden mit Mission", sollte diese pharisäische Doppel-Prägung von „Norm" und „Inklusion" später ein wichtiges Grundprinzip seiner missionarischen Arbeit werden. Denn genau darum ging es ihm: den jüdischen Glauben, wie er in der Tora begründet ist, auch in anderen Völkern bekannt zu machen. Aber nicht als Zaun der Abgrenzung, sondern um so viele von ihnen wie möglich mit hineinzunehmen.

Kritik an den Pharisäern

Natürlich hatte auch die pharisäische Bewegung – wie jede breite Volksbewegung – ihre negativen Seiten. Darüber lesen wir in den Schriften anderer jüdischer Gruppen. In den Schriftrollen vom Toten Meer, die von Essenern verfasst wurden, werden die Pharisäer als „Sucher von glatten Lösungen" verhöhnt, weil sie nach Wegen suchten, die oft sperrigen Bestimmungen der Tora in den Alltag umzusetzen.[62] Die „glatten Lösungen" (hebr. *chalaqot*) sind vermutlich eine spöttische Anspielung auf die „Gesetzesvorschriften" (hebr. *halachot*) der Pharisäer, die von den Essenern als zu liberal angesehen wurden.

Bekannter ist aber wohl die Kritik, die Jesus gegenüber den Pharisäern äußert. Ich habe darüber in meinem Jesus-Buch ausführlicher geschrieben: Entgegen verbreiteten Missverständnissen kritisiert Jesus die Pharisäer nicht für ihren Gesetzesgehorsam, auch nicht für ihre „Akribie". Überhaupt kritisiert er die Pharisäer nicht für ihre Lehren, im Gegenteil, er fordert seine Zuhörer auf: „Alles nun, was sie euch sagen, das tut und haltet!"[63] Was Jesus an ihnen auszusetzen hat, ist etwas ganz anderes: Dass sie *nicht* tun, was sie sagen. Dass sie mit ihrer Frömmigkeit öffentlich angeben. Dass sie nicht ehrlich sind, sondern heucheln. Dass sie sich über andere erheben, die nicht so gesetzestreu sind wie sie selbst. Und dass sie diese Leute meiden. Mit anderen Worten: Jesus kritisiert die Pharisäer vor allem dann, wenn sie ihrem eigenen Programm nicht treu bleiben.

Allerdings wussten die Pharisäer offenbar auch selbst um ihre Schwächen und Grenzen. In einem bekannten Sprichwort aus dem Talmud blicken die späteren Rabbinen auf die pharisäische Bewegung zurück und teilen die Pharisäer scherzhaft in verschiedene Typen ein. Aber am Ende wird deutlich, was das Ideal eines „echten" Pharisäers war:

> Es gibt sieben Sorten von Pharisäern: Der „Schulter-Pharisäer" trägt seine guten Taten auf den Schultern herum, um sie zu zeigen. Der „Hinhalte-Pharisäer" sagt: Warte noch kurz, ich muss erst noch schnell ein Gebot erfüllen. Der „Rechen-Pharisäer" sündigt erst und erfüllt dann ein Gebot, um es wieder auszugleichen. Der „Sparsamkeits-Pharisäer" sagt: Ich habe doch so wenig, womit soll ich denn noch ein Gebot erfüllen? Der „Ausgleichs-Pharisäer" sagt: Nenne mir doch erst eine Sünde, die ich begangen habe. Dann tue ich auch eine gute Tat, um sie auszugleichen. Aber dann gibt es auch den Pharisäer, der aus Ehrfurcht vor Gott handelt, so wie Hiob. Und schließlich den Pharisäer, der aus Liebe zu Gott handelt, wie Abraham. Dieser ist Gott der liebste.[64]

Hillel oder Schammai?

Viel diskutiert wurde unter Bibelauslegern die Frage, ob Paulus als Pharisäer eher der strengen Schule des Schammai oder der weltoffeneren Schule des Hillel nahestand. Traditionell ordnete man ihn der Schule des Hillel zu, zumal ja auch Gamaliel als ein Enkel des Hillel galt.[65] Aber es gab auch immer Zweifel an diesem Bild: Denn hätte ein Hillelit wirklich mit einem so brennenden Eifer die Gemeinde verfolgt? Passen die radikalen Ansichten des Paulus im Blick auf Ehe und Ehescheidung zu der eher weitherzigen Einstellung des Hillel? Manche Forscher haben aufgrund dieser Unterschiede ganz grundsätzlich infrage gestellt, ob Paulus überhaupt ein Schüler des Gamaliel war.

In neuerer Zeit hat vor allem N. T. Wright die These aufgestellt, dass Paulus in Wirklichkeit ein überzeugter Anhänger des Schammai gewesen sei:[66] Für Wright war überhaupt die Mehrheit der Pharisäer vor der Tempelzerstörung schammaitisch geprägt. Zwar hätten sich in den späteren rabbinischen Schriften die Ansichten Hillels mehrheitlich durchgesetzt. Aber das sei eben nur, wie so oft, die verzerrte „Geschichtsschreibung der Sieger". Wenn man nur genau genug zwischen den Zeilen lese, dann seien die Pharisäer zur Zeit des Jesus und Paulus eine sehr radikale und politisch aktive Gruppe mit extrem exklusiven und oft auch militanten Ansichten gewesen. In Wirklichkeit sei es auch bei den immerwährenden Streitigkeiten zwischen Hillel und Schammai gar nicht um Fragen der Gesetzesauslegung gegangen, sondern um die Grundfrage des politischen Widerstandes: Sollte man eher eine friedliche Koexistenz mit den Nichtjuden suchen (so Hillel), oder sollte man sie aktiv und zur Not auch gewalttätig bekämpfen (so Schammai)? Diese brisanten politischen Nuancen des Streites seien aber später, als die Römer gesiegt und die Hilleliten sich durchgesetzt hatten, unter den frommen Teppich gekehrt worden. Wright beschreibt diesen Wandel, wie schon vor ihm der jüdische Forscher Jacob Neusner, als eine Entwicklung „Von der Politik zur Frömmelei".[67] Die Lebenswende des Paulus sei also in Wirklichkeit nicht nur eine Hinwendung zu Jesus gewesen, sondern auch eine Abwendung von einem falsch verstandenen jüdischen Nationalismus, wie ihn die Anhänger Schammais vertraten.

Es ist allerdings die Frage, ob nicht auch dieses Bild wieder zu einseitig gezeichnet ist. Denn dafür müsste man wirklich den Großteil der jüdischen Quellen ganz gegen den Strich lesen und überall zwischen den Zeilen genau das Gegenteil hineindeuten von dem, was sie eigentlich sagen. Vermutlich ist die historische Wahrheit also auch hier vielfältiger als die oft sehr einseitigen Rekonstruktionen. Wenn wir ehrlich sind, wissen wir nämlich nur sehr wenig über die Unterschiede zwischen Hillel und Schammai, und auch darüber, welche der beiden Richtungen in Wirklichkeit mehr Anhänger hatte. Vieles ist hier Rekonstruktion und Spekulation. Noch schwerer jedoch ist es, ein Urteil darüber zu fällen, welcher Richtung Paulus vor seiner Lebenswende zugehört hat: Manche Ansichten und Aussagen des Paulus erinnern eher an Ansichten Hillels, etwa die große Offenheit gegenüber Nichtjuden und die missionarische Grundhaltung. Aber auch in einzelnen Details der Schriftauslegungen gibt es Ähnlichkeiten zu Hillel: So vergleichen Schüler des Hillel die Taufe beim Übertritt zum Judentum mit dem Tod und der Auferstehung zu einem neuen Leben.[68] Die Zusammenfassung des ganzen Gesetzes im Gebot der Nächstenliebe findet sich bei Hillel und Paulus in ähnlicher Weise.[69] Sogar der eigentümliche Vergleich des Durchzugs durch das Schilfmeer mit einer „Taufe" des Volkes Israel hat Parallelen in einem Midrasch aus der Schule Hillels.[70] Außerdem erinnern manche Methoden der Bibelauslegung, die Paulus anwendet, an die sogenannten „sieben Regeln der Schriftauslegung", die traditionell Hillel zugeschrieben werden.[71] Das alles sind aber noch keine sehr tragfähigen Beobachtungen. Andere Aussagen des Paulus nämlich erinnern eher an die Schule Schammais, etwa die sehr enge Auslegung des Ehe- und Scheidungsrechts.[72]

Vor allem aber stellt sich die Frage, wie sehr sich die Einstellung des Paulus durch seine Hinwendung zu Jesus geändert hat: So geht Wright davon aus, dass Paulus zwar in seinen frühen Jahren ein überzeugter „Schammait" war, aber in seinen Briefen dann eher Hillel nahesteht. Mit anderen Worten: Selbst wenn wir aus den Briefen eine „Schulzugehörigkeit" des Paulus rekonstruieren könnten, wissen wir nur wenig darüber, wie Paulus vor seiner Begegnung mit Jesus dachte. So könnte er sowohl die zentrale Stellung der Nächstenliebe als auch die geistliche Deutung der Taufe ebenso gut aus dem übernommen haben, was er nach seiner Bekehrung über Jesus lernte. Und dass er „zu den Füßen des Gamaliel" gelernt hat, macht ihn auch noch nicht zum Hillel-Jünger. Denn erstens hat sich Gamaliel selbst nie eindeutig dieser Schule zugeordnet. Und zweitens kann man ja oft gerade von solchen Lehrern am meisten lernen, deren Meinung man nicht teilt. Deswegen sollte man nie vom Lehrer einfach auf den Schüler schließen. Im Blick auf Paulus sollte es also reichen, wenn wir ihn einfach, wie er selbst es auch tut, als einen „Pharisäer" bezeichnen, und nicht versuchen, ihn einer bestimmten Schulrichtung zuzuordnen.

Paulus – ein Zelot?

Fast jeder Bibelleser kennt den Begriff „Zelot", und man verbindet damit ein bestimmtes Bild. Dieses Bild ist aber oft eher durch Bibelfilme wie „Ben Hur" oder „Das Leben des Brian" geprägt als durch wirkliche Kenntnis der antiken Texte. Nur wenigen Bibellesern etwa ist bekannt, dass die Entstehung der „Zeloten" als eine militärische Partei, die sich für den Aufstand gegen die Römer einsetzt, von Flavius Josephus erst in die Zeit kurz vor Ausbruch des jüdischen Krieges (66 n. Chr.) datiert wird.[73] Zur Zeit von Jesus und Paulus gab es die „Zeloten" in dieser Form also noch gar nicht. Aber die Bezeichnung „Zeloten" existierte offenbar schon früher. Allerdings bedeutete sie etwas anderes: Sie bezeichnete nicht den militärischen Widerstand gegen Rom, sondern einen radikalen religiösen Eifer für die Einhaltung des Gesetzes. Dieser konnte sich zwar auch gegen die Römer oder gegen andere Nichtjuden wenden: vor allem da, wo diese gegen jüdische Sensibilitäten verstießen oder die jüdische Religionsfreiheit eingeschränkt wurde. Hauptsächlich aber setzten sich diese frühen „Zeloten" gegen Gesetzlosigkeit und Liberalität unter ihren *jüdischen* Zeitgenossen ein. Im Neuen Testament werden überhaupt nur zwei Zeloten namentlich genannt. Einer von ihnen ist „Simon der Zelot", ein Jünger Jesu.[74] Der andere ist Paulus.

Paulus bezeichnet sich selbst gleich dreimal als „Zeloten“, und Luther übersetzt das mit „Eiferer“.[75] Was Paulus damit meint, wird dabei durch die erklärenden Zusätze deutlich: In Gal 1,14 nennt er sich einen „Eiferer für die Satzungen der Väter“. In Apg 22,3 wird die Bezeichnung „Eiferer für Gott“ damit erläutert, dass Paulus zu den Füßen Gamaliels „im väterlichen Gesetz“ unterwiesen wurde. Beide Stellen haben also eher etwas mit Religion und Gesetzesgehorsam zu tun als mit einem Kampf gegen die Römer. Der Eifer, um den es hier geht, ist ein religiöser Eifer, der sich für eine konsequente Umsetzung der Tora einsetzt, und zwar eine Umsetzung der Tora nach den überlieferten Auslegungen der „Väter“. Durch zwei andere Zusätze wird dabei deutlich, wie weit dieser Einsatz geht: Denn gleich zweimal liefert der „Eifer“ des Paulus auch die Begründung dafür, dass er die Gemeinde verfolgte.[76] Der Eifer richtet sich also auch in diesem Fall nicht gegen Römer, sondern gegen Mitjuden. Aber gegen solche, die nach Ansicht des Paulus gegen die „Überlieferungen der Väter“ verstießen.

Die Selbstbeschreibungen des Paulus passen also recht gut in das Bild, das wir auch sonst aus jüdischen Quellen über die Gruppe der „Zeloten“ erkennen können. In den rabbinischen Texten werden sie mit dem hebräischen Begriff *qannaim* bezeichnet, der ebenfalls „Eiferer“ bedeutet: Diese *qannaim* waren jedoch nicht in erster Linie Widerstandskämpfer gegen die Römer, sondern religiöse Aktivisten, die das jüdische Gesetz besonders streng einhielten. Aber mehr noch als das: Sie fühlten sich auch dafür verantwortlich, den Gesetzesgehorsam bei *anderen* durchzusetzen. Und sie waren bereit, dafür auch gewaltsame Mittel einzusetzen. Die soziologische Forschung bezeichnet dieses Phänomen als *establishment violence*: Eine Gruppe, die sich als Vertreter der Mehrheitsmeinung sieht, sorgt notfalls mit Gewalt dafür, dass abweichende Minderheiten sich auch an die etablierten Regeln halten. Das biblische Vorbild dieser *qannaim* war die Figur des Pinhas, von dem erzählt wird, dass er aus religiösem „Eifer“ (hebr. *qanna*) einen Israeliten und seine midianitische Frau mit einem Speer erstach, weil sie eine Beziehung eingegangen waren, die Gott verboten hatte.[77] In der späteren jüdischen Literatur wird immer wieder auf diese Geschichte angespielt, um ein gewaltsames Vorgehen gegen Gesetzesbrecher zu begründen. Dabei handelt es sich offenbar nicht um ordentliche Gerichtsverfahren, sondern um eine Art offiziell sanktionierter Lynchjustiz:

> „Wenn jemand heilige Utensilien aus dem Tempel entwendet oder mit einer aramäischen Frau fremdgeht, dann sollen/dürfen die *qannaim* über ihn herfallen."[78]

Auch der jüdische Philosoph Philo von Alexandrien begründet mit einem Verweis auf Pinhas, dass man in besonders schweren Fällen der Gesetzesübertretung das Recht in die eigene Hand nehmen soll:

> „Es muss denen, die eine echte Ehrfurcht vor der Tugend in sich tragen, erlaubt sein, solche Strafen standrechtlich und ohne Verzögerung auszuüben, ohne sie zuerst vor ein Gericht oder einen Rat zu bringen. Sie sollen ihrer eigenen Veranlagung folgen, weil sie Gott lieben und das Böse hassen, sodass sie die Übertreter mit unaufhaltsamer Strenge bestrafen, und sich für einen Moment lang selbst als Ratsleute, Richter, Generäle und Politiker verstehen. Als Ankläger, Zeugen, das Gesetz und das Volk zugleich. So sollen sie ungehindert, zusammen mit ihresgleichen, furchtlos kämpfen als Helden der Heiligkeit."[79]

> „Wenn aber jemand sich als Prophet ausgibt oder aufspielt und so tut, als wäre er erfüllt oder ergriffen vom Heiligen Geist, sodass er die Menschen dazu verführt, Götter anderer Städte anzubeten, dann soll man ihm nicht folgen. [...] So jemand sollte, selbst wenn es ein enger Verwandter oder Freund ist, betraft werden als ein Feind des Staates und der Gesell-

> schaft, und man sollte sich baldmöglichst auf die Anweisungen des Moses besinnen, die sich an alle richten, die wahre Frömmigkeit lieben: Diese sollten so schnell wie möglich und ohne Aufschub dafür sorgen, dass der Übeltäter bestraft wird, und es sollte als besonders tugendhaft gelten, wenn man für seine Hinrichtung eifert. Denn bei uns sollte es nur eine Art von Verwandtschaft oder Freundschaft geben: den Eifer, Gott zu dienen."[80]

Allerdings äußern die späteren Rabbinen deutliche Kritik an dieser Praxis, ja sie behaupten sogar, dass sie nur „gegen den Willen der Weisen" geschah.[81] In den Midraschim, den rabbinischen Auslegungen zur Pinhas-Geschichte, ist deshalb zu lesen, dass die Israeliten, und sogar die Engel, Pinhas zunächst für sein Verhalten tadelten.[82] Aber Gott habe ihn schließlich, wie in Num 25,10-13 ausdrücklich beschrieben, gegen diese Kritik in Schutz genommen und sein Verhalten als eine Ausnahmesituation gerechtfertigt.

„Eiferer" verstanden sich also zur Zeit des Paulus offenbar als eine Art „religiöse Sittenpolizei": Wie es scheint, standen sie dem Tempel nahe oder hatten sogar eine Art inoffiziellen Auftrag von den jüdischen Behörden. Josephus etwa könnte solche *qannaim* im Blick haben, wenn er schreibt:

> „Es gab im Tempel eine besondere Kleidung für die Priester und für die anderen, die *kananaias* genannt wurden."[83]

Offiziell lag die Polizeigewalt ja zur Zeit Jesu bei den Römern, aber die „Zeloten" wollten darüber hinaus auch da für Ordnung sorgen, wo es von römischer Seite aus keine Notwendigkeit gab, etwa weil es nur um „interne religiöse Angelegenheiten" ging. Man könnte sie vielleicht mit einem Phänomen aus neuerer Zeit vergleichen: Vor einigen Jahren patrouillierte in Wuppertal eine selbst ernannte „Scharia-Polizei": Besonders strenge Muslime, die einer radikalen

Moschee nahestanden, machten plötzlich die Straßen unsicher und bedrängten „liberalere" Muslime, die sich nicht an die religiöse Kleiderordnung hielten.

Vermutlich sollte auch der Beiname *kananaios* für den Jünger Simon[84] nicht, wie bei Luther, mit „Kananäus" übersetzt werden, sondern mit „Eiferer": Lukas etwa hat den Beinamen dieses Jüngers sogar bereits zutreffend mit dem griechischen Wort *zelotes* wiedergegeben.[85]

Wenn wir „Zeloten" so verstehen, dann macht es auch Sinn, dass Paulus sich selbst als einen Zeloten beschreibt, der die Gemeinden Gottes verfolgte. Und es passt auch zu den Berichten der Apostelgeschichte, in denen Paulus zuerst die Steinigung des Stephanus beaufsichtigt, der in seiner Predigt den Untergang des Tempels vorausgesagt hatte. Und denen zufolge er dann eine Reise nach Damaskus antritt, ausgerüstet mit Begleitschreiben des Hohepriesters, um auch dort nach religiösen Unruhestiftern zu suchen. Offiziell hatten die Jerusalemer Priester in Damaskus natürlich keinerlei rechtliche Verfügungsgewalt. Aber sie konnten durchaus private religiöse „Eiferer" dorthin schicken, die auf eigene Faust den Abweichlern nachstellen und für eine Einhaltung der überlieferten jüdischen Traditionen sorgen sollten.

„Judentum" oder „Judaismus"?

Nach Luthers Übersetzung erinnert Paulus seine Leser im Galaterbrief zweimal an sein früheres Leben „im Judentum":

> „Denn ihr habt ja gehört von meinem Leben früher im Judentum, wie ich über die Maßen die Gemeinde Gottes verfolgte und sie zu zerstören suchte und übertraf im Judentum viele meiner Altersgenossen in meinem Volk weit und eiferte über die Maßen für die Satzungen der Väter."[86]

So übersetzt, könnte man den Satz so verstehen, als würde Paulus zwischen seinem früheren Leben (im Judentum) und seinem heutigen

Leben (nicht mehr im Judentum) unterscheiden. Gemeint ist aber vermutlich etwas anderes. Das griechische Wort *Ioudaismos*, das Paulus hier verwendet, bedeutet nämlich nicht einfach „Judentum". Vielmehr bezeichnet das „-ismos" am Ende, wie auch heute in der deutschen Sprache das „-ismus", häufig eine besonders extreme und in sich geschlossene Weltanschauung: Im Deutschen ist „populär" etwas Positives, „Populismus" aber nicht. „Sozial" ist etwas Positives, „Sozialismus" aber weithin nicht mehr. In ähnlicher Weise unterscheiden wir auch zwischen „Islam" und „Islamismus". Wenn Paulus also hier von seinem früheren Leben im „Judaismus" redet, dann meint er damit eine besonders aktive, und vielleicht auch besonders strenge und extremistische Form jüdischen Denkens. Eben eine, die sogar bereit ist, mit Gewalt den rechten Glauben zu beschützen und durchzusetzen.

Ein jüdisches Leben mit Licht- und Schattenseiten

In diesem Kapitel haben wir versucht, uns ein Bild von der jüdischen Herkunft des Paulus zu machen: Dabei standen vor allem solche Texte im Vordergrund, in denen Paulus über sein eigenes Leben spricht. Und es wurde deutlich: Wenn Paulus auf sein früheres Leben zurückschaut, dann entdeckt er dort Gutes und Schlechtes: Er betont seine jüdische Herkunft, seine Zugehörigkeit zum Volk Israel, seine Beschneidung und seinen vorbildlichen Gesetzesgehorsam. All das macht er nicht schlecht und er distanziert sich auch nicht davon. Im Gegenteil, es spricht Stolz und Selbstbewusstsein aus den Worten des Paulus. Aber er sieht eben auch einen Mann mit übertriebenem religiösen Eifer, einen radikalisierten und gewaltbereiten Verfolger. Beides gehört zu seiner jüdischen Vergangenheit. Und beides prägt ihn, als er an einem denkwürdigen Tag auf dem Weg nach Damaskus eine Begegnung mit dem auferstandenen Jesus hatte.

Was dort passierte, und wie es das Leben und den Glauben des Paulus veränderte, darum soll es im nächsten Kapitel gehen.

Kapitel 4

„Vom Saulus zum Paulus?"

Paulus und seine Bekehrung zum jüdischen Messias

Für viele Menschen steht die Formel „Vom Saulus zum Paulus" symbolisch für die radikale Lebenswende des Paulus: die Wende vom Bösewicht zum Helden, vom Verfolger zum Missionar, vom Ungläubigen zum Heiligen. Und natürlich: vom Juden zum Christen. Aber was genau war es eigentlich, das sich im Leben des Paulus veränderte durch seine Begegnung mit Jesus? Hörte er wirklich auf, ein Jude zu sein? Oder wenn nicht: Was war dann das Neue, das sein Leben auszeichnete?

Ein Namenswechsel?

Die Missverständnisse beginnen schon beim vermeintlichen Namenswechsel „vom Saulus zum Paulus": Den gab es nämlich gar nicht. In Wirklichkeit handelt es sich um einen typischen Doppelnamen, wie er bei vielen Juden der Zeit Jesu üblich war:

„Saulus aber, der auch Paulus heißt, voll Heiligen Geistes, sah ihn an …“[1]

Lukas verwendet in der Apostelgeschichte noch lange nach der Bekehrung des Paulus den Namen „Saulus“. Erst mit Beginn der ersten Missionsreise verwendet er dann den Namen „Paulus“. Möglicherweise möchte er damit ganz bewusst den Übergang von der jüdischen in die nichtjüdische Welt kennzeichnen. Denn der Doppelname des Paulus spiegelt seine doppelte kulturelle Identität wider:

Der Name „Saulus“ stammt dabei aus dem Hebräischen und erinnert an den biblischen König Saul (hebräisch *scha'ul*), den wohl berühmtesten Vertreter des Stammes Benjamin. Paulus war diese Verbindungslinie durchaus bewusst: Denn obwohl er den Namen „Saulus“ für sich selbst in seinen Briefen nie verwendet, weist er gleich zweimal auf seine Herkunft aus dem Stamm Benjamin hin, was in der jüdischen Literatur seiner Zeit sonst eher unüblich war.[2] Die Endung auf -us (bzw. im Griechischen auf -os) war dabei eine Anpassung an den griechischen Sprachgebrauch. Bemerkenswert ist, dass der Name „Saul“ oder „Saulos“ ansonsten in der Diaspora nicht üblich war. Dagegen war er in Judäa weiter verbreitet: Er wurde bei archäologischen Ausgrabungen auf verschiedenen Grabinschriften in Jaffa am Mittelmeer, Tuba am Toten Meer und Kirjat Tiv'on in Galiläa entdeckt.[3] Auch auf Tonscherben, die bei Ausgrabungen auf der Festung Massada gefunden wurden, fand sich der Name Saul gleich dreimal. In den rabbinischen Schriften werden verschiedene Lehrer mit dem Namen „Abba Scha'ul“ oder „Rabbi Scha'ul“ erwähnt.[4] Und auch in den Schriften des Flavius Josephus werden verschiedene Träger dieses Namens genannt, die alle aus Israel stammen.[5] Die Namensgebung spiegelt also nicht nur die jüdische Herkunft, sondern insbesondere die enge Verbindung zum Heimatland Israel wider. Möglicherweise hatten die aus Galiläa stammenden Großeltern hier noch ein Wörtchen mitzureden?

Der Name „Paulus“ unterstreicht zwar die Zugehörigkeit zur griechisch-römischen Welt. Allerdings war er bei Römern nicht sehr gebräuchlich, und bei Nichtrömern, erst recht im östlichen Mittelmeerraum, extrem selten. Andere Juden mit diesem Namen sind uns nicht bekannt. Er bedeutete etwa so viel wie „der Kleine“. Warum seine Eltern ausgerechnet diesen ungebräuchlichen Namen für Paulus auswählten, wissen wir aber nicht. Vielleicht gab es freundschaftliche Beziehungen oder eine wirtschaftliche Abhängigkeit von einer römischen Familie, die diesen Namen trug und daher als Namenspatron fungierte. Paulus selbst schien zumindest in der zweiten Hälfte seines Lebens den Namen „Paulus“ zu bevorzugen. Vielleicht, weil er vor allem in der griechisch-römischen Welt tätig war. Vielleicht aber auch, weil ihm der Name bescheidener erschien als der Name des großen biblischen Königs. Denn Paulus bezeichnete sich ja nun gern als „Diener“ und „Knecht“ eines neuen, anderen Königs: Jesus Christus.[6]

Es gibt aber noch eine dritte Namensform: „Saoul“. Diese wird von Lukas nur dort verwendet, wo er vom „Damaskus-Erlebnis“ des Paulus berichtet.[7] Es ist, anders als die angepasste griechische Form „Saulus“, der Versuch, den hebräischen Originalklang des Namens „Scha'ul“ in griechischer Umschrift nachzuahmen. Damit verfolgt Lukas, wie wir noch sehen werden, vermutlich einen ganz besonderen Zweck. Um diesen zu verstehen, müssen wir uns die betreffenden Berichte aber zunächst etwas genauer ansehen:

Die Bekehrung des Paulus

In Predigten, in Kinderbibeln und auch in der Kunst ist es üblich, von der „Bekehrung“ des Paulus auf dem Weg nach Damaskus zu sprechen. Unter modernen Bibelforschern jedoch, gleich ob christlich oder jüdisch, ist es zunehmend umstritten, ob man von einer „Bekehrung“ des Paulus überhaupt sprechen kann. Pinchas Lapide etwa fragt in einem fiktiven Brief an Paulus zugespitzt:

„Lass uns zu deinem Damaskus-Erlebnis kommen. Alle Welt spricht von deiner angeblichen dortigen *Bekehrung*. Ich aber frage dich: Von wo und wohin soll diese Bekehrung eigentlich stattgefunden haben? Wo doch das Wort ‚Bekehrung' im Zusammenhang mit deinem Erlebnis überhaupt nicht vorkommt? Mehr noch: Du verwendest diesen Ausdruck in keinem deiner Briefe, was für mich Bände spricht! Was also geschah dort auf der Straße nach Damaskus?"[8]

Es stimmt zwar nicht, dass Paulus in seinen Briefen das Wort „Bekehrung" nicht verwendet. Was Lapide meint, ist aber vermutlich: Paulus beschreibt sein „Damaskus-Erlebnis" nirgendwo mit diesem Wort. Und auch die Apostelgeschichte verwendet es in der Tat an dieser Stelle nicht. Zu Recht stellt Lapide auch die Frage nach dem „Woher" und dem „Wohin" einer solchen Bekehrung: Denn für jüdische Ohren klingt das Wort entweder nach einem Übertritt aus dem „Heidentum" zum Judentum (was bei Paulus nicht zuträfe) oder aber vom Judentum zum Christentum (was Lapide zu Recht infrage stellt).

Es lohnt sich also, die neutestamentlichen Texte noch einmal genauer zu überprüfen auf die Frage hin, ob die Rede von der „Bekehrung" des Paulus tatsächlich ein Missverständnis ist.

Die Berichte der Apostelgeschichte

Die Apostelgeschichte berichtet gleich dreimal von einer eindrücklichen Begegnung des Paulus mit dem auferstandenen Jesus auf dem Weg nach Damaskus: zunächst in Apg 9,1-9 aus der Perspektive eines unbeteiligten Erzählers und dann noch einmal in Apg 22,6-21 und 26,12-18 in Form von „autobiografischen" Rückblicken des Paulus. Die drei Berichte unterscheiden sich dabei in kleineren Einzelheiten von einander: Nach Apg 9 sahen die Begleiter „niemanden", nach Apg 22 und 26 sahen sie aber zumindest ein Licht. Das ist zugegebenermaßen noch kein direkter Widerspruch. Nach dem Bericht von Apg 9 jedoch hörten die Begleiter die Stimme Jesu, nach Apg 22 und 26 nicht. Schließlich spricht Jesus in Apg 26 noch eine ausführliche Berufung aus, die in Apg 9 und 22 nicht erwähnt wird. Diese Unterschiede sind umso erstaunlicher, als sie aus der Feder desselben Autors und innerhalb derselben Erzählung auftauchen. Also nicht, wie etwa bei den vier Evangelien, durch unterschiedliche Erzähler oder Stile zu erklären sind. Man braucht aber auch Lukas sicherlich nicht für so dumm zu halten, dass er diesen Unterschied nicht bemerkte. Wir müssen also davon ausgehen, dass es sich um ein bewusstes erzählerisches Stilmittel handelt. Vielleicht wollte Lukas, dass seine Leser die Verwirrung der Mitreisenden nachempfinden, die hinterher selbst nicht mehr genau wissen, was sie gesehen oder gehört haben. Unabhängig von diesen Einzelheiten jedoch beschreiben die drei Berichte der Sache nach zweifellos das gleiche Ereignis. Insbesondere der Dialog zwischen Jesus und Paulus, der ja das Entscheidende ist, stimmt im Kernbestand überein: Jesus redet Saul an und fragt: „Saul, Saul, warum verfolgst du mich?“ Saul fragt zurück: „Wer bist du ?“, und erhält die Antwort: „Ich bin Jesus, den du verfolgst.“

Eine verborgene Verknüpfung ins Alte Testament

Der Wuppertaler Neutestamentler Klaus Haacker vermutet, dass Lukas hier ganz bewusst auf die hebräische Urform des Namens, „Saoul“ statt „Saulus“, zurückgreift, weil er eine Verbindung zu einer alttestamentlichen Erzählung knüpfen will.[9] Ganz ähnlich nämlich wie die Begegnung zwischen Saul und Jesus verlief gut tausend Jahre früher eine Begegnung zwischen Saul und David. Auch damals ging es um eine Verfolgung: König Saul trachtete seinem Knecht David nach dem Leben. Und obwohl David guten Grund und auch Gelegenheit gehabt hätte, Saul umzubringen, schenkt er ihm das Leben. Und er stellt ihn zur Rede:

> „Als aber Saul sich aufmachte aus der Höhle und seines Weges ging, machte sich auch David auf ihm nach und ging aus der Höhle und rief Saul nach und sprach: Mein Herr und König! Saul sah sich um. Und David neigte sein Antlitz zur Erde und fiel nieder. Und David sprach zu Saul: Warum hörst du auf das Geschwätz der Menschen, die da sagen: David sucht dein Unglück. [...] Wem zieht der König von Israel nach? Wem jagst du nach?"[10]

Später, in einer ganz ähnlichen Situation, fragt David noch einmal, fast in einer wörtlichen Parallele: „Warum verfolgt denn mein Herr seinen Knecht?"[11] Und ganz ähnlich wie Saulus in Damaskus, so kann auch Saul nicht sehen, wer da mit ihm redet, hört aber wohl die Stimme und fragt: „Ist das nicht deine Stimme, mein Sohn David?" Dann jedoch spricht Saul aus, was diese Begegnung für ihn bedeutet:

> „Ich habe gesündigt; komm wieder, mein Sohn David, ich will dir hinfort nichts Böses mehr tun, weil mein Leben heute in deinen Augen teuer gewesen ist. Siehe, ich habe töricht und sehr unrecht getan."[12]

Ganz ähnlich klingt auch Sauls Schuldbekenntnis zwei Kapitel vorher:

> „Und Saul erhob seine Stimme und weinte und sprach zu David: Du bist gerechter als ich, du hast mir Gutes erwiesen; ich aber habe dir Böses erwiesen. Und du hast mir heute gezeigt, wie du Gutes an mir getan hast, als mich der Herr in deine Hände gegeben hatte und du mich doch nicht getötet hast. Wo ist jemand, der seinen Feind findet und lässt ihn mit Frieden seinen Weg gehen? Der Herr vergelte dir Gutes für das, was du heute an mir getan hast! Nun siehe, ich weiß, dass

> du König werden wirst und das Königtum über Israel durch deine Hand Bestand haben wird."[13]

Klaus Haacker hat vermutlich recht, dass Lukas hier ganz bewusst an diese Begegnungen zwischen Saul und David erinnern wollte. Denn sie sind wie ein Vorschatten, der alles widerspiegelt, was dann auch zwischen Saulus und Jesus geschieht: Saulus sieht in Jesus einen Feind, den man verfolgen muss. Dann jedoch begegnet er diesem Feind unerwartet und ist ihm völlig ausgeliefert. Aber statt Strafe oder Rache erfährt er Gutes und Gnade. Aus dieser Begegnung lernt Saulus: Jesus ist gerecht, er selbst ist ungerecht. Aber Jesus vergibt. Deshalb muss er anerkennen: Hier ist der wahre König, der Sohn Davids, durch den „das Königtum Israels Bestand haben wird". So erhält das Erlebnis von Damaskus erst durch den Blick ins Alte Testament seinen wirklichen, tieferen Gehalt. Oberflächlich gesehen wird nur ein sehr kurzer, fast inhaltsloser Dialog berichtet. Unter der Oberfläche jedoch sind hier die innere Umkehr eines Menschen von seinem falschen Weg, die Erfahrung der Gnade und Vergebung und die Anerkennung von Jesus als König wie ein Brennpunkt miterzählt. Manche Theologen behaupten heute, Paulus habe seine Botschaft von der „Rechtfertigung allein aus Gnade" erst sehr viel später entwickelt, und nur aus einer missionarischen Notsituation heraus.[14] Blickt man jedoch tiefer hinter den Bericht vom „Damaskus-Erlebnis", dann wird deutlich: Der tiefste Grund für seine spätere Botschaft von der Begnadigung des Sünders und von der Königsherrschaft Jesu liegt bereits hier, in dieser lebensverändernden Begegnung des Paulus auf der Straße von Damaskus.

Wie Paulus selbst sein Erlebnis beschreibt

Ein „Damaskus-Erlebnis" erwähnt Paulus in keinem seiner Briefe. Dennoch gibt es einige Randbemerkungen, die man in der Forschung als Erinnerung des Paulus an dieses Erlebnis deutet: So berichtet Paulus im 1. Korintherbrief von einer verspäteten Begegnung mit dem auferstandenen Jesus:

> „Denn als Erstes habe ich euch weitergegeben, was ich auch empfangen habe: dass Christus gestorben ist für unsre Sünden nach der Schrift; und dass er begraben worden ist; und dass er auferstanden ist am dritten Tage nach der Schrift; und dass er gesehen worden ist von Kephas, danach von den Zwölfen. Danach ist er gesehen worden von mehr als fünfhundert Brüdern auf einmal, von denen die meisten noch heute leben, einige aber sind entschlafen. Danach ist er gesehen worden von Jakobus, danach von allen Aposteln. Zuletzt von allen ist er auch von mir als einer unzeitigen Geburt gesehen worden. Denn ich bin der geringste unter den Aposteln, der ich nicht wert bin, dass ich ein Apostel heiße, weil ich die Gemeinde Gottes verfolgt habe."[15]

Die Formulierung „gesehen werden" bezeichnet in der Bibel nicht nur ein inneres Erlebnis oder eine Einsicht, sondern eine äußerlich sichtbare Vision oder Erscheinung. Das würde auch zu den Berichten der Apostelgeschichte passen. Zudem wissen wir von keinem anderen Ereignis im Leben des Paulus, das einer solchen Begegnung mit dem Auferstandenen vergleichbar wäre. Mit etwas anderen Worten beschreibt Paulus seine Begegnung dagegen im Galaterbrief:

> „Denn ihr habt ja gehört von meinem Leben früher im Judentum, wie ich über die Maßen die Gemeinde Gottes verfolgte und sie zu zerstören suchte und übertraf im Judentum viele meiner Altersgenossen in meinem Volk weit und eiferte über die Maßen für die Satzungen der Väter. Als es aber Gott wohlgefiel, der mich von meiner Mutter Leib an ausgesondert und durch seine Gnade berufen hat, dass er seinen Sohn offenbarte in mir, damit ich ihn durchs Evangelium verkündi-

gen sollte unter den Heiden, da besprach ich mich nicht erst mit Fleisch und Blut, ging auch nicht hinauf nach Jerusalem zu denen, die vor mir Apostel waren, sondern zog nach Arabien und kehrte wieder zurück nach Damaskus."[16]

Viele Bibelleser würden hier auf den ersten Blick gar keinen Hinweis auf das „Damaskus-Erlebnis" entdecken, wenn sie nicht darauf hingewiesen würden. Wenn man jedoch genauer hinsieht, dann entdeckt man, dass Paulus hier sozusagen die „Innenseite" dessen beschreibt, was in der Apostelgeschichte aus der Außenperspektive berichtet wird. Das beginnt mit dem zeitlichen Aufbau: Zunächst erzählt Paulus von seiner Zeit als Christenverfolger, dann berichtet er von einer „Offenbarung des Sohnes", und schließlich von einer Reise, an deren Abschluss er wieder nach Damaskus „zurückkehrt". Das Wort „zurückkehren" kommt hier eigentlich recht überraschend, denn vorher war von Damaskus im ganzen Brief noch gar nicht die Rede. Es macht nur Sinn, wenn das davor Erzählte auch in Damaskus oder in der Nähe von Damaskus spielt. Dann aber ist ziemlich sicher, dass Paulus mit dem Satz „Gott gefiel es, dass er seinen Sohn in mir offenbarte" seine Begegnung mit Jesus beschreibt. Für ihn steht hier jedoch weniger das spektakuläre Äußere im Mittelpunkt. Was zählt, ist die innere Einsicht: Dieser Jesus, der mir hier begegnet, ist Gottes Sohn. Erst jetzt fällt auf, dass keiner der drei Berichte in der Apostelgeschichte diese Einsicht des Paulus – oder überhaupt eine innere „Bekehrung" – ausdrücklich beschreibt, abgesehen von der verborgenen Verknüpfung zur Davidsgeschichte. Insofern haben wir hier im Galaterbrief eine wertvolle Ergänzung.

Alles nur religiöser Wahn?

Skeptische Bibelforscher allerdings setzen hier den „Paulus-Lukas-Keil" an und deuten die Briefe des Paulus nicht als Ergänzung, sondern als Widerlegung der Apostelgeschichte. Paulus habe in Wirklichkeit überhaupt keine äußere Erscheinung gehabt, sondern nur eine innere theologische Einsicht. Oder auch nur eine Wahnvorstellung. So jedenfalls erklären viele jüdische Autoren den plötzlichen Sinneswandel des Paulus. Heinrich Graetz, einer der ersten, der diese Vermutung äußerte, schreibt:

> „Ist vielleicht Jesus wirklich der Messias gewesen? Dieser Gedankengang beschäftigte Paulus aufs Tiefste. Sein nervös krankhafter Zustand und sein phantastischer Sinn halfen ihm über den Zweifel hinweg. Er glaubte steif und fest, dass Jesus ihm erschienen sei.“[17]

Joseph Klausner deutet das Damaskus-Erlebnis als einen epileptischen Anfall. Damit stehe Paulus in der Reihe anderer großer Visionäre der Geschichte,

> „... wie Cäsar, Peter der Große, Napoleon und Männer von starkem Willen und beinahe mystischem Glauben an sich selbst waren, oder die durch eine mystische Religiosität hervorragten und diese vielfach vertieften, wie Augustinus, Mohammed, Savonarola, Jakob Böhme ...“[18].

Dieser Diagnose Klausners folgt auch Pinchas Lapide und ergänzt, dass diese Krankheit auch „eine Ursache seiner negativen Einstellung zu Frauen sein könnte“[19]. Den jüdischen Psychoanalytiker Arthur Stern wiederum reizte diese Vermutung zum Widerspruch. Er war der Überzeugung, dass Paulus nicht etwa an Epilepsie litt, sondern seine Visionen seien „wie seine suggestiv geheilte dreitägige Blindheit offenbar psychogener Natur.“[20]

Eine theologische Neuorientierung?

Manche Forscher deuten die Wende des Paulus weniger dramatisch. Sie gehen davon aus, dass Paulus nicht durch ein besonderes Erlebnis, sondern eher durch eine langsame innere Entwicklung zu seinem neuen Glauben fand. In der christlichen Deutung herrschte lange Zeit die Idee vor, dass Paulus, der strenge Pharisäer, auf Dauer so sehr unter dem religiösen Leistungsdruck eines gesetzlichen Judentums litt, dass er sich irgendwann mit einem großen Befreiungsschlag davon lösen musste: Jesus, nicht mehr das Gesetz, stand nun im Mittelpunkt seines Lebens, und er konnte befreit aufatmen.

Jüdische Forscher haben diesem Ansatz jedoch stets skeptisch gegenübergestanden, denn sie verspürten diesen Leistungsdruck nie. Für sie war das Gesetz immer ein Geschenk, kein Druckmittel. In der jüdischen Paulusforschung ist daher die Vorstellung verbreitet, dass Paulus als Diasporajude dem „wahren" Judentum ohnehin völlig entfremdet war. Er war so sehr geprägt von der griechisch-römischen Welt, dass er irgendwann aus den Grenzen des nationalen Judentums ausbrechen musste, um eine internationale Religion zu gründen.

Schalom ben Chorin etwa geht davon aus, dass der Diasporajude Paulus die jüdische Haltung zum Gesetz nur halb verstanden und deshalb so sehr unter dem Gesetz gelitten habe:

> „Die Weisen Israels hatten selbst eine dialektische Beziehung zum Gesetz, die aus zwei Begriffen erhellt. Einerseits sprechen sie vom Ol ha-Mizwoth, dem Joch des Gesetzes, das dem Menschen auferlegt wird, auch das Joch des Himmelreiches genannt. Wie immer man es nennt, es bleibt ein Joch, unter das der Mensch gebeugt wird. Andererseits aber sprechen sie von Simcha schel Mizwa, von der Freude am Gesetz. [...] Offenbar hat Paulus das Joch des Gesetzes in seiner ganzen

> Schwere empfunden, nicht aber die Freude am Gesetz. [...] Da aber der Messias bereits erschienen war, nämlich vor Damaskus, so war das Ende des Gesetzes gekommen."[21]

Beide Theorien gehen davon aus, dass Paulus nur eine Art innerer Erleuchtung erlebte. Spätere Autoren des Neuen Testaments hätten Paulus dann missverstanden und aus dem inneren Erlebnis eine tatsächliche Geschichte gemacht: So sei schließlich nicht nur die Erzählung vom „Damaskus-Erlebnis", sondern auch die Erzählung von der Auferstehung entstanden, wie sie sich in den vier Evangelien findet. Schalom ben Chorin fasst das so zusammen:

> „Die Auferstehung des Jesus von Nazareth ereignete sich nicht in Jerusalem, sondern vor Damaskus."[22]

Eine Idee aus fremden Religionen?

In der frühen Paulusforschung des 20. Jahrhunderts wurde aber noch eine andere Erklärung für den Auferstehungsglauben des Paulus vorgeschlagen: Paulus habe hier einfach Ideen aus der griechischen und römischen Religion übernommen, die er noch aus seiner Kindheit in Tarsus kannte. Hier setzte man wieder den beliebten Paulus-Jesus-Keil an: Jesus selbst habe nicht mit einem frühen Tod gerechnet und auch nie von seiner Auferstehung gesprochen. Seine ersten (jüdischen) Anhänger hätten ihn einfach als einen jüdischen Lehrer verehrt, der Glauben und Nächstenliebe predigte und dafür zu Unrecht hingerichtet wurde. Erst Paulus habe dann, geprägt von den Vorstellungen fremder Religionen, aus Jesus eine „Götterfigur" gemacht, deren Tod und Auferstehung erlösende Wirkung gehabt habe. In der Tat gab es in der griechischen, persischen und ägyptischen Welt viele solcher Geschichten. Die Geschichte etwa vom ägyptischen Gott Osiris, der von seinem Bruder ermordet und zerstückelt wurde: Seine Frau Isis sammelte die in alle Winde verstreuten Stücke wieder ein, erweckte Osiris so kurzfristig wieder zum Leben und zeugte sogar noch einen Sohn mit ihm, der dann König von Ägypten wurde. Aus Persien stammte die Erzählung von Mithras, dem Sohn des Sonnengottes, der einen Stier tötete, aus dessen Blut dann jedoch auf wundersame Weise neues Leben entstand. Die Anhänger von Osiris und Mithras, die sogenannten „Mysterienkulte", trafen sich, wie die ersten Christen, in kleinen Gruppen an geheimen Orten zu gemeinsamen Mahlzeiten und Gebetsstunden.

Für die ältere Paulusforschung stand daher fest: Paulus hat solche Göttergeschichten und Kulthandlungen auf Jesus übertragen und so den Glauben an die Heilsbedeutung von Kreuz und Auferstehung Jesu in die frühe Gemeinde „importiert". Diese Version des Paulus-Jesus-Keils hat zwar ihre Blütezeit in der Paulusforschung schon seit über hundert Jahren hinter sich. Denn die fortschreitende Erforschung des Judentums, vor allem die Schriftfunde von Qumran, haben inzwischen gezeigt, dass viele Gedanken, die man früher für „unjüdisch" hielt und den griechisch-römischen Religionen zuschrieb, sich auch in jüdischen Texten finden und sich ohne Weiteres aus dem jüdischen Glauben heraus erklären lassen. Aber in vielen Köpfen hält sich dieses Bild von der Übernahme heidnischer Mythen bis heute. Noch 1985 spekuliert der jüdische Gelehrte Hyam Maccoby darüber, wie Paulus während seiner Verfolgertätigkeit in den Erzählungen vom gekreuzigten Jesus plötzlich die alten Götter seiner Jugend wiedererkennt:

> „Schon wieder tauchte er auf, wo er ihn am wenigsten erwartet hätte, ganz egal, wie sehr ihn seine ‚gottesfürchtigen' Eltern vor ihm gewarnt haben mochten: der sterbende und auferstehende Gott, der unter allen seinen Namen und Kostümen immer derselbe blieb, sei er Attis, Adonis, Osiris oder Baal-Taras. Mit diesem Gotte und seinem Kult war überall eine tiefe Gefühlserschütterung verbunden, ein nachhaltiges

seelisches Erleben: zu sterben und wiedergeboren zu werden mit der Gottheit ...“[23]

Die Darstellung des Paulus

Alle diese skeptischen Neuschreibungen der Paulusgeschichte sehen sich aber einem zentralen Problem gegenüber: Denn Paulus selbst redet in seinen Briefen von der Auferstehung Jesu nicht so, als sei sie nur eine innere Erleuchtung, eine theologische Erkenntnis oder eine religiöse Idee. Für ihn ist sie ein tatsächlicher, in Raum und Zeit geschehener Vorgang. Das unterscheidet den neutestamentlichen Auferstehungsglauben von allen griechischen Göttergeschichten, die immer in grauer Vorzeit und an mythischen Orten spielen, aber nicht in der wirklichen, realen Welt. Und es unterscheidet den Auferstehungsglauben auch von individuellen religiösen Visionen oder Ideen, die im Kopf großer Denker oder Religionsstifter ihren Ursprung haben: Möglicherweise kann man die Bemerkung des Paulus von der „Offenbarung des Sohnes in mir“ im Galaterbrief[24] noch so verstehen, als rede Paulus hier nur über eine innere theologische Erkenntnis. Aber biblische Schriftsteller würden für solche Einsichten sonst nicht den Begriff „Offenbarung“ benutzen. Für 1. Kor 15,3-8 (siehe oben Seite 103) ist diese Deutung aber endgültig unmöglich. Zu viele Gründe sprechen dagegen:

(1) Paulus unterscheidet zwischen dem Vorgang der Auferstehung (am dritten Tag) und den Erscheinungen vor verschiedenen Zeugen. Wäre die „Auferstehung“ für ihn nur das, was er irgendwann selbst später erlebt hatte, dann könnte er beides nicht so deutlich voneinander trennen.

(2) Paulus nennt ganz ausdrücklich verschiedene Augenzeugen und eine zeitlich datierbare Abfolge von Begegnungen mit dem auferstandenen Jesus. Wenn man einen kollektiven Gesinnungswandel beschreiben will, dann würde man nicht „500 Brüder auf einmal“ als Zeugen anführen. Eine „Auferstehung“, die nur im Herzen ei-

nes Menschen geschieht, würde lächerlich, wenn 500 Menschen sie gleichzeitig erfahren.

(3) Paulus betont, dass er nicht selbst der Urheber der Auferstehungsbotschaft ist, sondern dass er diese selbst „empfangen" und an die Korinther „weitergegeben" hat. Dieses Wortpaar „empfangen-weitergeben" ist ein Fachbegriff für die lehrmäßige Weitergabe von Überlieferungen, wie sie gerade in der Welt der Rabbinen typisch war. Man „empfängt" eine Lehre, eine bestimmte Auslegungstradition oder ein Sprichwort von einem Lehrer, lernt es auswendig und gibt es dann, wie ein Paket, weiter an seine eigenen Schüler. So war es auch mit der Botschaft der Auferstehung: Sie hat nicht im Glauben des Paulus selbst ihren Ursprung, nicht in einem ekstatischen Erlebnis und auch nicht in einem theologischen Reflexionsprozess. Sondern er hat sie „empfangen", von den Menschen, die schon vor ihm Jesus begegnet waren und die vor ihm zum Glauben an Christus gefunden hatten.

Eine selbst erfundene Botschaft?

Für viele skeptische Forscher sind die „Auferstehungstexte" des Paulus echter und authentischer als die Auferstehungsberichte der Evangelien. Einfach deshalb, weil sie älter sind. Man rekonstruiert das dann so: Zunächst habe Paulus vor Damaskus eine Art persönliches „Auferstehungserlebnis" gehabt. Dann habe er andere Christen kennengelernt, denen Ähnliches passiert sei. Zusammen hätten sie dann den Glauben entwickelt, Jesus sei nach seinem Tod „auferstanden" – wenn auch nicht körperlich. Erst sehr viel später, in der nächsten Generation, sei dann durch ein Missverständnis die Idee von einem leeren Grab entstanden, und entsprechende Berichte der Evangelien seien dann nachträglich erdichtet worden.

Der Irrtum dieser Rekonstruktion besteht aber darin, dass den Briefen des Paulus ja bereits fest geformte mündliche Überlieferungen vorausgingen, die ihrerseits wieder älter waren als die Briefe. Paulus steht also nicht am Anfang der Überlieferungskette, sondern an ihrem Ende. Das zumindest ist seine eigene Aussage. Man müsste also schon annehmen, dass Paulus sich in 1. Kor 15 selbst einreden möchte, dass eine von ihm eigenhändig erdachte Botschaft gar nicht von ihm selbst stammt. Man müsste außerdem annehmen, dass er die lange Reihe von Augenzeugen, die er anführt, einfach erfunden hat. Nur um dann sehr realistisch das Fazit zu ziehen:

> „Ist aber Christus nicht auferstanden, so ist unsre Predigt vergeblich, so ist auch euer Glaube vergeblich. Wir würden dann auch als falsche Zeugen Gottes befunden, weil wir gegen Gott bezeugt hätten, er habe Christus auferweckt, den er nicht auferweckt hätte, wenn doch die Toten nicht auferstehen. Denn wenn die Toten nicht auferstehen, so ist Christus auch nicht auferstanden. Ist Christus aber nicht auferstanden, so ist euer Glaube nichtig, so seid ihr noch in euren Sünden; so sind auch die, die in Christus entschlafen sind, verloren. Hoffen wir allein in diesem Leben auf Christus, so sind wir die elendesten unter allen Menschen."[25]

Jemand, der so energisch die Wahrheit einer Behauptung verteidigt, die er selbst erfunden hat, der müsste wirklich, wie es manche der jüdischen Autoren des 19. und 20. Jahrhunderts annahmen, ernsthaft geisteskrank sein. Das aber will heute niemand mehr behaupten, weder jüdische noch christliche Autoren.[26] Es spricht also vieles für das realistische Urteil des Wuppertaler Neutestamentlers Klaus Haacker, dass die Berichte der Apostelgeschichte nicht nur eine fromme Einbildung, sondern ein tatsächliches historisches Ereignis beschreiben. Zwar geht auch Haacker, wie die meisten Forscher, davon aus, dass Einzelheiten der drei verschiedenen Berichte auf eine bewusste literarische Ausgestaltung des Lukas zurückzuführen sind. Zusammenfassend stellt er jedoch fest,

„... dass die größten Übereinstimmungen zwischen den drei lukanischen Berichten von der Damaskusvision in der wörtlichen Rede, d. h. im Wortwechsel zwischen Paulus und seinem himmlischen Gegenüber, zu finden sind. Es liegt nahe, [...] in diesem stabilen Redestück auch in historischer Hinsicht den ‚harten Kern' der Damaskus-Überlieferung zu vermuten."[27]

Noch mal: Bekehrung oder Berufung?

Kehren wir noch einmal zurück zu unserer Ausgangsfrage: Was hat sich eigentlich im Leben des Paulus geändert durch das dramatische Ereignis von Damaskus? Hat Paulus sich nun „bekehrt"? Und wenn ja, war es eine Bekehrung vom Judentum zum Christentum? Vielleicht müssen wir an dieser Stelle den Begriff der „Bekehrung" erst einmal genauer betrachten. Im heutigen, modern-westlichen Sprachgebrauch, klingt er nämlich tatsächlich nach dem Schritt vom Unglauben zum Glauben. Oder nach dem Übertritt von einer Religion zur anderen. Beides passt aber im Fall von Paulus nicht. In welchem Sinn hat er sich also dann bekehrt?

Vielleicht ist es am besten, wenn wir den Begriff von Jesus selbst her, und damit aus dem Judentum heraus, verstehen. Jesus trat, nach dem einhelligen Zeugnis aller Evangelien, mit einer zentralen Botschaft auf: „Das Königreich Gottes ist nahe gekommen! Kehrt um und glaubt an das Evangelium!"[28] Im Griechischen erscheint hier das Wort *metanoeite,* das – je nach Zusammenhang – mit „Kehrt um!", „Denkt um!", „Bekehrt euch!", „Tut Buße" oder „Ändert euer Leben!" wiedergegeben werden kann. Es spielt auch weiterhin in den Evangelien eine zentrale Rolle: Jesus nennt die Botschaft von der Umkehr als eigentlichen Grund seines Kommens: „Ich bin gekommen, um die Sünder zur Umkehr zu rufen."[29] Es ist die Botschaft, mit der er seine Jünger aussendet[30], und auch das Erste, was Petrus nach der Auferstehung Jesu öffentlich predigt.[31] Paulus fasst nach dem Bericht der Apostelgeschichte ebenfalls seine Botschaft rückblickend mit diesem Wort zusammen,[32] und er verwendet den Begriff auch in seinen Briefen.[33]

Umkehr oder Buße (hebräisch *tschuvah*) ist ein zentraler Begriff des Judentums. Er taucht schon im Alten Testament immer wieder auf, wo Gott sein Volk zur Umkehr ruft.[34] Im Judentum des ersten Jahrhunderts wird dann aber daraus ein stehender Begriff: Er spielt eine wichtige Rolle vor allem im Zusammenhang mit dem *Jom Ha-Kippurim*, dem großen Versöhnungstag, auf den man sich jedes Jahr durch Umkehr (*tschuvah*), Gebet (*tefillah*) und gute Werke (*zedakah*) vorbereitet. Der ganze Monat Elul, der dem Neujahrsfest und dem anschließenden Versöhnungstag vorangeht, gilt als ein Monat der *tschuvah*. In der Mischna findet sich sogar der weise Rat des Rabbi Elieser:

> „Kehre einen Tag vor deinem Tod um!"[35]

Und da natürlich niemand von uns weiß, wann er sterben wird, sollte das ganze Leben, nicht nur einmal im Jahr, von Umkehr geprägt sein. Rabbi Joel Berger, der ehemalige Landesrabbiner von Württemberg, schreibt dazu:

> „Denjenigen, der sich in seinem Alltag zu jederzeit in diesen Zustand emporarbeiten konnte, nannten die Weisen „*Baal Teschuwa*". Der Begriff beschreibt einen Menschen, der die Bereitschaft entwickelt, seine Fehler zu bereuen und einen neuen Weg einzuschlagen. Dieser ist aber noch kein ‚Heiliger', kein *Zaddik* – Gerechter – sondern vielleicht eher ein *Chassid*, ein Frommer."[36]

War die Erfahrung des Paulus auf dem Weg nach Damaskus also eine „Bekehrung"? In diesem Sinne, in einem jüdischen Sinne: unbedingt! Er hat eingesehen, dass es ein Fehler war, die Gemeinde Jesu zu verfolgen. Weil ihm Jesus nun selbst erschienen war. Und er war bereit, einen neuen Weg einzuschlagen. Sein Leben bekam eine völlig neue Richtung. Und gleichzeitig machte Paulus die Erfahrung der Gnade und Vergebung, wie es auch am großen Versöhnungstag geschieht. War diese Bekehrung für ihn eine „Bekehrung" vom Judentum zu einer anderen Religion? Keinesfalls! Für einen solchen „Religionswechsel" hat das Judentum andere Begriffe: *ger* wird jemand genannt, der von einer anderen Religion zum Judentum übertritt, und *mumar* oder *meshumad* jemand, der vom Judentum zu anderen Religionen übertritt. Im Deutschen spricht man hier von „Konversion" oder „Übertritt", aber nicht von „Bekehrung".

Für das Verhältnis zwischen Judentum und Christentum ist diese Unterscheidung aber wichtig: Denn über Jahrhunderte galt ein Jude, der sich zu Jesus wendet, als *mumar* oder *meshumad.* Jesus und Paulus aber reden von *tschuvah*, also von einer Hinwendung zu Gott, die für einen Juden keine Abwendung vom Judentum ist, sondern eine Umkehr von falschen Wegen, eine Rückkehr zum Glauben an den Gott Israels. Heute gibt es daher eine stetig wachsende Zahl von sogenannten „messianischen Juden", die sich am Vorbild der Bekehrung des Paulus orientieren: Sie wenden sich dem Glauben an Jesus zu, wollen sich deshalb aber nicht von ihrem jüdischen Glauben abwenden. Sie wollen nicht „konvertieren", sondern „sich bekehren". Sie wollen als Juden dem Juden Jesus folgen, und ihn als ihren Messias ansehen. So wie einst der Jude Paulus. [37]

Aber wie war es denn bei Paulus? Blieb er wirklich auch nach seiner Bekehrung ein Jude? Oder wurde er ein „Judenchrist", vielleicht sogar einfach nur ein „Christ"? Wie viel blieb von seiner jüdischen Identität erhalten nach seiner Hinwendung zu Jesus? Kann man als Jude überhaupt an Jesus glauben, wie es die messianischen Juden behaupten? Oder hört man automatisch auf, ein Jude zu sein?

Auf diese Fragen gab es in der Geschichte der Kirche, und in der Geschichte der Paulusforschung, sehr unterschiedliche Antworten. Diese werden wir im nächsten Kapitel genauer betrachten.

Kapitel 5

„Alles Mist?“

Paulus und sein Verhältnis zum Judentum

Im dritten Kapitel des Philipperbriefs, gleich nachdem Paulus voll Stolz alle Vorzüge seiner jüdischen Herkunft aufgezählt hat, fügt er hinzu:

> „Aber was mir Gewinn war, das habe ich um Christi willen für Schaden erachtet. Ja, ich erachte es noch alles für Schaden gegenüber der überschwänglichen Erkenntnis Christi Jesu, meines Herrn. Um seinetwillen ist mir das alles ein Schaden geworden, und ich erachte es für Dreck, damit ich Christus gewinne.“[1]

Das Wort, das Luther hier vornehm mit „Dreck“ übersetzt, ist in Wirklichkeit ein viel deftigerer Kraftausdruck. Und er spiegelte für viele Christen durch die Jahrhunderte das wider, was sie vom Judentum hielten. Zusammen mit Paulus, so meinte man, könnte man den ganzen jüdischen Glauben als „Mist“ oder sogar noch schlimmer bezeichnen. Aber ist das wirklich das, was Paulus hier meint? Geht es ihm um einen völligen Bruch mit seiner jüdischen Vergangenheit, sodass er alles über Bord wirft, was ihm bisher wichtig war? Oder geht es ihm um einen Vergleich der Wertigkeiten? Möchte Paulus den Wert seiner neu gewonnenen Beziehung zu Jesus dadurch herausstreichen, dass alles andere dagegen wertlos erscheint? Manche Christen werfen Martin Luther Hartherzigkeit vor, wenn er in seinem bekannten Kirchenlied formuliert:

> „Nehmen sie den Leib, Gut, Ehr, Kind und Weib:
> Lass fahren dahin, sie haben's kein' Gewinn,
> das Reich muss uns doch bleiben."[2]

Kaum jemand würde hier aber annehmen, dass Luther mit dem Wort „kein Gewinn" die Wertlosigkeit von Gut, Ehre oder Familie ausdrücken möchte. Oder dass er dies alles ablehnt. Es geht ihm vielmehr darum, den viel größeren Wert des Reiches Gottes herauszustreichen. Hat Paulus seinen drastischen Vergleich vielleicht ähnlich gemeint? Es lohnt sich, dieser Frage nachzugehen: Hat Paulus seine jüdische Identität nach seiner Bekehrung hinter sich gelassen oder hat sie für ihn, im Vergleich zum Messias, nur eine andere Priorität erhalten?

Alte, neue und ganz neue Perspektiven

Wenn die Bekehrung des Paulus eine Umkehr war, dann muss geklärt werden, wovon Paulus sich eigentlich abwandte. *Tschuvah* kann im Judentum nur dort geschehen, wo man auf einem falschen Weg ist. Was aber ist das *Falsche*, von dem Paulus sich abwenden musste? In dieser Frage stehen sich unter den Auslegern, aber auch in der Forschung, unterschiedliche und zum Teil sehr gegensätzliche Deutungen gegenüber. Die traditionelle Deutung, die vor allem durch die Reformationszeit geprägt wurde, aber auch im Pietismus und in der modernen evangelikalen Bewegung verbreitet ist, sagt: Das Kernproblem des Judentums ist, dass es eine Religion der Werkgerechtigkeit und der Selbsterlösung sei. Im Judentum, so denken viele Christen, wird der Mensch durch gute Werke und durch Gesetzesgehorsam gerettet: Wer die Gebote Gottes hält, kommt in den Himmel. Wer sie aber nicht hält, der wird bestraft und kommt in die Hölle. Das führt natürlich dazu, dass die Gottesbeziehung durch Angst und frommen Leistungsdruck geprägt ist anstatt durch Glauben, Liebe und Gnade. Diesem falschen Bild von Gott und diesem Wunsch nach menschlicher Selbsterlösung stellt Paulus daher die zentrale Botschaft des Evangeliums entgegen:

> „So halten wir nun dafür, dass der Mensch gerecht wird ohne des Gesetzes Werke, allein durch den Glauben."[3]

Für Christen, die dieses Bild vom Judentum haben, ist das Evangelium das genaue Gegenteil von allem, was das Judentum ausmacht: Gnade statt Gesetz, Glaube statt Leistung, Liebe statt Gehorsam. Paulus, so gedeutet, musste sich letztlich nicht nur von einer falschen Religion, sondern von einem falschen Gottesbild, von einem falschen Verständnis der Erlösung und von einem falschen frommen Leistungsdenken lösen. Das Judentum, so verstanden, wird für viele Christen zudem auch zum Spiegelbild eines falsch gelebten Christentums: Schlechte Erfahrungen, die man selbst mit einem allzu strengen Glauben gemacht hat, werden nun auf „die Juden" oder „die Pharisäer" übertragen. Bei Martin Luther waren das noch die strengen Regeln des Mönchtums oder die Praxis des Ablasshandels. Bei den Erweckungspredigern des 19. Jahrhunderts war es ein „Namenschristentum", das sich auf fromme Werke wie Taufe, Kirchensteuer oder ein ehrbares Leben berief. Bei Rudolf Bultmann, dem wohl bedeutendsten Neutestamentler des 20. Jahrhunderts, war es das menschliche „Rühmen" an sich, eine falsche Selbstsicherheit und Überheblichkeit des modernen Menschen. Für evangelikale

Christen unserer Zeit ist es ein „gesetzlicher Glaube", der sich durch fromme Leistungen wie Bibellesen, Gebet oder eine regelmäßige „Stille Zeit" den Himmel verdienen will. Immer aber stehen „die Juden" oder „die Pharisäer" in Predigten als Sinnbilder für einen solchen selbstbezogenen und werkgerechten Glauben.

Nach dieser Sicht hätte auch Paulus, der Pharisäer und Zelot, so sehr unter seinem jüdischen Glauben gelitten, dass er seine Begegnung mit Jesus als eine willkommene Erlösung aus dem drückenden System der jüdischen Werkgerechtigkeit empfand. Weiter oben hatten wir schon gesehen, wie Schalom ben Chorin in seinem Paulusbuch das „Damaskus-Erlebnis" aus diesem vermeintlichen „Leiden am Gesetz" heraus erklärt. Er fährt später fort:

> „Paulus spürte die Dämonie des Gesetzes, die darin besteht, dass es uns, gerade wenn wir das Gesetz erfüllen wollen, unser ganzes Ungenügen tagtäglich vor Augen führt. Je tiefer wir in das Gesetz eindringen, desto tiefer, so erkennt Paulus, werden wir in Sünde verstrickt. Ohne Gesetz keine Sünde. Sünde ist Verstoß gegen das Gesetz. Je minuziöser ich das Gesetz erforsche und erfülle, desto klarer muss es mir werden, dass der göttliche Anspruch eine Überforderung der menschlichen Natur ist. [...] Die Erlösung aber wird vom Erlöser gebracht, vom Messias, vom Christus. Dieser erscheint dem am Gesetz leidenden, um das Gesetz ringenden Paulus, der sein Ungenügen durch Fanatismus kompensieren will, vor Damaskus."[4]

Die entscheidende Erkenntnis bei der Bekehrung des Paulus war deshalb, nach dieser Sicht, das, was Martin Luther in seinem berühmten „Turmerlebnis" im Jahr 1515 beim Lesen des Römerbriefs entdeckte und was daraufhin nicht nur zum Zentrum seiner reformatorischen Lehre, sondern zur zentralen Überzeugung des evangelischen Christentums überhaupt geworden ist: Die Einsicht, dass wir „allein aus Gnade" gerettet sind und nicht durch fromme Werke. Glaubensgerechtigkeit statt Werkgerechtigkeit. Geschenk statt Leistung. Liebe statt Angst. Das war die Wende im Leben des Paulus. Theologisch ausgedrückt: Es ist die Lehre von der Rechtfertigung allein aus Gnade und allein durch Glauben, die im Zentrum des neuen Glaubens steht, und die ihn auch vom alten Glauben des Judentums unterscheidet: Dort eine Gesetzesreligion, hier eine Gnadenreligion. Dort ein strafender Gott, hier ein liebender. Dort Gesetz, hier Freiheit.

Die Anfänge der „neuen Perspektive"

Kritik und Zweifel an dieser sehr einseitigen Sicht des Judentums, aber auch an dieser Deutung des paulinischen Evangeliums, gab es immer schon. Sie wurde aber lauter, als viele Christen, und auch ganze Kirchen, ihr Verhältnis zum Judentum nach der Katastrophe der Schoah neu überdachten.[5] So stellte einer der Vordenker des jüdisch-christlichen Dialogs, der schwedische Theologe Krister Stendahl, in einem viel beachteten Aufsatz aus dem Jahr 1960 die Frage, ob wir in der Nachfolge Luthers Paulus nicht viel zu westlich-individualistisch gedeutet haben:[6] Geht es im Evangelium wirklich nur um die Frage, wie ich persönlich mit der Belastung meines frommen Leistungsdrucks und meiner Schuldgefühle fertigwerde? Mit anderen Worten: Ist Luthers Frage „Wie bekomme ich einen gnädigen Gott?" wirklich die Frage, die Paulus, den Juden, umtrieb?

Wir haben uns im vorangehenden Kapitel die Aussagen des Paulus über seine jüdische Vergangenheit ausführlich angesehen: Da ist eigentlich keine Spur von „Leiden am Gesetz" zu erkennen, im Gegenteil. Paulus ist stolz darauf, im Blick auf das Gesetz „untadelig" gewesen zu sein und im „Judaismus" viele seiner Altersgenossen noch übertroffen zu haben.[7] Christliche Prediger lesen diese beiden Stellen zwar oft so, dass sie einen ironischen oder spöttischen Unterton erhalten. Den haben sie aber, bei unvoreingenommenem

Lesen, gar nicht. Im Zentrum der Bekehrung des Paulus steht nicht sein Konflikt mit dem Gesetz, sondern sein Konflikt mit Jesus und seiner Gemeinde, die er verfolgt. Nicht das Bemühen, gerecht zu sein, sondern die Einsicht, ein Sünder zu sein, treibt Paulus zur Umkehr. Andere Ausleger lesen Röm 7,7-25 als einen autobiografischen Rückblick auf Paulus und seine innere Zerrissenheit. Aber hier redet Paulus nicht von sich persönlich, sondern von der Grunderfahrung jedes Menschen, den eigenen Anforderungen nicht gerecht zu werden. Unterm Strich bleibt die Beobachtung: Paulus beschreibt sein jüdisches Leben vor der Bekehrung nicht wie Luther als ein quälendes Ringen um einem gnädigen Gott. Den nämlich kannte er schon aus seinem jüdischen Glauben:

Der gnädige Gott – eine christliche Erfindung?

Schon 1970 hatte Schalom ben Chorin seine eben zitierten Worte vom Leiden des Paulus unter der „Dämonie des Gesetzes“ durch den Kommentar ergänzt, Paulus habe nur deshalb so über das Gesetz denken können, weil er weder das „offizielle Judentum der Pharisäer“ noch das „hellenistische Diaspora-Judentum“ wirklich verstanden habe.[8] Das ist ein harter Vorwurf an jemanden, der sich selbst in seinen Briefen als „vorbildlichen Juden“ beschreibt. Konnte es denn wirklich sein, dass Paulus als Jude die Botschaft von der Gnade nicht kannte? War das Judentum denn eigentlich wirklich eine so „gnadenlose“ Gesetzesreligion, wie es die ältere Forschung darstellte, und wie es bis heute viele Christen glauben?

Blickt man in die Geschichte des Volkes Israel, dann stellt man fest, dass Gott nicht erst im Neuen, sondern schon im Alten Testament durchaus gnädig ist: Aus Gnade erwählt Gott Abraham, noch bevor der irgendetwas für Gott leisten oder irgendwelche Gebote halten konnte (die es damals noch nicht gab). Aus Gnade wird das Volk Israel erwählt, „nicht weil ihr größer wäret als alle Völker, sondern weil er (Gott) euch geliebt hat".[9] Aus Gnade bleibt Gott seinem Volk treu, auch als sie ihn gegen ein goldenes Kalb eintauschen, und er verspricht: „Ich werde mich ihrer Sünde annehmen, wenn meine Zeit kommt."[10] Und so setzt sich die Geschichte der Gnade und Vergebung Gottes durch das ganze Alte Testament hindurch fort. An zentraler Stelle, nämlich bei seiner Begegnung mit Mose am Berg Sinai, stellt sich Gott mit den folgenden Worten vor:

> „Herr, Herr, Gott, barmherzig und gnädig und geduldig und von großer Gnade und Treue, der da Tausenden Gnade bewahrt und vergibt Missetat, Übertretung und Sünde."[11]

Und ganz ähnlich wird das in Psalm 103 noch einmal wiederholt:

> „Barmherzig und gnädig ist der Herr, geduldig und von großer Güte. Er wird nicht für immer hadern noch ewig zornig bleiben. Er handelt nicht mit uns nach unsern Sünden und vergilt uns nicht nach unsrer Missetat. Denn so hoch der Himmel über der Erde ist, lässt er seine Gnade walten über denen, die ihn fürchten. So fern der Morgen ist vom Abend, lässt er unsre Übertretungen von uns sein. Wie sich ein Vater über Kinder erbarmt, so erbarmt sich der HERR über die, die ihn fürchten."[12]

Natürlich gibt es nicht nur die Gnade Gottes, sondern auch den Zorn Gottes und das Gericht Gottes. Aber beides gehört für die Bibel eng zusammen. Die klassische, bei vielen Christen verbreitete Aufteilung von einem „strafenden Gott" im Alten Testament und einem „gnädigen Gott" im Neuen Testament funktioniert nicht: Denn in beiden Testamenten wird Gott einerseits als barmherzig und gnädig, andererseits als zornig und strafend beschrieben. Die jüdischen Rabbinen erklären diese Tatsache mit der Rede von den unterschiedlichen „Charakterzügen Gottes": Da gibt es einmal das

Maß des Rechtes (*middat ha-din*) und zum anderen das Maß der Barmherzigkeit (*middat ha-rachamim*). Schon bei der Schöpfung der Welt achtete Gott darauf, dass beides in der Welt im richtigen Maß vorhanden ist:

> „Ein Gleichnis von einem König, der zwei leere Gläser hatte: Er sagte sich: Wenn ich heißes Wasser hineingieße, werden die Gläser zerspringen. Wenn ich kaltes Wasser hineingieße, werden sie auch platzen. Was also tat er? Er mischte heißes und kaltes Wasser und goss es hinein. So überstanden es die Gläser. Ebenso sagte der Heilige, gepriesen sei er: Wenn ich die Welt nur nach dem Maß der Barmherzigkeit erschaffe, dann wird die Sünde überhandnehmen. Wenn ich sie nur nach dem Maß des Rechts erschaffe, wie kann sie dann bestehen? Siehe, ich werde sie nach dem Maß der Barmherzigkeit und dem Maß des Rechts erschaffen, dann wird sie bestehen können!"[13]

Zentraler Ausdruck der Gnade und Barmherzigkeit Gottes ist in der jüdischen Bibel der zuvor schon erwähnte jährliche Versöhnungstag (*Jom Ha-kippurim*), an dem Gott die Schuld seines Volkes sühnt. Die Bestimmungen zum Versöhnungstag (3. Mose 16) stehen vermutlich nicht ohne Grund genau in der Mitte der Tora. Und im jüdischen Jahreskalender gilt der Tag als der gewichtigste: Am Passahfest (*pesach*) im Frühjahr erinnert man sich an die Befreiung aus Ägypten, am Pfingstfest (*schawuot*) an die Gabe des Gesetzes, am Neujahrsfest (*rosch ha-schanah*) im Herbst des Jahres, und an den zehn Tagen danach, tut man Buße (*tschuwah*) für die Sünden des vergangenen Jahres, und am Versöhnungstag erfährt man dann die Gnade und Vergebung Gottes. Das war schon zur Zeit des Paulus ein Jahresrhythmus, der das Neben- und Miteinander von Gesetz und Gnade, Schuld und Vergebung, Befreiung und Gehorsam im Leben jedes Juden fest verankerte.

Wir werden später noch sehen, wie sehr das Evangelium des Paulus in diesem jüdischen Grundrhythmus verwurzelt ist. Nun aber zunächst zurück zur „Neuen Paulusperspektive“:

Bund statt Gesetz: Eine neue Sicht des Judentums

Es war der Oxforder Neutestamentler Ed Parish Sanders, der das vorherrschende Bild des Judentums als einer „Gesetzesreligion“ ganz grundsätzlich infrage stellte: In seinem Buch „Paulus und das palästinische Judentum“[14] entwarf er ein völlig neues Bild: Wie bereits erwähnt, hielt er die Pharisäer, die den Gesetzesgehorsam so sehr betonten, für eine unbedeutende Randgruppe, und die späteren Schriften der Rabbinen für nicht repräsentativ. In Wirklichkeit nämlich habe es zur Zeit des Paulus eine Art „Mainstream-Judentum“ oder „Volksjudentum“ (*Common Judaism*) gegeben, das man mit unserem heutigen Volkskirchentum vergleichen könnte. Dabei standen vor allem die Zugehörigkeit zum Volk Israel und die regelmäßigen Feste im Mittelpunkt des religiösen Alltagslebens, aber nicht die strenge Einhaltung des Gesetzes. Die wichtigste Grundüberzeugung des Judentums sei eine Verbindung von Bund und Gesetz, die Sanders „Bundesgesetzlichkeit“ oder „Bundesnomismus“ (*covenant nomism*) nannte. Sie besagte: Der Bund Gottes mit seinem Volk geht der Forderung des Gesetzesgehorsams voraus. Erst kommt Abraham, dann Mose. Erst die Gnade, dann das Gesetz. Deshalb sei das Judentum eben keine „Gesetzesreligion“, sondern, wie das Christentum, eine „Gnadenreligion“. Denn Gott hat seinen Bund mit Israel aus Gnade geschlossen, und die Aufnahme in den Bund geschieht aus reiner Gnade, wie in der Beschneidung der Kinder deutlich wird. Der Gesetzesgehorsam ist lediglich die Antwort des Menschen, der schon „aus Gnade gerettet“ ist. Mit anderen Worten: Nicht, um in den Bund *hineinzukommen* oder um *gerettet zu werden* („*getting in*“) halte ich mich an Gottes Gebote. Sondern weil ich zum Bund gehöre und um zu zeigen, dass ich dabeibleibe („*stay-*

ing in"). Die Gesetze sind daher nicht wie die Eintrittskarte beim Fußballspiel, sondern eher wie der Fan-Schal: ein Identitätsmerkmal („*identity marker*") für die Zugehörigkeit zu einer Gruppe. Dass ich den Sabbat halte oder koscher esse, soll mich nicht bei Gott beliebt machen – denn das bin ich schon. Es soll aber den Menschen um mich herum zeigen, dass ich Gott liebe und er mich. Denn sie könnten es ja sonst nicht erkennen. Diese neue Sicht des Judentums und des Gesetzes prägte nun auch das Paulusbild von Sanders völlig neu: Denn wie schon vor ihm Schalom ben Chorin, ging Sanders davon aus, dass Paulus das Judentum seiner Zeit völlig missverstanden habe und deshalb in seinen Briefen verzerrt darstelle: Paulus kämpfe gegen das Zerrbild eines „werkgerechten" Judentums, das er aber letztlich selbst erfunden habe.

Hat Paulus das Judentum wirklich missverstanden?

Es blieb jedoch nicht bei dem Urteil von Sanders: Sein Kollege James D. G. Dunn ging noch einen Schritt weiter. Dunn war auch der Erste, der 1982 ausdrücklich von einer „neuen Paulusperspektive" sprach: Seiner Meinung nach habe nämlich nicht Paulus das Judentum falsch verstanden, sondern vielmehr habe Sanders Paulus falsch verstanden. Und nicht nur er, sondern fast alle Paulusausleger bis zurück zu Martin Luther. Im Mittelpunkt der Botschaft des Paulus stehe nämlich gar nicht die „Rechtfertigung allein aus Gnade", und deshalb gehe es Paulus auch gar nicht um eine Abgrenzung von einem „werkgerechten Judentum". Weder habe Paulus als Jude unter den Forderungen des Gesetzes gelitten noch habe ihn ein schlechtes Gewissen geplagt, weil die Forderungen nicht zu halten waren. Vielmehr habe auch Paulus selbst vor seiner Bekehrung nach dem Prinzip des „Bundesnomismus" gelebt: Ich bin erwählt aus Gnade, und das Halten des Gesetzes ist für mich ein dankbarer und stolzer Ausdruck meiner Zugehörigkeit zu Gottes Volk.

Genau dieses Prinzip wurde nun aber durch seine Begegnung mit Jesus infrage gestellt. Denn nun, da Jesus als der jüdische Messias gestorben und auferstanden ist, sind alle Menschen eingeladen in die Bundesbeziehung zu Gott. Die alten Identitätsmerkmale, vor allem das Gesetz, haben damit ihre Bedeutung verloren. Mit seinem berühmten Satz über den Gegensatz zwischen Werken und Glauben kritisiere Paulus daher nicht eine jüdische Werkgerechtigkeit, sondern die Funktion der Werke als Kennzeichen der Erwählung:

> „So halten wir nun dafür, dass der Mensch gerecht wird ohne des Gesetzes Werke, allein durch den Glauben."[15]

Paulus kritisiere hier weder das Gesetz als solches noch die Idee, dass man sich daran hält. Was er kritisiere, sei vielmehr das von Sanders herausgearbeitete System der „Identitätsmerkmale": Die von Paulus so oft erwähnten „Werke des Gesetzes" seien nämlich nicht einfach irgendwelche guten Werke oder fromme Taten, mit denen man sich eine Werkgerechtigkeit verdienen wolle. Gemeint seien vielmehr ganz spezielle Werke, nämlich solche, die als Identitätsmerkmale für die Zugehörigkeit zum Gottesvolk dienen. Also solche Gesetzesvorschriften, die einen Juden als Juden erkennbar machen, wie etwa die Beschneidung, Speisegebote, Reinheitsgebote oder der Sabbat. Unterstützt wurde diese Deutung Ende der 80er-Jahre durch einen bis dahin noch unbekannt gebliebenen Schriftfund aus den Höhlen von Qumran: Es handelte sich um einen Brief des sogenannten „Lehrers der Gerechtigkeit", des Gründers der Qumran-Siedlung, aus dem 2. Jahrhundert vor Christus. In diesem fällt zum ersten Mal, in der uns bekannten jüdischen Literatur, der Begriff „Werke des Gesetzes" (*maaseh ha-torah*). Es handelt sich dabei um spezielle Toravorschriften, durch die sich die Gemeinschaft von Qumran von den Juden in Jerusalem unterschied.[16]

Dunn war deshalb überzeugt: Wenn Paulus von „Rechtfertigung aus Gnade" oder von „Rechtfertigung aus Werken" sprach, dann ging es ihm gar nicht um die Frage, wie ein Sünder einen gnädigen Gott bekommt oder wie ein Mensch gerettet wird. Sondern es ging um die Frage: „Wer gehört eigentlich zum Gottesvolk?" Denn das war ja – nach dieser neuen Sicht des Judentums – bisher an den „Werken des Gesetzes" klar zu erkennen, den Identitätsmarkierungen des Judentums.

Hier aber geschieht nun der eigentliche Bruch des Paulus mit dem Judentum: Denn Paulus war durch seine Begegnung mit Jesus davon überzeugt, dass jetzt, durch Jesus, nicht nur die an ihren „Gesetzeswerken" erkennbaren Juden, sondern auch Nichtjuden zum Gottesvolk gehören konnten. Für diese war daher die Rechtfertigungslehre eigentlich gedacht. Diese Lehre, die für die Paulusauslegung seit Martin Luther der zentrale Inhalt des Evangeliums war, war für Dunn also eher ein spätes „Nebenprodukt"[17] des Evangeliums: Sie wurde erst in der Missionssituation wichtig, wenn sich die Frage stellte, ob auch Nichtjuden zur Gemeinde gehören dürfen: Hier sollten die alten Identitätsmerkmale keine Rolle mehr spielen. Den Nichtjuden sollte vielmehr, wie den Juden, „Rechtfertigung" zugesprochen werden, also Zugehörigkeit zum Gottesvolk. Aber ohne dass sie die jüdischen Erkennungszeichen übernahmen. Im Zentrum des paulinischen Evangeliums stand jetzt also nicht mehr, wie in der traditionellen Paulusauslegung, die Frage nach der Errettung des Sünders, sondern die Frage nach der Inklusion der Nichtjuden und nach der Partizipation am Reich Gottes. Die Kernbotschaft des Evangeliums verschob sich daher sozusagen von der Vertikale in die Horizontale: Nicht um die *Beziehung zu Gott* ging es Paulus in erster Linie, sondern um die *Beziehung zu den Mitmenschen*. Vor allem zu denen, die nicht zur eigenen Gruppe gehören.

N. T. Wright, ein weiterer wichtiger Vertreter der „neuen Perspektive", hat Dunn und Sanders an diesem Punkt widersprochen: Zwar teilt er ihre Kritik an einem zu individualistischen Verständnis des paulinischen Evangeliums. Dennoch sei die Rechtfertigungslehre des Paulus mehr als nur ein „Nebenprodukt". Zwar möchte auch er sie nicht im Zentrum der paulinischen Theologie sehen: Dort nämlich seien bereits Jesus und das Evangelium von seiner Königsherrschaft, dem Reich Gottes, angesiedelt.

> „Das bedeutet jedoch nicht, dass Rechtfertigung zu einer zweitrangigen – geschweige denn unwesentlichen – Angelegenheit würde. (...) Es sieht vielmehr so aus: Wenn wir genau verstehen, was Paulus unter Rechtfertigung verstand, werden wir sehen, dass sie ein organischer und integraler Bestandteil des ‚Evangeliums' des Paulus ist. Sie kann nicht abgetrennt werden, ohne Paulus einen Teil seines Herzens auszureißen."[18]

Dennoch steht auch für Wright, wie für Sanders und Dunn, die Botschaft von der Zugehörigkeit zum Gottesvolk bei der Rechtfertigung im Vordergrund. Und „Identitätsmarker" der jüdischen Religion haben in der christlichen Gemeinde keinen Platz mehr, weil sie ein Zeichen der Abgrenzung sind.[19]

Eine ausgrenzende Religion?

Mit der „neuen Paulusperspektive" hat sich also nicht nur die Sicht des Judentums verschoben, sondern auch die christliche Kritik am Judentum. Hatte man früher die jüdische „Werkgerechtigkeit" einer christlichen „Glaubensgerechtigkeit" entgegengestellt, die „Gesetzesreligion" einer „Gnadenreligion", so verschob sich nun der Kritikpunkt: Das Judentum stand nun zwar nicht mehr als eine Religion der Werkgerechtigkeit da, dafür aber als eine Religion der Exklusivität und der nationalen Überheblichkeit: Denn die „Identitätsmarkierungen“ (*identity markers*) des Judentums waren ja zugleich „Grenzmarkierungen“ (*boundary markers*), die andere ausgrenzten und von der Gemeinschaft ausschlossen. Das Christentum dagegen erschien nun als eine Religion der Inklusivität, in der solche Grenzmarkierungen aufgehoben sind: globales Denken statt nationaler Identitäten. Universalismus statt Exklusivität. Überwindung von Grenzen statt Abgrenzung. Das Leitmotiv dieser neuen Sicht des Paulus fand man vor allem in solchen Sätzen, in denen er die Aufhebung aller Unterschiede zu behaupten schien:

> „Hier ist nicht Jude noch Grieche, hier ist nicht Sklave noch Freier, hier ist nicht Mann noch Frau; denn ihr seid allesamt einer in Christus Jesus.“[20]

> „Denn in Christus Jesus gilt weder Beschneidung noch Unbeschnittensein etwas, sondern eine neue Kreatur.“[21]

Diese neue Schwerpunktsetzung fiel natürlich in den frühen 80er-Jahren auf viele offene Ohren und Herzen: Themen wie Partizipation und Inklusion lagen ebenso in der gesellschaftlichen Luft wie Rassismus, Geschlechtergerechtigkeit und Kritik an westlicher Überheblichkeit und Imperialismus. Diese gesellschaftlichen Feindbilder und Herausforderungen schienen wesentlich realer als die alte Frage nach dem „gnädigen Gott“ oder einer frommen „Werkgerechtigkeit“. Das Evangelium schien plötzlich neue Aktualität zu erhalten für Fragen des menschlichen Zusammenlebens, selbst da, wo der Glaube keine große Rolle mehr spielte. Und innerhalb der christlichen Gemeinde sah man sich herausgefordert, eigene „Grenzmarkierungen“ infrage zu stellen, sei es in Fragen der Gottesdienstgestaltung oder auch in Fragen der Ethik.

Licht- und Schattenseiten der „neuen Perspektive"

Die „neue Paulusperspektive" ist heute längst nicht mehr so neu wie vor 30 Jahren. Aber sie ist aus der Paulusforschung nicht mehr wegzudenken. Viele bahnbrechende Einsichten dieser Forschungsrichtung gehören heute zum wissenschaftlichen Standard und werden auch von niemandem bestritten. Dazu gehört vor allem die Einsicht, dass Paulus nicht als ein Gegner des Judentums, sondern, bei aller Kritik am Judentum, als ein Jude aus dem Judentum heraus verstanden werden muss. Wie schon erwähnt, wurden pietistische Bibelforscher wie Adolf Schlatter für diese Meinung zwei Generationen zuvor noch müde belächelt. Heute jedoch ist sie in jedem Lehrbuch zu lesen. Zu den Verdiensten der neuen Paulusperspektive gehört es aber auch, ein neues und differenzierteres Bild der jüdischen Umwelt von Paulus gezeichnet zu haben:

Das alte Klischee vom „gesetzlichen" und „werkgerechten" Judentum ist heute weithin überwunden, auch wenn sich nicht alle dem von Sanders vorgeschlagenen neuen Bild angeschlossen haben. Zu Recht ist auch eine falsche individualistische Lesart des Paulus überwunden, in der das Evangelium nur auf die Beziehung zwischen „mir und meinem Gott" reduziert wird: Für Paulus geht es um mehr, es geht um die Herrschaft Jesu in der Welt, die Geschichte Gottes in der Welt, die Rolle der Gemeinde in der Welt und um das Verhältnis zwischen dem Volk Israel und dem Rest der Welt. Und es ist auch deutlich geworden, dass Paulus mit seiner Kritik an „Werken des Gesetzes" weder gegen das Gesetz an sich noch gegen gute Werke als solche etwas sagt. Sondern dass er mit dieser Formulierung ganz spezifische Vorschriften der Tora und deren Bedeutung für Christen im Blick hat. Das alles sind wichtige Einsichten, die von kaum jemandem bestritten werden. Dennoch gab es auch von vielen Seiten Anfragen an die „neue Perspektive". Die wichtigsten davon lassen sich wie folgt zusammenfassen:

- Gab es den jüdischen „Bundesnomismus" wirklich?
- Ist die „Rechtfertigungslehre" des Paulus wirklich nur ein „Nebenprodukt"?
- Ist das Judentum wirklich eine ausgrenzende Religion?
- Hat Paulus wirklich die „Auflösung aller Grenzen" vertreten?

Gab es den jüdischen „Bundesnomismus" wirklich?

Ohne Zweifel hat die „neue Perspektive" dazu beigetragen, ein allzu einseitiges Bild des „gesetzlichen" Judentums, das bis heute bei vielen Bibellesern verbreitet ist, zu korrigieren. Dennoch hat der weitere Verlauf der Forschung gezeigt, dass das Gegenbild, das Sanders entwarf, nun seinerseits wieder ebenso einseitig war: Seine Behauptung etwa, dass die Pharisäer zur Zeit des Paulus nur eine unbedeutende und radikale Randgruppe waren, und dass Gesetzesgehorsam eigentlich für die meisten Juden keine Rolle spielte, ist, wie wir bereits gesehen haben, inzwischen durch intensive Forschungsarbeiten über die Pharisäerbewegung widerlegt worden. Das Gegenteil ist der Fall: Die Pharisäer, und damit die Vertreter eines strengen Gesetzesgehorsams im Alltag, erfreuten sich beim jüdischen Volk großer Beliebtheit und Anerkennung. Außerdem lässt sich auch die Behauptung, dass es im Judentum keine „Gesetzesgerechtigkeit", sondern nur „Erwählung aus Gnade" gab, bei einem unvoreingenommenen Blick in die jüdischen Quellen nicht halten. Das Bild ist vielmehr wesentlich bunter:[22] In der Tat gibt es viele jüdische Texte, die den Vorrang der Gnade vor dem Gesetz betonen. Das wurde weiter oben, beim Thema der Beschneidung, schon deutlich.[23] In einem jüdischen Gleichnis wird etwa darauf hingewiesen, dass Gott sein Volk zuerst aus Ägypten befreit und ihm dann erst die Gebote gegeben hat. Auch hier kommt also die Gnade vor dem Gesetz:

> „Weshalb wurden die Zehn Gebote nicht zu Beginn der Tora ausgesprochen? Nimm dafür ein Gleichnis. Wem ähnelt die Sache? Einem, der in eine Stadt kam und zu den Bürgern sagte: Ich will König über euch sein! Sie sagten zu ihm: Hast du uns denn etwas Gutes getan, dass du König über uns sein willst? Was tat er also? Er baute ihnen die Stadtmauer, leitete ihnen das Wasser zu und führte für sie Kriege. Dann kam er wieder und sagte zu ihnen: Ich will König über euch sein! Sie aber antworteten: Ja, aber ja! Ebenso führte auch Gott Israel aus Ägypten, zerteilte ihnen das Meer, ließ das Manna für sie herabkommen, den Brunnen für sie aufsteigen, die Wachteln für sie herbeifliegen und führte für sie den Krieg mit Amalek. Dann sagte er zu ihnen: Ich will König über euch sein! Sie aber sagten zu ihm: Ja, aber ja!“[24]

Viele jüdische Texte warnen, ebenso wie Paulus, vor der Gefahr einer Werkgerechtigkeit. Der Mensch soll die Gebote nicht halten, um sich damit die Gnade Gottes oder das ewige Leben zu verdienen, sondern aus Liebe zu Gott:

> „Vielleicht sagst du: Ich lerne darum Tora, weil ich reich werden will. Oder weil ich Rabbi genannt werde. Oder weil ich Lohn in der kommenden Welt dafür erhalte. Die Schrift lehrt aber: Du sollst den Herrn, deinen Gott, lieben! (Dtn 6,5). Daher sollt ihr alles, was ihr tut, aus Liebe zu Gott tun!“[25]

> „Die Schrift sagt: Du sollst den Herrn, deinen Gott, lieben (Dtn 6,5). Du sollst also aus Liebe handeln! Die Schrift unterscheidet den, der aus Liebe handelt, von dem, der aus Furcht handelt. Wer aus Liebe handelt, dessen Lohn ist zweifach und gedoppelt! Stelle dir einen Menschen vor, der sich vor seinem Mitmenschen fürchtet: Wenn dieser ihn bedrängt, lässt er ihn

stehen und geht. Du aber handle aus Liebe, denn Liebe anstelle von Furcht hast du nur im Verhältnis zu Gott!"[26]

„Antigonos von Socho lernte bei Schimon dem Gerechten. Er sagte: Seid nicht wie Diener, die ihrem Herrn mit der Absicht dienen, Lohn zu empfangen. Sondern seid wie Diener, die ihrem Herrn mit der Absicht dienen, keinen Lohn zu empfangen. Tut alles aus Ehrfurcht vor dem Himmlischen!"[27]

„Rabbi Zadok sagte: Mache die Worte der Tora nicht zu deiner Krone, um dich mit ihnen zu rühmen, und auch nicht zu deinem Spaten, um dich von ihnen zu nähren! Denn schon Rabbi Hillel sagte: Wer sich eine Krone aufsetzt, hat seinen Lohn dahin. Und wer aus den Worten der Tora für sich selbst einen Nutzen zieht, der hat sein Leben aus der Welt genommen."[28]

Gleichzeitig aber finden sich auch viele solche Texte, aus denen deutlich wird, dass Gesetzesgehorsam in der Tat mit dem ewigen Leben belohnt wird:

„Mose sagte zu den Israeliten: Wenn ihr diese Gebote auf euch nehmt, dann empfangt ihr Lohn. Und wenn nicht, dann empfangt ihr Strafgericht!"[29]

„Was sagte David, als er Tora gelernt und sich an sie gewöhnt hatte? ‚Die Tora deines Mundes ist mir tausendmal lieber als Gold und Silber (Ps 119,72). Denn Gold und Silber bringen den Menschen aus dieser Welt und aus der kommenden Welt heraus. Aber die Tora führt den Menschen zum Leben in dieser Welt und zum Leben in der kommenden Welt."[30]

> „Du hast in der Tora kein leeres Wort: Kein Wort, mit dem nicht, wenn du es erforschst, Lohn in dieser Welt einherginge, und auch ein Schatz für die kommende Welt erhalten bleibt. [Wer die Gebote hält], der genießt ihre Früchte in dieser Welt und sie bereiten ihm lange Tage in der kommenden Welt.“[31]

In manchen rabbinischen Texten wird einerseits ganz deutlich gesagt, dass der Mensch im göttlichen Gericht nur aus reiner Gnade freigesprochen wird:

> „Es gibt kein Geschöpf, das nicht verschuldet wäre bei Gott. Aber weil er barmherzig und gnädig ist, vergibt er alle Schulden, wie geschrieben steht: „Gedenke nicht der Sünden unserer Väter“ (Ps 79,8). Ein Gleichnis von einem, der vom Geldverleiher borgte und es vergaß. Nach einiger Zeit kam er und stellte sich vor ihn. Er sagte ihm: Ich weiß, dass ich dir etwas schulde. Der antwortete ihm: Warum erinnerst du mich an die vergangene Schuld? Ich habe sie schon längst aus meinem Herzen gestrichen! So ist auch der Herr der Welt: Die Geschöpfe sündigen vor ihm, und obwohl er sieht, dass sie nicht Buße tun, vergibt er ihnen ihre Sünden. Und wenn sie dann kommen, ihn an die vergangene Schuld zu erinnern, dann sagt er ihnen: Gedenkt nicht an das Frühere!“[32]

Und in anderen Texten wird ebenso deutlich gesagt, dass jeder Mensch im Gericht nach seinen Werken beurteilt wird:

> „Rabbi Kruspedai sagte im Namen von Rabbi Johanan (ca. 250 n. Chr.): Drei Bücher werden am Neujahrsfeste aufgeschlagen: eines für die völlig Gottlosen, eines für die völlig Frommen und eines für die Mittelmäßigen. Die völlig Frommen werden sofort zum Leben aufgeschrieben und besiegelt, die völlig Gottlosen werden sofort zum Tode aufgeschrieben

> und besiegelt, und die Mittelmäßigen bleiben vom Neujahrstag bis zum Versöhnungstag in der Schwebe; haben sie sich verdient gemacht, so werden sie zum Leben aufgeschrieben, haben sie sich nicht verdient gemacht, so werden sie zum Tode aufgeschrieben."[33]

Beides kann sogar in einem einzigen Satz direkt nebeneinanderstehen:

> „Rabbi Akiba sagte: Die Welt wird aufgrund von Gnade gerichtet, aber alles wird aufgrund der Mehrheit der Guten Werke beurteilt."[34]

Es ist also schwer, aus der Menge solcher Texte ein einheitliches „Glaubenssystem" des Judentums herauszulesen. Weder hat die ältere Forschung recht, die dem Judentum ein „sklavisches Lohndenken" und eine „Werkgerechtigkeit" unterstellte. Noch hat Sanders recht, der solches Lohndenken völlig bestritt. Scheinbar unterschieden sich hier die jüdischen Lehrer in den Schwerpunkten, die sie setzten. Und wenn wir als Christen ehrlich sind, müssen wir auch zugeben: Das Neue Testament ist ähnlich vielseitig in seinen Aussagen. Uns sind natürlich vor allem diejenigen Aussagen vertraut, die den Vorrang der Gnade vor den Werken betonen.[35] Aber wir müssen ehrlich zugeben, dass es auch einige Texte im Neuen Testament gibt, die davon reden, dass wir nach unseren Werken gerichtet werden[36] oder dass wir für unsere Werke einen Lohn im Himmel erhalten.[37] Einmal ganz abgesehen davon, dass entsprechende Texte aus dem Alten Testament, auf die sich auch die jüdische Tradition beruft, im Neuen nirgendwo für ungültig oder falsch erklärt werden.

An dieser Stelle sind sich also die jüdische Tradition und das Neue Testament weithin einig: Anspruch und Zuspruch, Forderung und Geschenk, Verdienst und Gnade, Glaube und Werke, all das gehört auf eine verborgene Weise zusammen und lässt sich nicht voneinander trennen. Man kann es nicht gegeneinander aufrechnen, aber auch nicht voneinander lösen: So betont Paulus den Glauben, der sich zwar in Werken zeigt,[38] aber doch unabhängig von den Werken gerecht macht.[39] Jakobus weist darauf hin, dass Glaube nie ohne Werke existieren kann. Und dass ein Glaube, der keine Werke hervorbringt, in Wirklichkeit kein Glaube ist.[40] Was auf den ersten Blick klingt wie ein Gegensatz, bildet in Wirklichkeit ein schlüssiges Gesamtbild. Ebenso können die rabbinischen Lehrer in einem sehr bekannten Text[41] den gesamten jüdischen Gesetzesgehorsam ausgerechnet in dem einen Satz zusammenfassen, der vom Glauben redet und den auch Paulus mehrfach zitiert:

> „Der Gerechte wird aus Glauben leben."[42]

Das Gesetz ist also im Judentum zur Zeit des Paulus bei Weitem nicht nur ein reines „Erkennungsmerkmal" für die schon aus Gnade Erwählten. Es ist eben *auch* ein Weg zum Leben und zur Errettung. Und eine Forderung, die es zu erfüllen gilt. Was in der Darstellung von Sanders zu sehr in den Hintergrund tritt, ist die feste Erwartung eines göttlichen Gerichts, das sowohl das Denken des Paulus als auch das Denken seiner jüdischen Zeitgenossen nachdrücklich prägt. Es ist ein Gericht, das Juden wie Nichtjuden gleichermaßen trifft, Fromme wie Nichtfromme. Es ist ein Gericht, in dem der Mensch nach seinen Werken beurteilt wird. Das alles hebelt aber die Gnade Gottes nicht aus, sondern ist mit ihr auf verborgene Weise verwoben: Denn es war seine Gnade, die dem Gesetz vorausging. Und es ist seine Gnade, die uns im Gericht freispricht. In dieser Hinsicht sind sich Paulus und das Judentum also gar nicht so unähnlich.

Ist die Rechtfertigungslehre nur ein Nebenprodukt?

Der Ausblick auf das göttliche Gericht am Ende der Tage, der bei Jesus und Paulus eine wichtige Rolle spielt, nimmt in der rabbinischen Literatur keinen sehr breiten Raum ein. Wir werden gleich noch sehen, warum. Dennoch sind Jesus und Paulus an dieser Stelle nicht „unjüdisch“: Denn andere Strömungen des Judentums haben sich mit diesem Thema sehr ausführlich beschäftigt. Schon das Buch Daniel gibt, insbesondere in seinem berühmten 7. Kapitel, einen prophetischen Ausblick auf das Letzte Gericht, der viele spätere Schriften des Judentums nachhaltig geprägt hat. Man spricht hier von der „apokalyptischen Literatur“, die hauptsächlich in griechischer Sprache erhalten ist. Aber auch die Schriftfunde vom Toten Meer haben gezeigt, dass dieses Thema im Judentum durchaus an prominenter Stelle auf der Tagesordnung stand. In ihrer Sprache und ihren Bildern stehen Jesus und Paulus an dieser Stelle diesen jüdischen Strömungen näher als das rabbinische Judentum. Das heißt aber, dass die Frage „Rechtfertigung des Sünders“ für das Judentum des ersten Jahrhunderts alles andere ist als nur ein „Nebenthema“. Und auch für Paulus ist es das nicht. Erst recht wird es nicht erst da ein Thema, wo es um die Missionierung von Nichtjuden geht. Es ist ein zentrales Thema für den jüdischen Glauben.[43]

Allerdings erscheint das Thema des Gerichts bei den Rabbinen –und auch im heutigen Judentum – an anderer Stelle und in anderer Gestalt: Es wird nämlich vom Ende der Tage mitten hinein in den heutigen Alltag geholt. Die Frage „Wie beurteilt Gott mein Leben?“ soll nicht auf irgendeinen Sankt-Nimmerleins-Tag verschoben werden, sondern man soll sie sich jetzt, hier und heute, stellen. Nach dem jüdischen Kalender hält Gott deshalb in jedem Jahr im Herbst am Neujahrstag (*rosch ha-schanah*) Gericht über die Menschen. Ganz oft wird dieser Tag in den Gleichnissen der Rabbinen mit dem Bild eines Königs beschrieben, der zu seinen Untertanen kommt, um mit ihnen die Schulden abzurechnen.[44] Ein Bild, das auch in den Gleichnissen Jesu immer wieder auftaucht. Das Neujahrsfest wird in der Bibel außerdem auch als „Fest des Posaunenschalls" bezeichnet,[45] und das öffentliche Blasen des *schofars* signalisiert an diesem Tag bis heute die bevorstehende Ankunft des Königs. Das wiederum ist ein Bild, das in den Briefen des Paulus für die bevorstehende Ankunft Jesu zum Gericht verwendet wird.[46]

Auch der weiter oben zitierte Ausspruch von Rabbi Kruspedai über die drei Bücher, die im Himmel aufgetan werden, gehört hierher.[47] Und nun kann sich jeder fragen: In welchem Buch wird wohl mein Name an diesem Tag stehen? Gehöre ich zu den „völlig Gerechten", den „vollkommen Bösen" oder zu denen dazwischen, die noch einmal eine Chance bekommen, ihr Leben zu ändern und zu Gott zurückzukehren? Paulus ist hier ebenso realistisch wie die meisten Juden (und Christen), die ich kennengelernt habe:

> „‚Da ist keiner, der gerecht ist, auch nicht einer.' (...) Sie sind allesamt Sünder und ermangeln des Ruhmes, den sie bei Gott haben sollten."[48]

Aber die Geschichte endet nicht an dieser Stelle: Denn, wie bereits gesehen, gibt es die Möglichkeit zur Umkehr und das Angebot der Vergebung: Im jüdischen Kalender sind das die zehn „Tage der Ehrfurcht" (*jamim nora'im*) bis zum großen Versöhnungstag (*jom ha-kippurim*). In dieser Zeit gibt Gott in seinem Herzen der Gnade (*middat ha-rachamim*) den Vorrang vor dem Gericht (*middat ha-din*). Und er wartet und hofft, dass seine Kinder zu ihm umkehren:

> „Der Heilige, gepriesen sei er, sprach zu Israel: [...] Am Neujahrsfest entscheide ich über Leben und Tod. [...] Wenn ihr aber Buße tut vor mir, dann werde ich euch erhören und euch wohlgefällig richten. Die Tore des Himmels stehen offen, und

ich höre auf eure Gebete, ich halte Ausschau durch die Fenster und spähe durch die Gitter, bis ich dann am Versöhnungstag das endgültige Urteil spreche."[49]

Umkehr, Versöhnung und Rechtfertigung im jüdischen Kalender

Es gibt also eine Zwischenzeit, die Zeit der Langmut und Geduld Gottes, die dem Gericht vorausgeht: Jetzt ist jeder aufgerufen umzukehren, seinem Leben eine neue Richtung zu geben und mit Gebet, Fasten und guten Werken das Leben auf Gott auszurichten. Das (vorläufige) Ende dieser Gnadenzeit bildet dann der Versöhnungstag. Es ist der Tag, an dem in biblischer Zeit der „Sündenbock" geschlachtet wurde und sein Blut über die Abdeckung der Bundeslade im Allerheiligsten des Tempels versprengt wurde: Die Namensbedeutung des Tages *jom ha-kippurim* (wörtlich: „Tag der Bedeckungen") wurde so in einem doppelten Sinne erfüllt: Die Sünden des Volkes wurden durch das Blut des Opfertieres „bedeckt" (*kippur*), und gleichzeitig wurde die „Abdeckung" (*kapporet*) der Bundeslade zum Ort der Vergebung und der Versöhnung zwischen Gott und Mensch. Denn schon, als die Bundeslade hergestellt wurde, sagte Gott über die goldene Platte, die sie bedeckte:

„Dort will ich dir begegnen, von der Abdeckung (*kapporet*) aus, die auf der Lade mit dem Gesetz ist ..."[50]

Hier war für Juden der Ort, an dem sie Vergebung der Schuld empfingen, und an dem ihr Name endgültig eingetragen wurde ins Buch des Lebens. In das Buch, in dem die Namen der „vollkommen Gerechten" stehen. Das ist daher die jüdische Botschaft von der Rechtfertigung aus Gnade: Denn es war ja keine Gerechtigkeit, die selbst verdient wurde. Keine Gerechtigkeit, die sich aus den eigenen Werken ergab. Die eigene Gerechtigkeit reicht bei den meisten Menschen allenfalls für das mittlere Buch. Aber es ist Gottes Angebot der Sühne, das wahre Gerechtigkeit schafft. In vielen rabbinischen Gleichnissen wird diese Sühne dabei einfach mit der Großzügigkeit des Königs begründet, der die Schuld seines Volkes erlässt oder sogar vergisst. Einen Schritt tiefer aber geht das folgende Gleichnis, in dem der König selbst die Schuld seines Volkes bezahlt:

> „Womit kann man es vergleichen? Mit einem König, dem jemand einen großen Geldbetrag schuldete. Er wurde zum König gerufen, um Abrechnung zu machen. Aber er konnte nicht zahlen. Da ließ ihn der König noch einmal rufen. Aber er konnte wieder nicht zahlen. Und auch beim dritten Mal konnte er nicht zahlen. Was tat der König? In der Nacht verkleidete er sich als Bürger und ging in die Stadt zum Haus des armen Mannes. Er warf ihm heimlich einen Beutel mit Gold durch sein Fenster und verschwand wieder. Der Mann fand am nächsten Morgen den Beutel und freute sich. Als er wieder zum König gerufen wurde, um Abrechnung zu machen, bezahlte er seine Schuld. So bekam der König sein Geld und der Mann war frei von seinen Schulden."[51]

Viele Christen, denen ich begegne, haben noch nie davon gehört, dass es auch im Judentum eine Botschaft der Vergebung aus Gnade gibt, ein Angebot der Sühne für die Schuld und sogar die Erwartung, dass der König selbst zu seinem Volk kommt, um seine Schuld zu begleichen. Aber im jüdischen Jahreskreislauf ist diese Wahrheit fest verankert, Jahr für Jahr werden diese Texte gelesen und die entsprechenden Gebete gesprochen. Heute gibt es zwar keinen Tempel mehr, aber nach den Worten von Johanan ben Zakkais, der sich dabei auf das Schriftwort aus Hosea 6,6 beruft, ersetzen das Gebet und tätige Umkehr das Sühneopfer im Tempel.

Das Zentrum des Evangeliums

An dieser Stelle liegt aber nun für Paulus das Zentrum des Evangeliums. Er nennt es „das Wort vom Kreuz",[52] fasst es an vielen Stellen seiner Briefe in kurzen Merksätzen zusammen,[53] und er sagt, dass er eigentlich nichts anders predigen möchte als „Christus, den Gekreuzigten".[54] In den ersten Kapiteln seines Römerbriefes nimmt Paulus seine Leser mit auf eine Reise durch die wichtigsten Stationen der jüdischen Herbstfeste: Er beginnt mit der Nachricht von der Ankunft des Königs: Jesus, der Messias, aus dem Geschlecht Davids und von Gott als Sohn bestätigt.[55] Er fährt fort mit der Abrechnung der Schulden: Jeder ist schuldig vor dem König, keiner verdient es, ins Buch der Gerechten geschrieben zu werden.[56] Er spricht von der Langmut und Geduld Gottes und von der Einladung zu Buße und Umkehr.[57] Und dann vergleicht er Jesus mit dem heiligen Ort der Versöhnung, an dem im Tempel das Blut des Sündenbocks vergossen wurde:

> „Die Erlösung ist durch den Messias, Jesus, geschehen: Ihn hat Gott für den Glauben an die Stelle der sühnenden Abdeckungsplatte (*kapporet*) gesetzt, in seinem Blut erweist sich seine Gerechtigkeit, in dem er die Sünden vergibt."[58]

Hier hat die Botschaft der Rechtfertigung für Paulus ihr Zentrum: Denn hier zeigt sich, dass „*Gott selbst gerecht ist* und dass er den *gerecht macht*, der auf ihn vertraut."[59] Das, was in dem Gleichnis vom König erzählt wurde, der selbst zum Haus des Schuldners kommt, um die Schuld zu begleichen, das ist in Jesus Wirklichkeit geworden. Die Rechtfertigungslehre des Paulus ist also eine zutiefst jüdische Lehre: Sie ist verankert im Herzen der Tora, in den Vorschriften zum Versöhnungstag, die die Mitte der fünf Bücher Mose bilden. Sie ist verankert im Herzen des jüdischen Volkes, dem Tempel, der nach rabbinischer Tradition nicht nur das Zentrum Israels, sondern das

Zentrum der Welt ist. Und sie ist verankert im Herzen des jüdischen Kalenders, in dem der Versöhnungstag der höchste Feiertag ist. Aber natürlich ist gerade das für die jüdischen Zeitgenossen des Paulus das größte „Ärgernis“[60]: dass ausgerechnet mitten im Herzen ihres Glaubens nun ein Mensch stehen soll, ein Mensch, von dem Paulus behauptet, er sei der Messias. Es ist daher auch diese Botschaft vom Kreuz, nicht die Botschaft von der Gnade Gottes oder die Botschaft von der Freiheit vom Gesetz, die damals (und heute) Jesus-Nachfolger und Jesus-Gegner voneinander trennte und schließlich auch zur Trennung der Wege zwischen Juden und Christen führte. So formuliert Pinchas Lapide:

> „Dies alles jedoch wurde zum Eckstein der christlichen Heilslehre und zur Wasserscheide zwischen Juden und Christen.“[61]

Gerade weil die Botschaft von der Rechtfertigung für Paulus nicht einfach nur ein „missionsstrategischer Kniff“ zur Gewinnung der Nichtjuden ist, sondern das Herz seiner Botschaft bildet und zugleich ins Herz des jüdischen Glaubens greift, musste es hier zum entscheidenden Konflikt kommen.

Paulus und Jesus: Ein anderes Evangelium?

Für Paulus gibt es jedoch „kein anderes Evangelium“[62] als dieses von ihm gepredigte. Dennoch hat man ihm vorgeworfen, er habe mit „seinem“ Evangelium das Evangelium verraten, das Jesus verkündigt habe. Von diesem „Paulus-Jesus-Keil“ haben wir schon oben gehört. An dieser zentralen Stelle der paulinischen Botschaft wird er besonders gern angesetzt:

> „Denn für Paulus zählt ja, wie er wiederholt betont, lediglich der gekreuzigte und wiederauferstandene Christus. Eine Reduktion also der 30-jährigen Jesulogie der Evangelien auf eine

kurze, abrupte Christologie von drei Tagen. Welch ein Verlust für das Christentum!"[63]

In den großen Kirchen wird in den letzten Jahrzehnten verstärkt darüber diskutiert, ob man nicht die Botschaft vom Sühnetod Jesu ganz aus dem christlichen Glauben streichen könne. Es handele sich ja dabei doch nicht um ein „Ev-"angelium, also eine *gute* Botschaft,[64] sondern um eine höchst schmerzliche. Zudem finde sie sich nicht bei Jesus selbst, sondern nur bei seinem Anhänger Paulus. Auch innerhalb der evangelikalen Bewegung wird diese Frage heute vermehrt gestellt. Nicht selten greift man dabei auf die bereits oben erwähnten Theorien der älteren Paulusforschung zurück, nach denen Paulus die Vorstellung von einem Heil bringenden Tod des Gottessohnes in Wirklichkeit nicht aus dem Judentum, sondern aus den griechisch-römischen Mysterienkulten importiert hätte. Jesus selbst aber habe davon nichts wissen wollen und auch seinen eigenen Tod nicht so verstanden.

Aber stimmt das wirklich? Meines Erachtens kann dieser Eindruck nur entstehen, wenn man die Evangelien und die Paulusbriefe zu oberflächlich mit einander vergleicht: Ja, ohne Zweifel spielen in den Evangelien, allein schon aufgrund der Länge und der Fülle des Materials, außer dem Tod und der Auferstehung Jesu noch viele andere Themen eine Rolle. Hier geht es auch ganz praktisch um Fragen des zwischenmenschlichen Zusammenlebens, um Nächstenliebe, Glauben an Gott, um Vergebung und um die Heilung von Krankheit und Leid. Wenn wir aber wirklich wissen wollen, welche Fragen für Jesus zentral waren, dann darf man sich nicht in Einzelheiten verlieren: Man muss vielmehr zum einen die große Rahmengeschichte seines Lebens ansehen und zum anderen danach fragen, was Jesus über den *Sinn* und den eigentlichen *Zweck* seines Kommens gesagt hat: Folgen wir diesen beiden Spuren, dann wird schnell deutlich, dass Jesus und Paulus hier doch näher beieinanderstehen, als es oft behauptet wird.

Der rote Faden im Leben Jesu

Vergleichen wir einmal den Aufriss der Evangelien mit dem Aufriss des Römerbriefs und mit dem Aufbau des jüdischen Kalenders, dann wird deutlich: Am Anfang des Lebens Jesu steht, wie auch bei Paulus und im jüdischen Kalender, die Botschaft von der Ankunft des Königs – und das sowohl in den Berichten von der Geburt Jesu[65] als auch vom Anfang seines öffentlichen Wirkens.[66] Und gleichzeitig spricht Johannes der Täufer vom nahe bevorstehenden Gericht und vom Zorn Gottes.[67] Es folgt eine Zwischenzeit, in der Jesus zur Umkehr aufruft, zu Gebet und zu einem veränderten Leben. In diese Zeit fällt der größte Teil seines öffentlichen Wirkens. Es ist die Zeit der Gnade und die Zeit der Geduld, die auch im jüdischen Denken zwischen der Ankunft des Königs und dem großen Versöhnungstag liegt. Am Ende seines Lebens aber spitzt sich alles zu, und im Zentrum der Erzählung steht jetzt der Tod am Kreuz und die Auferstehung. Auf diese Ereignisse läuft also auch bei Jesus letztlich alles hinaus. Fragt man nun danach, wie Jesus sein eigenes Leben verstanden hat, dann zeigt sich, dass Jesus dieses vor allem durch Gleichnisse deutete: Viele dieser Gleichnisse sprechen von der Ankunft des Königs, des Hausbesitzers oder des Landbesitzers und von seiner Abrechnung mit den Knechten. Andere Gleichnisse sprechen vom Suchen des Verlorenen und erinnern an das rabbinische Gleichnis von Gott, der an den Fenstern des Himmels Ausschau hält nach seinen Kindern. Wieder andere sprechen von der Ernte und erinnern an das Gleichnis von den Büchern, die am Ende aufgetan werden. Zentral ist jedoch das Gleichnis vom Weinbergbesitzer, der seinen eigenen Sohn in den Weinberg sendet, um mit den Dienern Abrechnung zu halten, und dessen Sohn dann getötet wird.[68] Ohne Zweifel hat Jesus hier sein eigenes Leben und den Sinn seines Kommens beschrieben.

Der rote Faden von Jesus zu Paulus

Diesen Sinn seines Kommens hat er dann aber wenig später auch noch einmal in einem prägnanten kurzen Satz zusammengefasst:

> „Denn auch der Menschensohn ist nicht gekommen, dass er sich dienen lasse, sondern dass er diene und sein Leben gebe als Lösegeld für viele.“[69]

Dieses sogenannte „Lösegeldwort“ Jesu ist nicht nur deshalb bemerkenswert, weil es so prägnant zusammenfasst, worin Jesus selbst den Kern seines Lebens sah. Sondern auch deshalb, weil ein Echo dieses Wortes an vielen Stellen des Neuen Testamentes wieder erklingt: nicht nur in den anderen Evangelien, sondern auch an vielen Stellen der Paulusbriefe und sogar in den oft für „unecht“ gehaltenen Briefen an die Kolosser und an Timotheus.[70] Paulus greift aber nicht nur in seinen Briefen auf dieses Jesuswort zurück, sondern er hat es selbst offenbar schon früh von den Christen in Jerusalem erzählt bekommen,[71] und zitiert es in einem Streit mit Petrus, lange bevor er seinen ersten Brief schreibt.[72] In der Apostelgeschichte schildert Lukas, wie Paulus in seinen Missionspredigten auf dieses Jesuswort zurückgreift.[73] Es scheint sich also dabei um eine Art Kernwort zu handeln, das von Hand zu Hand und von Mund zu Mund weitergegeben wurde und sich wie ein roter Faden durch das Neue Testament hindurchzieht. Es ist damit ein eindrucksvolles Beispiel dafür, wie das Leben Jesu und die Briefe des Paulus durch viele Einzelheiten eng miteinander verknüpft sind.[74] Der Marburger Neutestamentler Detlef Häußer hat in einer umfangreichen Studie viele weitere solcher Beispiele zusammengetragen und damit den engen Zusammenhang zwischen der Jesusüberlieferung und den Paulusbriefen aufgezeigt.[75] Einen Keil kann man also nur dort zwischen Jesus und Paulus treiben, wo man weder die Evangelien noch die Paulusbriefe im Detail kennt: Oberflächlich gesehen haben sie einen anderen Stil, eine andere Sprache und verwenden andere Bilder. In ihren Kernaussagen aber beschreiben sie denselben Jesus und dasselbe Evangelium.

Der Versöhnungstag als gemeinsamer Nenner

Am letzten Tag seines Lebens, als Jesus mit seinen Jüngern das jüdische Passahmahl feierte, deutete er seinen eigenen bevorstehenden Tod mit den Worten:

> „Das ist mein Blut des Bundes, das vergossen wird für viele zur Vergebung der Sünden."[76]

Die Vergebung der Sünden war eigentlich kein Thema, das man beim Passahfest ansprach. Das Passahfest war ein fröhliches Frühlingsfest der Erinnerung an die Befreiung aus Ägypten und ein freudiger Ausblick auf die kommende Erlösung in der messianischen Zeit. Die Vergebung der Sünden aber gehörte hier nicht hin. Das war ein Thema für die Feste im Herbst, das Neujahrsfest und den Versöhnungstag. Es war so, als würde man einen Osterhasen als Dekoration an einen Weihnachtsbaum hängen: Es sorgte für Aufsehen und Erstaunen. Jesus holte damit das Thema des großen Versöhnungstages mitten hinein in das Passahfest. Und er machte deutlich: In meinem Tod geschieht beides, die messianische Befreiung aus der Knechtschaft und die Sühne der Sünden. Hier benutzt Jesus an zentraler Stelle exakt das gleiche Bild wie Paulus, nämlich das Bild vom Versöhnungstag, um die Bedeutung seines Todes zu erklären. Die Kernbotschaft des Paulus ist daher, auch wenn er sonst andere Bilder und Begriffe verwendet, dieselbe wie die Kernbotschaft Jesu: Der König kommt, und er lädt uns ein zu Umkehr und Neuanfang. Aber er lädt nicht nur ein, sondern er gibt sein eigenes Leben, um diesen Neuanfang zu ermöglichen.

Eine fremde Religion?

Auch der „Paulus-Jesus-Keil“ der frühen Paulusforschung, demzufolge Paulus die Idee vom Sühnetod Jesu nur aus fremden griechisch-römischen Religionen wie dem Mithras- oder Osiriskult übernommen hätte, erweist sich daher als Sackgasse. Viel näher liegt es, die Wurzeln dieser Botschaft in der Bibel und in der jüdischen Tradition zu suchen: Schon Mose hatte Gott ja angeboten, sein eigenes Leben stellvertretend für das des Volkes zu geben. Aber Gott hatte ihm versprochen, sich selbst der Sünde anzunehmen, „wenn meine Zeit gekommen ist“.[77] Die messianischen Verheißungen der biblischen Propheten konnten von jüdischen Auslegern sowohl so verstanden werden, dass Gott selbst nach Jerusalem kommen würde, um sein Volk zu retten, als auch so, dass er einen messianischen Retter senden würde, der stellvertretend die Schuld des Volkes trägt.[78] Manchmal verschwimmen dabei sogar die Grenzen zwischen Gott und seinem irdischen Repräsentanten. Ein alter jüdischer Text aus dem 1. Jahrhundert vor Christus schildert exemplarisch das Schicksal eines namenlosen „Gerechten“, der sich selbst als Sohn Gottes bezeichnet und durch sein vorbildliches Leben den Zorn seiner Gegner hervorruft. Sie planen, ihn zu töten und sagen spöttisch:

> „So lasst doch sehen, ob sein Wort wahr ist, und prüfen, was bei seinem Ende geschehen wird. Ist der Gerechte Gottes Sohn, so wird er ihm helfen und ihn erretten aus der Hand der Widersacher.“[79]

Der Text aber fährt fort: „Das alles denken sie – und irren.“ Denn:

> „Das Leben der Gerechten ist in Gottes Hand, und keine Qual rührt sie an. In den Augen der Unverständigen gelten sie als tot, und ihr Abscheiden wird für Strafe gehalten und ihr Weggehen von uns für Verderben; aber sie sind im Frie-

den. Denn wenn sie auch nach Meinung der Menschen viel zu leiden haben, so sind sie doch erfüllt von Hoffnung auf Unsterblichkeit. Sie werden ein wenig gezüchtigt, aber viel Gutes wird ihnen widerfahren; denn Gott versucht sie und findet sie seiner wert. Er prüft sie wie Gold im Schmelzofen und nimmt sie an wie ein Ganzopfer. Und zur Zeit ihrer gnädigen Heimsuchung werden sie aufleuchten und aufsteigen wie Funken überm Stoppelfeld. Sie werden die Heiden richten und über die Völker herrschen, und der Herr wird König sein über sie in Ewigkeit."[80]

In diesem jüdischen Text aus vorchristlicher Zeit finden sich bereits alle jene Glaubensvorstellungen, die früher noch als „unjüdisch" und als Import aus der griechisch-römischen Religion gedeutet wurden: ein Gerechter und Sohn Gottes, dessen Tod als ein Opfer dient, und der nach seinem Tod „aufsteigen" und über die Völker herrschen wird. Es gibt daher keinen Grund, diese Überzeugungen des Paulus dem Einfluss fremder Religionen zuzuschreiben. Selbst der Gedanke, dass ein Mensch sein Leben als ein Sühneopfer für die Sünde des Volkes gibt, war dem Judentum nicht völlig fremd: Ein jüdischer Text aus der Zeit Jesu erzählt von jüdischen Märtyrern, die in der Zeit der Judenverfolgung unter Antiochus IV. (175–165 v. Chr.) ihr Leben verloren, weil sie nicht bereit waren, ihrem Glauben an den Gott Israels abzuschwören und die Gebote der Tora zu brechen. Weil nach ihrem Tod das Schicksal sich wandte, die Juden ihre Unterdrücker vertrieben und der Tempel wieder eingeweiht wurde, geht dieser Text davon aus, dass ihr Tod eine sühnende Wirkung hatte, der den Zorn Gottes von Israel abwendete:

„Der Tyrann wurde bestraft, das Land wurde gereinigt. Denn sie waren eine Gegenkraft zur Sünde des Volkes: Und die göttliche Vorsehung errettete Israel, das so schwer geplagt war, durch das Blut dieser Gerechten, und ihren sühnenden Tod."[81]

Das griechische Wort *hilasterion* (hebr. *kapporet*), das hier für die „Sühne" verwendet wird, ist dasselbe, das Paulus auch in Röm 3,25 verwendet, und es spielt auch hier auf den großen Versöhnungstag an. Dass der Tod eines Gerechten Sühne für das Volk bringt, war also nicht das eigentlich „Anstößige" an der Botschaft des Paulus. Das wirklich Neue an seiner Botschaft war vielmehr, dass es nicht irgendein Mensch war, der dort am Kreuz starb. Sondern dass es in der Tat Gott selbst war, der sein Volk besucht hatte und in der Person seines Messias Jesus in die Welt kam, um selbst den Preis zu bezahlen, den letztlich kein Opfertier, und auch kein Mensch, bezahlen konnte.

Ist das Judentum wirklich eine ausgrenzende Religion?

Wir kommen nun zur dritten Anfrage an die „neue Perspektive". Gegenüber dem traditionellen Bild vom Judentum als einer Religion der Gesetzlichkeit und Werkgerechtigkeit hat die „neue Perspektive" ein neues Bild entworfen: das Judentum als Gnadenreligion, die sich auf Erwählung Israels als „Beispielvolk" Gottes gründet und das Gesetz als stolzes Kennzeichen dieser Erwählung trägt. Genau hier aber setzte nun die Kritik des Paulus an: Denn anstatt seiner Berufung nachzukommen, ein „Licht für die Völker" zu sein, habe sich Israel stolz auf seiner Erwählung ausgeruht und sich überheblich von seinen Nachbarn abgegrenzt. Aktuelle Bezüge, sei es auf die moderne Bewegung des Zionismus oder auf die moderne evangelikale Bewegung, sind bei dieser Beschreibung des Judentums dabei durchaus nicht selten. Aber stimmt dieses Bild von einer ausgrenzenden Religion eigentlich wirklich? Oder kann es sein, dass man hier – ähnlich wie zu Luthers Zeit – moderne Feindbilder und Klischees auf das Judentum der Antike zurücküberträgt?

Der Vorwurf, dass Juden geprägt seien vom „Hass auf das ganze Menschengeschlecht", ist in der Tat schon in der Antike verbreitet.

Und er hat sich in Teilen der Welt bis heute gehalten. Der römische Historiker Tacitus schreibt:

> „Die Juden verhalten sich sehr loyal gegenüber ihresgleichen und sind immer bereit, Mitleid zu zeigen. Aber allen anderen gegenüber fühlen sie nur Hass und Feindschaft.“[82]

In meinem Buch „Jesus der Jude“ bin ich ausführlich auf eine Reihe von Klischees eingegangen, die in den Köpfen christlicher Bibelleser fest verankert sind: der Hass der Juden auf die Römer, der Hass der Juden auf die „Heiden“, der Hass der Juden auf Samariter, Zöllner, Frauen und überhaupt auf Randgruppen aller Art.[83] Ich möchte das hier nicht ausführlich wiederholen, aber so viel kann gesagt werden: Ein genauer Blick in die Quellen zeigt, dass es für all diese Klischees kaum wirklich Belege gibt. Natürlich gab es damals (wie heute) engstirnige und weitherzige Juden (und Nichtjuden). Natürlich gab es Beispiele für Juden, die ihre Nachbarn gehasst haben. Aber ebenso viele – oder sogar mehr – Beispiele für freundschaftliche Beziehungen, gute Nachbarschaft und Nächstenliebe. Die Grundfrage ist jedoch die: Hat das Judentum *in sich* eine Tendenz zur Exklusivität und zur Ausgrenzung anderer, die durch Jesus und Paulus infrage gestellt wurde? Einige Beobachtungen können vielleicht helfen, diese Frage ausgewogener zu beurteilen:

Grundlegend für den jüdischen Glauben waren sicherlich die biblischen Überlieferungen des Alten Testaments. Hier stehen „die Völker“ (*goyim*) der „Volksgemeinschaft“ (*am*) Israels gegenüber. In der Übersetzung von Luther erscheinen die *goyim* oft auch als „Heiden“, aber dieser Begriff ist zumindest aus heutiger Sicht problematisch, weil wir ihn als ein Schimpfwort verwenden, das zugleich auch für Unglauben und religiöse Minderwertigkeit steht. In der Zeit des Neuen Testamens sollte man daher *goyim* (oder griechisch *ethne*) in vielen Fällen besser einfach als „Nichtjuden“ übersetzen, weil es hier um den Unterschied der religiösen oder ethnischen Identität geht.

Was das Verhältnis Israels zu den „Völkern" angeht, finden wir im Alten Testament grundsätzlich beide Tendenzen: Andere Völker werden von Israel als Unterdrücker, Feinde, Gegner im Krieg und als Götzendiener erlebt. Von dieser Seite her gibt es natürlich eine Tendenz zur Abgrenzung und sogar zur Feindschaft gegenüber diesen Völkern. Diese Abgrenzung geschieht auf dem Weg der Endogamie (man heiratet möglichst innerhalb des eigenen Volkes und bewahrt dadurch eine ethnische Identität), auf militärischem Weg (man führt Kriege und bewahrt dadurch eine territoriale Identität) und auf religiösem Weg (man meidet den Götzendienst der anderen und hält sich an bestimmte Gebote, die den eigenen Glauben vom Glauben der anderen unterscheiden). Entsprechend dazu gibt es in den Psalmen Gebete, die sich den Sieg über die Feinde und ihre endgültige Vernichtung wünschen, und auch die Propheten drohen den feindlichen Völkern mit Gericht und Untergang. Das ist bis hierher aber auch nicht ungewöhnlich, es war vielmehr vermutlich in jedem Volk des alten Orients ähnlich. Ungewöhnlicher und überraschender sind dagegen diejenigen Aussagen des Alten Testaments, die diesem Trend entgegenwirken: Das fängt an mit den Gesetzen, die den Fremdling im Lande ausdrücklich schützen. Es geht aber weiter damit, dass schon bei der Erwählung Abrahams ausdrücklich der Segen für alle Völker zum Auftrag Abrahams gehört. Das Buch Ruth beschreibt den Weg einer einzelnen Moabiterin, die sich dem Volk Israel und seinem Gott anschließt. Ihr Enkel David wird sogar der König von Israel. Auch in den Psalmen werden immer wieder „alle Völker" eingeladen, zusammen mit Israel Gott zu preisen. Und in den prophetischen Büchern finden sich neben den Gerichtsankündigungen für die Völker (und für Israel) ebenso auch Heilsversprechen für die Völker (wie für Israel). Das Buch Jona zeigt exemplarisch, wie die ganze Hauptstadt des heidnischen Assyrien sich zum Gott Israels bekehrt.

Die endzeitliche Aufnahme der „Heiden"-Völker

Manche prophetischen Worte gehen sogar noch weiter: Hier wird für die Endzeit angekündigt, dass die fremden Völker zusammen mit Israel in den Bund Gottes aufgenommen werden.[84] Oder sie sollen sogar selbst dem Volk Gottes angehören dürfen:

> „Freue dich und sei fröhlich, du Tochter Zion! Denn siehe, ich komme und will bei dir wohnen, spricht der Herr. Und es sollen zu der Zeit viele Völker sich zum Herrn wenden *und sollen mein Volk sein*, und ich will bei dir wohnen."[85]

> „Wenn Aschkelon das sehen wird, wird es erschrecken, und Gaza wird sehr angst werden, dazu Ekron, denn seine Zuversicht wird zuschanden (Erklärung: Aschkelon, Gaza und Ekron sind Städte der Philister). Es wird aus sein mit dem König von Gaza, und in Aschkelon wird man nicht mehr wohnen, und in Aschdod werden Mischlinge wohnen. Und ich will die Pracht der Philister ausrotten. Und ich will das Blut von ihrem Munde wegnehmen und das, was mir ein Gräuel ist, von ihren Zähnen, *dass auch sie unserm Gott übrig bleiben und wie ein Stamm in Juda werden.*"[86]

> „Zu der Zeit wird eine Straße sein von Ägypten nach Assyrien, dass die Assyrer nach Ägypten und die Ägypter nach Assyrien kommen und die Ägypter samt den Assyrern Gott dienen. Zu der Zeit wird Israel der Dritte sein mit den Ägyptern und Assyrern, ein Segen mitten auf Erden; denn der Herr Zebaoth wird sie segnen und sprechen: Gesegnet bist du, Ägypten, *mein Volk*, und du, Assur, *meiner Hände Werk*, und du, Israel, *mein Erbe*!"[87]

Das verbreitete Klischee, im Alten Testament gebe es das Heil nur für Israel, und andere Völker seien vom Heil ausgeschlossen, trifft also nicht zu. Im Gegenteil: Die Erwählung des Volkes Israel ist von vornherein darauf angelegt, alle Völker mit hineinzunehmen in die Segenslinie Abrahams.

Ein Volk mit durchlässigen Grenzen

Normalerweise geschah das allerdings, wie im Fall von Ruth, indem man sich dem Volk Israel anschloss. Der hebräische Begriff *ger*, der in der Bibel noch den „Fremdling im Lande“ bezeichnete, wird in der Zeit der Rabbinen zum Fachbegriff für den „Konvertiten“, der offiziell zum Judentum übertritt. Kennzeichen dieses Übertritts war bei Männern die Beschneidung und ein Tauchbad, bei Frauen nur ein Tauchbad. Wie bereits oben erwähnt, waren solche Übertritte zur Zeit des Paulus durchaus häufig, wurden aber von den Rabbinen mit gemischten Gefühlen gesehen. Man wollte vermeiden, dass jemand aus oberflächlichen Gründen oder unüberlegt Jude wird. Aber prinzipiell standen die Türen jedem offen. Auch hier kann also von Ausgrenzung keine Rede sein. Jeder war eingeladen.

Hier wird leider zu oft „sich Unterscheiden“ mit „sich Abgrenzen“ oder sogar „andere Ausgrenzen“ verwechselt: Ohne Zweifel sollte sich das Volk Israel von anderen Völkern unterscheiden und als eigenes Volk, mit eigener Identität, erkennbar sein. Das bedeutete aber nicht, dass man nicht mit seinen Nachbarn reden, essen, Freundschaften schließen und Zeit verbringen konnte. Ein „Identitätsmerkmal“ wie ein Fan-Schal oder eine Uniform kann mich zwar von anderen unterscheiden, muss aber nicht heißen, dass ich die anderen dafür herablassend behandle, ausgrenze, diskriminiere oder mich von ihnen fernhalte. Gerade im Europa des 21. Jahrhunderts erleben wir doch jetzt, dass kulturelle Unterschiedlichkeit nicht das Gegenteil von Integration oder Inklusion sein muss. Im Gegenteil, echte Integration zeigt sich da, wo kulturelle, ethnische und religiöse Unterschiede bestehen bleiben können und sogar wertgeschätzt werden, ohne dass dadurch jemand herabgesetzt oder diskriminiert wird. Wenn junge muslimische Frauen in Deutschland ein Kopftuch tragen, dann sagt das noch nichts darüber aus, ob sie anderen gegenüber aufgeschlossen oder ablehnend sind. Ohne Zweifel können sie genauso nette Nachbarn, Arbeitskollegen oder Freunde sein wie jeder andere Mensch auch. Aber sie möchten dennoch durch ihre Kleidung ihre kulturelle und religiöse Identität deutlich machen.

Im Blick auf die jüdischen Quellen des ersten Jahrhunderts zeigt sich uns das gleiche Bild: Juden wollen ihre nationale, kulturelle und ethnische Identität wahren, und sie zeigen das auch durch entsprechende „Identitätsmerkmale" wie den Sabbat, die Beschneidung, die Speisegebote oder Reinheitsgebote. Ob sie sich deshalb ausgrenzend oder einladend verhalten, fremdenfreundlich oder fremdenfeindlich, abgeschottet oder kontaktfreudig, das hat damit nichts zu tun. Beides ist möglich. Und wir werden im übernächsten Kapitel noch sehen, dass es viele Beispiele für einen regen Sozialkontakt zwischen Juden und Nichtjuden gab, ohne dass einer der beiden deshalb seine „Identitätsmerkmale" aufgeben musste.

Die in der „neuen Perspektive" oft geäußerte Unterstellung, dass die Andersartigkeit und Erkennbarkeit des jüdischen Volkes immer zugleich auch Ausgrenzung und Abschottung bedeutete, ist sowohl angesichts der antiken Quellen als auch angesichts moderner soziologischer Einsichten völlig unbegründet.

Der Anbruch der messianischen Zeit

Für die kleine, aber schnell wachsende Gruppe der Jesus-Nachfolger stellte sich die Frage nach dem Verhältnis zwischen Juden und Nichtjuden auf eine neue, radikale Weise: Zwar hatte Jesus selbst sich zu seinen Lebzeiten zunächst nur dem Volk Israel zugewandt, und nur in wenigen Ausnahmefällen auch Menschen aus anderen Völkern Heilung und Zuwendung zukommen lassen.[88] Auch seinen Jüngern hatte er zunächst aufgetragen, sich auf das Volk Israel zu konzentrieren und nicht zu fremden Völkern zu gehen.[89] Aber nach seiner Auferstehung wandte sich das Blatt: Jesus beauftragte sie, alle Völker zu Jüngern zu machen,[90] der Heilige Geist wurde auf Samariter und Römer ausgegossen,[91] und schnell war klar: Jetzt ist die Zeit angebrochen, von der die Propheten gesprochen hatten: Der Messias war gekommen, und damit hatten sich die Spielregeln geändert: Angehörige der fremden Völker mussten ab jetzt nicht mehr zum Volk Israel übertreten, um am Heil Israels Anteil zu haben. Sie konnten nun *als Nichtjuden* zum Volk Gottes und zur Familie Abrahams gehören. Die alten Verheißungen der Propheten, dass auch die fremden Völker am Ende der Zeit an der Seite Israels ein Teil von Gottes Volk werden würden, begannen nun Wirklichkeit zu werden. Am Anfang sorgte das noch für Verwirrung: Manche waren der Ansicht, dass doch einfach weiterhin alle, die an Jesus glauben wollten, zum Judentum übertreten und sich beschneiden lassen könnten.[92] Was bisher gut funktioniert hatte, konnte doch auch jetzt nicht falsch sein. Aber die Leiter der Gemeinde von Jerusalem, und mit ihnen zusammen auch Paulus und sein Mentor Barnabas, waren anderer Meinung. Sie erkannten die Herausforderung des Augenblicks: Der Messias war gekommen, und mit ihm die messianische Zeit. Jakobus und Paulus hielten eine flammende Rede, in der sie aus dem Alten Testament begründeten, warum die fremden Völker nun *als fremde Völker*, und nicht als konvertierte Juden, zum Volk Gottes gehören sollten. Petrus berichtet davon, wie der Heilige Geist in seinem Beisein auf eine römische Großfamilie gefallen war. Und Jakobus deutet dies durch einen Blick in die Schrift:

> „Simon (Petrus) hat erzählt, wie Gott zum ersten Mal die Heiden gnädig heimgesucht hat, um aus ihnen ein Volk für seinen Namen zu gewinnen. Und dazu stimmen die Worte

der Propheten, wie geschrieben steht: ‚Danach will ich mich wieder zu ihnen wenden und will die zerfallene Hütte Davids wieder bauen, und ihre Trümmer will ich wieder aufbauen und will sie aufrichten, damit die Menschen, die übrig geblieben sind, nach dem Herrn fragen, *dazu alle Heiden*, über die mein Name genannt ist, spricht der Herr, der tut, was von alters her bekannt ist.'"[93]

Eine weltweite Mission

Paulus wurde, wie auch vor ihm die Jünger Jesu, vom auferstandenen Jesus zum Botschafter des Evangeliums für die Menschen anderer Völker berufen. Dennoch ist er allein, wie wohl kein anderer, als „Apostel der Völker"[94] bekannt geworden. Das Neue Testament berichtet von unterschiedlichen Begebenheiten, in denen diese Berufung geschah: Das erste Mal, dass wir in der Apostelgeschichte von einer Berufung des Paulus hören, ist zu Beginn der sogenannten „1. Missionsreise":

> „Als sie aber dem Herrn dienten und fasteten, sprach der Heilige Geist: Sondert mir aus Barnabas und Saulus zu dem Werk, zu dem ich sie berufen habe."[95]

Von einer speziellen Berufung an die Völker ist hier zwar noch nicht die Rede, aber die folgenden Verse machen schnell deutlich, dass dies das Ziel der Reise ist. In einem späteren Rückblick auf sein Leben, der in Apg 22 erzählt wird, berichtet Paulus dann aber von einer weiteren Berufung, die schon kurz nach seinem „Damaskus-Erlebnis" durch Ananias ausgesprochen wurde:

> „Der Gott unserer Väter hat dich erwählt, dass du seinen Willen erkennen sollst und den Gerechten sehen und die Stimme aus seinem Munde hören; denn du wirst für ihn vor allen

> Menschen Zeuge sein von dem, was du gesehen und gehört hast."[96]

Auch hier ist noch nicht von anderen Völkern die Rede. Aber Paulus berichtet weiter, dass er einige Jahre später bei einem Besuch im Tempel von Jerusalem eine Vision hatte, in der Jesus selbst zu ihm sprach:

> „Geh hin; denn ich will dich in die Ferne zu den Heiden senden."[97]

In seinem zweiten Rückblick erzählt Paulus dann jedoch von einer Berufung, die Jesus schon auf der Straße nach Damaskus ausgesprochen hatte:

> „Steh nun auf und stell dich auf deine Füße. Denn dazu bin ich dir erschienen, um dich zu erwählen zum Diener und zum Zeugen für das, was du von mir gesehen hast und was ich dir noch zeigen will. Und ich will dich erretten von deinem Volk und von den Heiden, zu denen ich dich sende, um ihnen die Augen aufzutun, dass sie sich bekehren von der Finsternis zum Licht und von der Gewalt des Satans zu Gott. So werden sie Vergebung der Sünden empfangen und das Erbteil samt denen, die geheiligt sind durch den Glauben an mich."[98]

Missionar aus gekränktem Stolz?

Die Apostelgeschichte erzählt die Berufung des Paulus also sozusagen im Rückwärtsgang: Angefangen von der ersten Missionsreise wird der Ursprung dieser Mission Schritt für Schritt zurückverfolgt, zuerst bis in den Tempel von Jerusalem, dann bis in das Haus des Ananias und schließlich bis zum „Damaskus-Erlebnis" selbst. Vertreter des „Paulus-Lukas-Keils" sehen hier natürlich wieder eine nachträgliche Beschönigung des Lukas. In Wirklichkeit, so ist es oft zu hören, habe Paulus sich erst sehr spät entschlossen, Nichtjuden zu missionieren. Nämlich erst dann, als seine Versuche, Juden zu missionieren, erfolglos blieben. Er habe sich daraufhin enttäuscht von seinen Glaubensbrüdern abgewandt und denen zugewandt, die seiner Botschaft offener gegenüberstanden: den Völkern.

Diese Darstellung widerspricht jedoch nicht nur dem Bericht der Apostelgeschichte, sondern auch den Aussagen des Paulus selbst: Denn seine Berufung zu den Völkern ist schon im Galaterbrief untrennbar mit seiner Bekehrung zu Jesus verbunden:

> „Als es aber Gott wohlgefiel, der mich von meiner Mutter Leib an ausgesondert und durch seine Gnade berufen hat, dass er seinen Sohn offenbarte in mir, damit ich ihn durchs Evangelium verkündigen sollte unter den Heiden ...“[99]

Für Paulus lag die Begründung der „Heidenmission“ also nicht in anfänglichen Misserfolgen in der Judenmission, sondern in einer direkten Berufung durch Jesus. Zudem fand er die Begründung aber auch in der Schrift. Im vorletzten Kapitel des Römerbriefs blickt Paulus noch einmal zusammenfassend auf seine bisherigen Missionsreisen zurück. Dabei macht er einleitend deutlich, dass er für seinen Dienst „Geduld und Hoffnung in der Schrift“ findet.[100] Anschließend zitiert er eine ganze Reihe von Schriftstellen, die deutlich machen, dass die Schrift schon immer alle Völker im Blick hatte, insbesondere in ihren Verheißungen für die messianische Zeit:

> „Denn ich sage: Christus ist ein Diener der Juden geworden um der Wahrhaftigkeit Gottes willen, um die Verheißungen zu bestätigen, die den Vätern gegeben sind; die Heiden aber sollen Gott loben um der Barmherzigkeit willen, wie geschrieben steht: ‚Darum will ich dich loben unter den Heiden und deinem Namen singen.‘ Und wiederum heißt es: ‚Freut

> euch, ihr Heiden, mit seinem Volk!' Und wiederum: ‚Lobet den Herrn, alle Heiden, und preist ihn, alle Völker!' Und wiederum spricht Jesaja: ‚Es wird kommen der Spross aus der Wurzel Isais und wird aufstehen, um zu herrschen über die Heiden; auf den werden die Heiden hoffen.'"[101]

Wenn Jesus also wirklich der verheißene „Spross aus der Wuzel Davids" war, wie es Paulus glaubte, dann war damit ganz automatisch der Auftrag verbunden, dies auch unter den Völkern bekannt zu machen, die auf diese Botschaft warten. Wenn Paulus danach noch ganz konkret auf seine Reisen zurückblickt und feststellt, er habe „von Jerusalem aus ringsumher bis nach Illyrien das Evangelium von Christus voll ausgerichtet"[102], dann klingt es so, als habe Paulus ein bestimmtes geografisches Ziel vor Augen gehabt, das er nun vollendet sieht. Wie der Dortmunder Neutestamentler Rainer Riesner gezeigt hat,[103] steht Paulus dabei höchstwahrscheinlich eine weitere Schriftstelle aus dem Buch Jesaja vor Augen, die den Missionsauftrag ganz konkret formuliert:

> „Ich kenne ihre Werke und ihre Gedanken und komme, um alle Völker und Zungen zu versammeln, dass sie kommen und meine Herrlichkeit sehen. Und ich will ein Zeichen unter ihnen aufrichten und *einige von ihnen, die errettet sind*, zu den Völkern senden, nach Tarsis, nach Put und Lud, nach Meschech und Rosch, nach Tubal und Jawan und zu den fernen Inseln, wo man nichts von mir gehört hat und die meine Herrlichkeit nicht gesehen haben; und sie sollen meine Herrlichkeit unter den Völkern verkündigen."[104]

Hier erscheint zum ersten Mal in der Bibel der ganz konkrete Auftrag an einzelne Mitglieder des jüdischen Volkes, als „Missionare" zu den Völkern zu gehen. Dieser Auftrag wird sich aber erst in der messianischen Zeit ereignen, die für Paulus ja nun angebrochen ist.

Zudem aber werden hier sieben geografische Regionen genannt (die biblische Vollzahl), die in der jüdischen Auslegung zur Zeit des Neuen Testaments wie folgt gedeutet werden:

Tarsis = Tarsus
Put = Kilikien
Lud = Lydien
Meschech = Phrygien oder Kappadozien
(„Rosch" fehlt in den ältesten Texten)
Tubal = Bithynien
Jawan = Mazedonien
(Die „Inseln" stehen für die westlichen „Enden der Erde")

Vergleicht man diese Namen mit einer Karte des Mittelmeerraumes, dann fällt sofort auf, dass hier ein zusammenhängendes geografisches Muster entsteht: Alle diese Länder liegen entlang einer Linie, die von Jerusalem über Tarsus nach Nordwesten führt. Länder des Ostens oder aus Nordafrika werden nicht genannt. Stattdessen bilden die genannten Länder der Reihe nach die Reiserouten des Paulus ab, oder zumindest die von ihm geplanten Routen, die er nicht immer einhalten konnte. Ein Zufall? Eine wundersame Erfüllung von Verheißungen? Wahrscheinlicher ist, dass Paulus in diesem Bibeltext einen ganz konkreten Rückhalt und eine biblische Vision für seine Missionstätigkeit gefunden hat. Eine Vision, die ihn bei seinen Reisen begleitete und motivierte. Und die vielleicht sogar manchmal ganz praktisch die Wahl der Reiserouten bestimmt hat.

Für Paulus ist also die Mission unter den Völkern keine „unjüdische" Mission, auch wenn das Judentum zu seiner Zeit – und bis heute – eher unmissionarisch geprägt war. Mit dem Kommen des Messias hatten sich für Paulus aber nun die Spielregeln geändert: Während bisher einzelne Vertreter der Völker zum Judentum übertraten, um dort am Heil Israels teilzuhaben, war die Stoßrichtung nun umgekehrt: Ab jetzt gingen einzelne Vertreter des Gottesvolks als Botschafter des Messias in die Völkerwelt hinein, um dort die Nachricht bekannt zu machen, „auf die die Völker warteten": Der Messias ist da, und er sammelt nun alle Völker, Juden und Nichtjuden, in seine Familie, seine Gemeinde und sein entstehendes Königreich. Der Jude Paulus blieb also, auch als Völkermissionar, ein Jude. Aber er war nun ein Jude mit besonderer Mission.

Den Juden zuerst, und dann auch den Griechen

Der Auftrag zur Mission unter den Völkern bedeutete für Paulus allerdings keinen Abschied von der Mission unter seinen Glaubensgeschwistern, den Juden. Auch wenn das Thema der „Judenmission" heute zwischen Juden und Christen – und auch in den christlichen Kirchen selbst – äußerst umstritten ist: In den Berichten der Apostelgeschichte lesen wir regelmäßig, dass Paulus auf seinen Reisen zunächst in den jüdischen Gemeinden das Evangelium predigte und sich erst dann auch den Nichtjuden zuwandte.[105] Vertreter des Paulus-Lukas-Keils vermuten hier auch eine nachträgliche „Schönfärberei" des Lukas, der den Bruch des Paulus mit dem Judentum abschwächen und wenigstens dessen guten Willen unterstreichen wollte. Aber ein Blick in die Briefe des Paulus zeigt, dass die Apostelgeschichte hier durchaus eine Kernüberzeugung des Paulus richtig wiedergibt:

> „Denn ich schäme mich des Evangeliums nicht; denn es ist eine Kraft Gottes, die selig macht alle, die daran glauben, die Juden zuerst und ebenso die Griechen."[106]

Im Galaterbrief teilt Paulus uns mit, dass es zwischen ihm und den Leitern der Jerusalemer Gemeinde eine Absprache darüber gab, dass Paulus sich mit seiner Missionstätigkeit vor allem auf die nichtjüdische Welt konzentrieren sollte, während Petrus und Jakobus sich weiterhin auf die jüdische Welt konzentrierten.[107] Es ist aber nirgendwo in den Briefen des Paulus davon die Rede, dass diese Konzentration für ihn eine grundsätzliche „Absage an die Judenmission" bedeutete. Noch viel weniger bedeutet es für Paulus, dass das Evangelium den Juden nicht mehr gilt. Im Gegenteil: Gerade die Absprache mit Petrus und Jakobus unterstreicht ja die Dringlichkeit des „Apostelamts unter den Juden".[108] Paulus hat, wie wir noch sehen werden, seine Hoffnung nie aufgegeben, dass „seine Brüder, seine Stammverwandten nach dem Fleisch, die Israeliten"[109] sich als ganzes Volk dem Glauben an den Messias zuwenden würden.[110] Und gerade deshalb hat er Wert darauf gelegt, dass in den Gemeinden, die er gründete, jeder seine eigene Identität behält: Juden sollen Juden bleiben, und Nichtjuden sollen Nichtjuden bleiben. Beide jedoch, Juden und Nichtjuden, sollen an das Evangelium von Jesus, dem Messias, glauben. Das ist die doppelte „Mission" des Paulus.

In der Gegenwart ist dagegen in den Kirchen eine hitzige Diskussion um das Thema der Judenmission entbrannt. Viele Stimmen fordern eine ausdrückliche Absage an die Judenmission, andere unterstreichen deren Notwendigkeit. Die Kirchen sehen sich hier jedoch in einem Zwiespalt: Man ist sich bewusst, dass es theologisch und biblisch keinen Grund gibt, Juden vom Evangelium auszuschließen, nur weil sie Juden sind. Gleichzeitig versteht man aber auch die Angst vor einer übergriffigen „Missionierung". Die meisten Kirchen haben sich daher in offiziellen Erklärungen mit einem Kunstgriff geholfen, der einerseits eine Absage an ein falsches Missionsverständnis beinhaltet, andererseits aber weiterhin dem missionarischen Anliegen des Paulus treu bleibt.[111] Anders hätten diese Erklärungen vermutlich auch keine Mehrheiten in den Synoden erhalten können. Die Evangelische Kirche im Rheinland etwa, die sich hier 1980 als allererste evangelische Kirche geäußert hat, formulierte behutsam, „dass die Kirche ihr Zeugnis dem jüdischen Volk gegenüber *nicht wie ihre Mission an die Völkerwelt* wahrnehmen kann", was aber nicht hieß, dass sie es gar nicht mehr wahrnehmen will. Im Gegenteil, sie unterstrich ausdrücklich,

> „... dass Juden und Christen je in ihrer Berufung Zeugen Gottes vor der Welt und voreinander sind".

Ähnlich lauten die Formulierungen in den Erklärungen anderer Landeskirchen: Die Synode von Berlin-Brandenburg erklärte 1990 zwar, „Judenmission lehnen wir ab", fügte aber sogleich hinzu: „Deshalb ist es heute unsere Aufgabe herauszufinden, wie wir Jesus Christus *allen bezeugen können.*" Die Synode von Westfalen distanzierte sich 1999 „von jeglicher Judenmission", fügt jedoch erklärend hinzu: „Juden und Christen *bezeugen je für sich und füreinander* die Treue Gottes, von der sie beide leben." Die Synode von Württemberg erklärte im Jahr 2000 den Begriff der Judenmission für „unangemessen", fügte jedoch hinzu: „Vielmehr geben sich Christen und Juden wechselseitig *Anteil an ihren Erfahrungen mit Gott*", und zwar „in der Form des Gesprächs über den Glauben und *im je eigenen Zeugnis.*" Die nordelbische Synode erklärte 2001: „Wir widersprechen allen Versuchen, die darauf zielen, Juden von ihrer Religion abzubringen", fügte jedoch gleichzeitig hinzu: „Wir unterstützen die Begegnung von Christen und Juden *im Hören auf ihr jeweiliges Glaubenszeugnis* im Respekt vor dem Anderssein des anderen." Andere Synodenerklärungen könnte man der Reihe hinzufügen.

Nein zur Judenmission – Ja zum Zeugnis des Evangeliums

Unterm Strich scheint in allen diesen Erklärungen eines deutlich zu sein: Im hitzigen Streit um die „Judenmission" geht es vor allem um die Symbolkraft von Worten. Das Wort „Judenmission", das so in der Bibel nicht vorkommt, hat in fast 2000 Jahren Kirchengeschichte eine negative Symbolkraft entfaltet. Viele Menschen verbinden damit Inhalte, die dem Neuen Testament der Sache nach fremd waren: etwa den gewaltsamen Zwang zum Glauben. Oder überhaupt den Gedanken, dass „Mission“ den Wechsel von einer Religion in die andere zum Ziel hat. Völlig fremd wäre dem Neuen Testament auch der Gedanke, dass man durch die Verkündigung des Evangeliums Juden „von ihrer Religion abbringen“ wollte. Mit anderen Worten: Es ist ein falsches Missionsverständnis, das mit dem Begriff „Judenmission“ zu Recht abgelehnt wird. Vermutlich ist es daher in der Tat besser, diesen unnötigen Begriff zu vermeiden. Aber wird damit gleichzeitig auch das abgelehnt, was das Neue Testament das „Evangelium für die Juden“ oder das „Apostolat unter den Juden“ nennt? Beim Studium aller Synodenerklärungen zu diesem Thema fällt auf, dass keine dieser Erklärungen *der Sache nach* das ablehnt, was Paulus im Neuen Testament praktiziert: die Verkündigung des Evangeliums gegenüber Juden und Nichtjuden. Im Gegenteil: Die Erklärungen ermutigen sogar ausdrücklich dazu, sich gegenseitig „den Glauben zu bezeugen“, sich „Anteil zu geben an den eigenen Erfahrungen mit Gott“, unser Zeugnis gegenüber Israel „anders wahrzunehmen als unsere Mission gegenüber den Völkern“. Nichts anderes aber hatte Paulus im Sinn, wenn er in den Synagogen predigte. Weder wollte er Juden seinen Glauben aufzwingen, noch wollte er sie von ihrer Religion abbringen. Er wollte einfach nur seinen Glauben an Jesus, den jüdischen Messias, mit ihnen teilen. Und es war ihm, wie wir noch sehen werden, dabei sogar wichtig, dass sie auch als Jesus-Nachfolger Juden bleiben und als solche auch nach außen erkennbar sind. Für Paulus ist die Gemeinde Jesu immer eine Gemeinde aus Juden und Nichtjuden. Und genau das ist auch die Vision, die die EKD in ihrem Grundsatzpapier zum Verhältnis von Juden und Christen im Jahr 2000 formuliert hat:

> „Das Neue Testament bezeugt die eine Kirche aus Judenchristen und Heidenchristen. Wir sehen in unseren christlichen Ge-

schwistern jüdischer Herkunft Zeugen unserer unlösbaren Verbundenheit mit dem bleibend erwählten Gottesvolk Israel."[112]

Vor diesem Hintergrund ist es für mich nicht verständlich, wenn heute Gemeinden und Gruppen sogenannter „messianischer Juden" von kirchlichen Gruppen angefeindet und von evangelischen Kirchentagen und anderen kirchlichen Veranstaltungen ausgeschlossen werden: dafür, dass sie „ihren Glauben gegenüber Juden bezeugen", ihnen „Anteil geben an den eigenen Erfahrungen mit Gott", und das ausdrücklich mit dem Versprechen, sie nicht „von ihrer Religion abzubringen". Mir scheint, dass die Kirche hier an vielen Stellen hinter ihren eigenen Erklärungen zurückbleibt. Oder, dass es immer noch zu viele Missverständnisse im Blick auf Worte und Begriffe gibt, die wir unterschiedlich benutzen. Und dass es uns immer noch schwerfällt, einen Paulus zu verstehen, der einerseits allen Menschen das Evangelium von Jesus, dem Messias, verkündet. Der aber andererseits möchte, dass Juden Juden bleiben und Nichtjuden Nichtjuden.

Keine Grenzmarkierungen mehr?

Damit kommen wir zum vierten und letzten Kritikpunkt an der „neuen Perspektive". Er kommt dieses Mal nicht aus der Richtung der älteren, „traditionellen" Paulusperspektive. Sondern aus der Gegenrichtung, von denen, denen die „neue Perspektive" nicht neu genug ist. Es sind jüdische und christliche Forscher, die manchmal mit dem Namen „Radical New Perspective" bezeichnet werden. Sie selbst formieren sich derzeit unter der weniger schrillen Überschrift „Paul *within* Judaism".[113] Diese Forscher teilen zwar die Kritik der „neuen Perspektive" an der alten, was das Bild von einem werkgerechten Judentum angeht. Aber sie werfen der „neuen Perspektive" vor, dieses Klischee lediglich durch ein neues ersetzt zu haben: das Klischee vom exklusiven und ausgrenzenden Judentum, ein Klischee, das, wie wir gesehen haben, nicht der historischen Wahrheit entspricht. Und sie werfen der „neuen Perspektive" vor, den jüdischen Paulus immer noch nicht konsequent genug als Juden zu verstehen. Denn darin sind sich die meisten Vertreter der „neuen Perspektive" ja einig: Paulus behielt zwar seinen Glauben an den Gott Israels. Er feierte die Feste Israels. Er lebte aus den Schriften Israels. Er zählte sich zum Volk Israel. Er vertraute auf den Bund mit Israel. Aber er sagte sich doch los von den wichtigsten Identitätsmerkmalen Israels: von der Beschneidung, von den Speisegeboten, von den Reinheitsgeboten, kurzum: von der Tora. N. T. Wright fasst das in seinem neuesten Paulus-Buch so zusammen:

> „Paulus vertritt eine messianische Identität und eine Lebensweise, die er als einen authentischen Glauben an den Gott Israels versteht – nur ohne Beschneidung und ohne andere Tora-Erkennungszeichen. Das ist das Paradox, das Paulus in jedem Punkt auszeichnet."[114]

> „Mein Hauptanliegen (im zweiten Teil meines Paulus-Buches) war es zu zeigen: Wenn wir die Weltsicht anschauen, die Paulus seinen Anhängern zu vermitteln versuchte, dann stellen wir fest, dass das zentrale Symbol dieser Weltsicht die eins gewordene und heilige Gemeinschaft selbst ist. Aber dass diese Gemeinschaft keine der symbolischen Erkennungszeichen mehr trug (Beschneidung, Speisegebote, Sabbat, ethnische Identität und Endogamie, Verbundenheit mit dem Tempel in Jerusalem), die doch für die übrigen jüdischen Gemeinden in der Diaspora die Grundlage ihres Überlebens bildeten."[115]

Es ist verständlich, dass es den meisten Juden schwerfallen wird, hier nicht doch den Verdacht zu hegen, man wolle Juden „von ihrer Religion abbringen". Zumindest könnte man Paulus Etikettenschwindel vorwerfen, wenn er Judentum so umdefiniert, dass das zentrale

Identitätsmerkmal nun plötzlich keine Rolle mehr spielt und Juden nicht mehr von Nichtjuden zu unterscheiden sind.

Verschiedene jüdische Autoren haben zwar Paulus trotz seines vermeintlichen Abschieds vom Gesetz weiterhin eine „jüdische Identität" zugesprochen: So vergleicht Pinchas Lapide Jesus mit einem „chassidischen Rabbi", Paulus dagegen mit einem „Reformrabbiner in der Diaspora, vielleicht in New York".[116] Aber es fällt schwer, diese Sichtweise in die Zeit des ersten Jahrhunderts zurückzudenken. Hinzu kommt die Tatsache, dass es den Vertretern der „neuen Perspektive" ja gar nicht in erster Linie um eine „Lockerung des Gesetzes" geht, sondern um eine endgültige Auflösung der Identitäten: Denn diese seien es, die ihrem Wesen nach dem Bild von der einen Familie Abrahams widersprächen. N. T. Wright greift dafür das altkirchliche Bild von einem „tertium genus" („dritte Rasse") auf, in der die beiden alten „Rassen", Juden und Nichtjuden, endgültig überwunden werden:

> „Es kann mit gutem Grund behauptet werden, wie es Sanders und andere taten, dass Paulus selbst zwar nicht den Begriff der ‚dritten Rasse' vertrat, aber doch etwas, das dem sehr nahekam."[117]

Kann man aber in diesem Fall wirklich noch von einem „jüdischen Paulus" oder von „jüdischen Jesus-Nachfolgern" sprechen? Oder müsste man nicht ehrlicherweise von „Ex-Juden" sprechen, die jetzt zu Christen geworden sind? Genau damit aber wäre der alte Vorwurf wieder bestätigt, dass es Paulus letztlich doch um ein Ende des Judentums und eine Überwindung der nationalen, ethnischen und religiösen Identität Israels ging.

Ein gesetzestreuer Paulus?

Schalom ben Chorin hat diesem Bild des Paulus schon früh widersprochen. Für ihn blieb Paulus, „trotz seiner Relativierung des Gesetzes innerhalb der rabbinischen Tradition“:[118] Zwar habe er von Nichtjuden nicht mehr die Einhaltung des Gesetzes gefordert, wenn sie zur Gemeinde gehören wollten. Das sei aber durch eine alte rabbinische Lehre begründet, der zufolge in der messianischen Zeit das Gesetz seine Gültigkeit verliere:[119]

> „In der Schule des Elia wird gelehrt: 6000 Jahre besteht die Welt. 2000 Jahre Unordnung, 2000 Jahre Tora, 2000 Jahre Messias.“[120]

Paulus selbst habe sich aber dennoch weiterhin an die Vorschriften der Tora gehalten, was sich etwa daran zeige, dass er Timotheus beschneiden ließ.[121] In der Tat gibt es auch andere Stellen in der Apostelgeschichte, die eine Treue des Paulus zu einzelnen Torageboten nahelegen: So finanziert er in Apg 21,23-25 offenbar ein Nasiräergelübde von jüdischen Gemeindegliedern, verbunden mit den dazugehörigen Reinigungs- und Opferhandlungen. Und in Apg 18,18 legt er möglicherweise selbst eines ab. Von seinen Geschwistern in Jerusalem wird ihm sogar ganz grundsätzlich bescheinigt, dass er „nach dem Gesetz lebt und es hält“. Traditionelle Bibelausleger haben diese Stellen stets so ausgelegt, dass Paulus hier als Zeichen der Kompromissbereitschaft auf Forderungen strengerer Geschwister eingeht, obwohl er selbst solche Handlungen eigentlich ablehnt. Aber weil ihm das Gesetz ohnehin nichts mehr bedeute, habe es ihm auch nicht wehgetan, es hin und wieder einmal einzuhalten. [122] Die neuere Forschung dagegen setzt hier den „Paulus-Lukas-Keil“ an und sieht einen weiteren Beleg für die „Judaisierungstendenz“ des Lukas: Er habe solche Geschichten lediglich zu dem Zweck erfunden, den Bruch zwischen Paulus und der Urgemeinde nachträglich wieder zu kitten.

Eine ganz neue Perspektive

Vertreter einer „radikalen" neuen Perspektive jedoch gehen einen anderen Weg: Sie vertreten die Ansicht, dass Paulus weder die Vision von einer „dritten Rasse" vertrat, noch ein liberaler „New Yorker Reformrabbiner" war, noch ein Taktiker, der sich nur dann an das Gesetz hielt, wenn es ihm opportun erschien. Sie setzen weder den „Paulus-Jesus-Keil" an (demzufolge sich Jesus an die Tora hielt, Paulus aber nicht) noch den „Paulus-Jakobus-Keil" (demzufolge es in dieser Frage einen Streit zwischen Paulus und Jakobus gab) noch den „Paulus-Lukas-Keil" (demzufolge Lukas diesen Streit nachträglich übertünchen wollte) noch aber auch den „Paulus-Moses-Keil" (demzufolge Paulus die Tora des Moses ablehnte).

Ihrer Ansicht nach war und blieb Paulus zeit seines Lebens ein gesetzestreuer Jude. Ein Jude, der nicht nur den Glauben Israels teilte, sondern auch die spezifischen Erkennungszeichen Israels. Ein Jude, der dies aber weder tat, weil er sich damit das Heil verdienen wollte, noch weil er damit andere ausgrenzen wollte. Er tat es einfach, weil er war und bleiben wollte, was er war: ein Jude. Ein Jude, der an Jesus glaubte, und trotzdem ein Jude blieb. Ein Jude mit einer Mission zu den anderen Völkern, der sich aber dennoch von diesen Völkern unterschied. Paulus glaubte daran, dass in Jesus die messianische Zeit angebrochen war. Und dass nun alle, Juden und Nichtjuden, zu Gottes Familie und Gottes Volk gehören konnten. Nichtjuden konnten dazugehören, ohne erst Juden werden zu müssen. Und Juden konnten dazugehören, ohne aufzuhören, Juden zu sein. Für Paulus ging es nicht um die Aufhebung aller Unterschiede, sondern um das versöhnte Miteinander der Unterschiede in der gemeinsamen Beziehung zu Jesus:

> „Denn ihr seid alle durch den Glauben Gottes Kinder in Christus Jesus. Denn ihr alle, die ihr auf Christus getauft seid,

> habt Christus angezogen. Hier ist nicht Jude noch Grieche, hier ist nicht Sklave noch Freier, hier ist nicht Mann noch Frau; denn ihr seid allesamt einer in Christus Jesus. Gehört ihr aber Christus an, so seid ihr ja Abrahams Kinder und nach der Verheißung Erben."[123]

Diesen Vers, der in der „neuen Perspektive" oft als Kronzeuge einer Aufhebung aller Unterschiede angeführt wird, verstehen Vertreter einer „radikalen" neuen Perspektive genau umgekehrt: Denn natürlich rechnet Paulus nicht damit, dass Männer und Frauen in der Gemeinde ihre spezifische Identität verlieren: Männer bleiben Männer und Frauen bleiben Frauen. Gerade ihr Miteinander in der Gegensätzlichkeit ist das, was die Gemeinschaft in Christus ausmacht. Ebenso rechnet Paulus, im Kontext seiner Zeit, nicht damit, dass es keine Sklaven oder Herren mehr gibt. Das mag heute so sein, damals war eine Abschaffung der Sklaverei sicher nicht auf dem Schirm des Paulus. Sie soll auch hier nicht von ihm ausgesagt werden. Sondern im Gegenteil: Dass Sklaven und Herren in Christus eins sind und in Liebe einander dienen, das ist für Paulus das Geheimnis der messianischen Gemeinde. Und das Gleiche gilt nun auch für das Miteinander von Juden und Nichtjuden in dieser Gemeinde: Nicht die Aufgabe der eigenen Identität, sondern die Wertschätzung der jeweils unterschiedlichen Identität ist das, worum es Paulus geht: Das versöhnte Miteinander von Israel und der Völkerwelt ist ein sichtbares Zeichen für die Versöhnung mit Gott, die der Messias in die Welt gebracht hat. Deshalb kommt es gerade darauf an, dass Unterschiede gewahrt bleiben. Und deshalb verlieren für Paulus auch die „Erkennungszeichen" der Tora nicht ihre Bedeutung.

In der Welt der Paulusforschung stößt diese neue Sicht des Paulus noch auf einige Skepsis. Zu tief sitzt die Überzeugung der „alten" wie der „neuen" Perspektive, dass das Gesetz etwas ist, was überwunden werden muss: sei es, weil es Werkgerechtigkeit fördert oder weil es Partizipation verhindert. Aber die „radikal neue" Perspektive hat sich schon lange über den Status einer exotischen Außenseitermeinung hinaus entwickelt. Sie wird in ernsthaften wissenschaftlichen Foren und Publikationen diskutiert und von anerkannten Wissenschaftlern vertreten. Man darf also mit Spannung abwarten, wie sich die Diskussion weiterentwickelt. Die nächsten Kapitel dieses Buches sollen ein kleiner Beitrag zu dieser Diskussion sein.

Ein Jude mit Mission

In diesem Kapitel bin ich der umstrittenen Frage nachgegangen, was aus dem Juden Paulus nach seiner Bekehrung wurde: Blieb er ein Jude oder wurde er ein Christ? Wenn er ein Jude blieb, was hatte er dann am Judentum auszusetzen? Und wenn er nichts am Judentum auszusetzen hatte, warum trennten sich dann seine Wege von denen der jüdischen Synagogen? Ich habe, wie angekündigt, nur einige Kernfragen ansprechen können und einige Antworten vorgestellt, die auf diese Fragen gegeben werden. Es liegt nun bei Ihnen, das Neue Testament aufzuschlagen und herauszufinden, welche dieser Antworten am besten zu den Texten passen. Hätte ich mehr Platz in diesem Buch, würde ich gerne Punkt für Punkt den Glauben des Paulus mit dem Glauben von anderen Juden seiner Zeit vergleichen. Wir würden erstaunliche Übereinstimmungen, aber auch deutliche Unterschiede finden: Wir würden entdecken, dass Paulus zuweilen mit den großen rabbinischen Lehrern und zuweilen mit ihren essenischen Kritikern aus Qumran übereinstimmt, zuweilen mit den weisheitlichen Lehren eines Ben Sira oder des „Prediger Salomo" und zuweilen mit den radikalen jüdischen Apokalyptikern. Wir würden abenteuerliche allegorische Bibelauslegungen nach dem Vorbild des Philo von Alexandrien entdecken, aber auch sehr wortgetreue Techniken der Schriftauslegung, wie sie bei den Rabbinen üblich sind. In all dem wäre Paulus aber, bei allen Gemeinsamkeiten und Unterschieden, Teil der jüdischen Welt.

Die traditionelle Paulusforschung sah das noch anders: Sie verstand viele Überzeugungen des Paulus, angefangen von der Rechtfertigung aus Gnade bis hin zum Sühnetod Jesu, und erst recht die vermeintliche „Gesetzesfreiheit" des Paulus als einen völligen Bruch mit dem Judentum. Die neuere Forschung sieht eine große Kontinuität des Paulus zum Judentum und nur in seiner Öffnung für die nicht jüdische Welt und im Abschied vom Gesetz einen echten Bruch. Und selbst diese Annahme wird von manchen radikalen Stimmen heute bezweifelt.

Mir gefällt das von N. T. Wright in seinem Paulus-Buch vorgeschlagene Bild: Demnach hat Paulus zwar alle Grundüberzeugungen des jüdischen Glaubens auch nach seiner Hinwendung zu Jesus übernommen. Aber er hat sie neu arrangiert, um eine neue Mitte herum. Diese neue Mitte ist der Messias Jesus. Damit bleibt einerseits alles beim Alten, und andererseits ändert sich alles: Paulus glaubt zwar, wie seine jüdischen Geschwister, an den einen Gott Israels, und in seinen Briefen klingt immer wieder das jüdische Bekenntnis zum „einen Gott" an.[124] Gerade weil es nur einen Gott gibt, ist er derselbe Gott für Juden und Nichtjuden, und alle sind eingeladen in seinen Bund. Und dennoch ist alles anders: Denn wenn Paulus Jesus den „Herrn" nennt, dann definiert er damit den Gott Israels, der im Alten Testament diesen Titel trägt, neu.[125] Hier müssen sich seine Wege trennen von denen, die Jesus diese Rolle nicht einräumen. Paulus glaubt wie seine jüdischen Geschwister an „die Bundesschlüsse, die Tora, den Gottesdienst und die Verheißungen."[126] Und doch haben alle diese Begriffe für ihn in Jesus eine neue Bedeutung bekommen. Eine Bedeutung, die von denen nicht geteilt wird, die Jesus nicht als Messias ansehen. Auch hier trennen sich also die Wege. Paulus hofft – wie seine Glaubensgeschwister – auf das Kommen des Messias am Ende der Zeiten. Aber er glaubt, dass es Jesus sein wird, der Gekreuzigte und Auferstandene. Und auch hier können ihm viele Juden nicht folgen. Paulus glaubt – wie alle Juden – an die Gnade Gottes und die Vergebung der Sünden. Aber für ihn geschieht sie nicht mehr im Tempel am Versöhnungstag, sondern sie geschah am Kreuz auf Golgatha. Wir könnten die Reihe so fortführen. Immer wieder würde deutlich: Paulus wendet sich nicht vom Judentum ab. Aber es ist sein Glaube an Jesus, der alles verändert und neu ordnet. Und der ihn letztlich trennt von seinen jüdischen Geschwistern.

Die wirkliche Trennlinie

Für Paulus verlief die tatsächliche Trennlinie also nicht zwischen Juden und Christen, auch nicht zwischen Juden und Nichtjuden. Sondern sie verlief zwischen denen, die an Jesus glaubten (Juden wie Nichtjuden), und denen, die nicht an Jesus glaubten (Juden wie Nichtjuden). Der Glaube an Jesus war es, der den Juden Paulus von seinen jüdischen Glaubensgeschwistern trennte. Und es war derselbe Glaube an Jesus, der ihn mit seinen nichtjüdischen Glaubensgeschwistern verband. Erst sehr viel später verschob sich diese Grenze: Statt der Trennung zwischen Jesus-Nachfolgern und Jesus-Gegnern gab es nun eine Trennung zwischen Juden und Christen. Da waren aber schon einige Jahrhunderte ins Land gegangen. Für Paulus ging es nicht um die Entscheidung zwischen Judentum und Christentum, sondern um die Entscheidung für oder gegen Jesus. Genauer: für oder gegen den Glauben, dass Jesus, der Messias, für unsere Sünden starb und vom Tod auferstand.

Hier ist auch für heutige jüdische Autoren die Grenze, an der sie sich von Paulus trennen, ganz egal, wie jüdisch sie ihn zeichnen. Es ist nicht die Botschaft von der Gnade, nicht die Mission an die Völker, nicht einmal der vermeintliche Bruch mit der Tora, der es den jüdischen Paulus-Verehrern schwer macht, ihm den ganzen Weg zu folgen. Am Ende geht es immer um die Frage: Wer ist Jesus? Und jüdische Autoren wiederholen immer wieder, in unterschiedlichen Worten, warum sie nicht an Jesus glauben können. Es ist die offensichtliche Unerlöstheit unserer Welt, die wir auch als Christen nicht leugnen können:

> „Keine Erlösung ist in der Welt zu verspüren. (...) Aus derselben Erkenntnis heraus aber können wir auch nicht übersehen, dass jener neue Äon des Messias, der die Epoche des Gesetzes für Paulus abgelöst hat, nicht damals und nicht heute angebrochen ist. Wäre er angebrochen, wie hätten dann fast zweitausend Jahre nach Anbruch dieser Heilszeit Auschwitz, Vietnam, Biafra und die Bedrohung der ganzen Welt durch die Atombombe Raum in der Welt finden können? Was für eine Art von Heil ist das, das dem Unheil nicht wehren kann?“[127]

Schalom ben Chorin weist darauf hin, dass selbst dieser „Irrtum des Paulus“ ihn noch mit dem Judentum vereint – denn auch andere Juden hätten schon in den falschen Personen den Messias zu erkennen geglaubt: „Auch sein Irrtum ist der Irrtum Israels, ein Irrtum, der sich aus Glaube, Liebe und Hoffnung immer wieder ereignet hat.“[128]

Der Hinweis auf die noch ausstehende Erlösung ist eine Mahnung aus dem Mund unserer jüdischen Geschwister, die wir nicht leichtfertig durch den Hinweis auf eine „innere Erlösung“ oder eine „Erlösung im Jenseits“ vom Tisch wischen sollten. Denn die biblische Vision der Erlösung ist in der Tat größer: Sie verheißt Frieden im umfassenden Sinne: *schalom*, was so viel heißt wie Ganzheit, Vollständigkeit, Heilsein. Darauf warten wir ja in der Tat noch. Wir warten zusammen mit unseren jüdischen Geschwistern – und mit Paulus. Denn auch er wartet auf das Kommen des Messias. Und zwar auf ein Kommen, durch das tatsächlich die ganze Erde erneuert wird:

> „Denn das ängstliche Harren der Kreatur wartet darauf, dass die Kinder Gottes offenbar werden. Die Schöpfung ist ja unterworfen der Vergänglichkeit – ohne ihren Willen, sondern

durch den, der sie unterworfen hat –, doch auf Hoffnung; denn auch die Schöpfung wird frei werden von der Knechtschaft der Vergänglichkeit zu der herrlichen Freiheit der Kinder Gottes."[129]

Paulus teilt also auch an dieser Stelle die jüdische Hoffnung auf endgültige Erlösung. Damit schließt sich der Kreis. Wir haben gesehen, dass Paulus in seinen entscheidenden Überzeugungen Jude geblieben ist, auch nach seiner Bekehrung zu Jesus. Aber sein jüdischer Glaube hat sich neu geordnet, um den Messias Jesus herum. Der Glaube ist der gleiche geblieben, aber die Uhrzeit auf der Weltenuhr hat sich verändert.[130] Auch wenn seine jüdischen Geschwister den Glauben des Paulus an den Messias als unjüdisch ablehnen: Für Paulus ist und bleibt es ein jüdischer Glaube.

Offengeblieben ist aber jetzt noch die Frage, wie es um die bleibende jüdische Identität des Paulus steht. Stimmt die Ansicht vieler Vertreter der „neuen Perspektive", dass Paulus letztlich auf das wichtigste Kennzeichen der jüdischen Identität, die Tora, verzichtet? Und dass seine Vision von Gemeinde die Aufhebung aller Grenzen und Unterschiede zum Ziel hat? Oder stimmt die Ansicht der „radikal neuen Perspektive", dass Paulus zeit seines Lebens der Tora treu blieb und dass seine Vision von Gemeinde nicht die Aufhebung aller Unterschiede, sondern die Wertschätzung der Unterschiede und ihr versöhntes Miteinander zum Ziel hat? Diesen Fragen werden wir in den nächsten Kapiteln nachgehen.

Kapitel 6

„Frei vom Gesetz?"

Paulus und die Treue zur Tora

Für viele Christen gehört die „Freiheit vom Gesetz" zu den Kernpunkten der christlichen Botschaft. Ja, für sie ist „Gesetz" geradezu das Gegenteil von „Evangelium": Jesus hat uns frei gemacht vom Gesetz, so lautet für sie die Kurzfassung des Evangeliums, und eine Rückkehr in die „Gesetzlichkeit" scheint häufig das größte Schreckgespenst zu sein, das es zu vermeiden gilt. Die Evangelische Kirche in Deutschland hat sich vor einigen Jahren in einem groß angelegten Zukunftspapier als „Kirche der Freiheit" neu definiert. Und blickt man auf die unterschiedlichen jüdischen Paulusbilder, die wir im ersten Kapitel kennengelernt haben, dann scheint die Freiheit des Paulus gegenüber dem Gesetz der wichtigste gemeinsame Nenner zu sein, bei dem fast alle Autoren die entscheidende Trennungslinie zwischen Paulus und dem Judentum ansetzen.

Blickt man jedoch ins Neue Testament, dann erscheint dort die Formel „frei vom Gesetz" nur an einer einzigen Stelle. Und dort ist, wie wir noch sehen werden, nicht das jüdische Gesetz gemeint, sondern ein anderes. Stimmt es also wirklich, dass die Idee von der Gesetzesfreiheit für Paulus – oder für die ersten Christen – so zentral war, wie es aus heutiger Sicht erscheint? Ich persönlich glaube, dass wir Jesus und Paulus an dieser Stelle lange Zeit missverstanden haben. Und einer wachsenden Zahl von jüdischen und christlichen Forschern weltweit geht es genauso. Ich möchte daher dieser Frage in den nächsten Kapiteln gründlicher nachgehen, denn es ist diese Frage, an der sich für viele entscheidet, ob Paulus noch „wirklich Jude" war oder eben doch nur „ein bisschen Jude", was etwa so viel Sinn macht wie „ein bisschen schwanger". Um das Lesen zu erleichtern, will ich zunächst gleich zu Anfang die wichtigsten Eckpunkte benennen, um die es in diesem Kapitel gehen wird:

1. Für Paulus macht der Glaube an Jesus nicht „frei vom Gesetz".
2. Paulus selbst hat sich zeitlebens streng an das jüdische Gesetz gehalten.
3. Juden, die an Jesus glauben, sollen weiterhin das Gesetz einhalten.
4. Nichtjuden, die an Jesus glauben, sollen sich nicht an das Gesetz halten.
5. Juden sollen Juden bleiben und Nichtjuden sollen Nichtjuden bleiben.

Normalerweise, wenn ich diese Sätze in meinen Vorlesungen oder Vorträgen sage, ernte ich zunächst ungläubige Blicke, und dann stehen sofort jede Menge „Ja, aber ..."-Fragen im Raum. Und es ist mir deshalb bewusst, dass dieses Kapitel vermutlich das schwierigste und gleichzeitig auch das umstrittenste dieses Buches sein wird. In gewisser Weise war alles, was ich bis hierher geschrieben habe, eine Grundlage und Einführung in die jüdische Welt des Paulus. Jetzt aber geht es ans Eingemachte. Vieles, was ich bis zu diesem Punkt erörtert habe, kann man in jedem beliebigen Paulus-Buch der neueren Forschung nachlesen. Ab hier jedoch gehen die Meinungen weit auseinander. Und bisher gibt es, wie im vergangenen Kapitel bereits gesagt, nur eine kleine, aber wachsende Zahl von Forschern, die die neue Sicht von Paulus teilt, die ich hier vorstelle.[1] Daher bitte ich um etwas Geduld beim Weiterlesen. Und ich lade Sie dazu ein, alles selbst anhand der Bibel zu prüfen und zu einem eigenen Urteil zu kommen. In unserer Zeit werden wichtige Fragen viel zu oft nur noch nach dem Mehrheitsprinzip entschieden: Etwas kann aber nicht schon deshalb wahr sein, weil es „heute alle so sehen". Ebenso wenig gilt die umgekehrte Logik der Verschwörungstheoretiker, der zufolge etwas gerade dann wahr ist, wenn es alle anders sehen – außer der kleinen aufgeklärten Elite, zu der wir gerade gehören. Wir müssen wieder lernen, Wahrheit selbst zu prüfen. In diesem Fall geht es darum, die Texte des Neuen Testaments noch einmal neu und kritisch zu lesen und zu einem eigenen Urteil zu gelangen.

Dabei müssen wir zwei verschiedenen Fragen nachgehen. Die erste lautet: Was hat Paulus eigentlich in seinen Briefen über das Gesetz und die Freiheit vom Gesetz gesagt? Die zweite ist dann aber ebenso wichtig: Wie geht Paulus selbst mit dem Gesetz um? Die erste Frage ist die nach der Theorie, die zweite die nach der Praxis. Ich schlage vor, dass wir beide voneinander trennen und dann gut geordnet nacheinander betrachten. Es wird sich nämlich noch zeigen, dass hier die Gefahr von Missverständnissen groß ist: Wir deuten die Worte des Paulus oft zu schnell von seinem (vermeintlichen) Verhalten her. Und umgekehrt deuten wir sein Verhalten oft zu schnell von seinen (vermeintlichen) Worten her. Ich möchte daher in diesem Kapitel zunächst danach fragen, was Paulus über das Gesetz sagt. Und im nächsten Kapitel dann danach, wie er selbst in seinem praktischen Leben mit dem Gesetz umgeht.[2]

Freiheit bei Jesus

Beginnen wir aber zunächst bei Jesus: Wenn wir in die Evangelien blicken, dann entdecken wir dort, dass der Begriff „Freiheit" für Jesus ganz und gar nicht zentral war. Abgesehen von solchen Formulierungen wie „er redete frei und offen"[3] erscheint das Wort nur an wenigen Stellen. Da geht es etwa darum, dass eine Frau frei ist von ihrer Krankheit, ein Schuldner frei von Schulden und Königskinder frei von der Steuerpflicht.[4] Zentraler ist da schon die Predigt Jesu in Nazareth, in der er das „Evangelium" unter anderem damit beschreibt, dass er „den Gefangenen predigt, dass sie frei sein sollen".[5] Ganz ausführlich redet Jesus dann nur an einer einzigen Stelle über die Freiheit. Und dort wird auch deutlich, wovon wir befreit werden müssen:

> „Da sprach nun Jesus zu den Juden, die an ihn glaubten: Wenn ihr bleiben werdet an meinem Wort, so seid ihr wahrhaftig meine Jünger und werdet die Wahrheit erkennen, und die Wahrheit wird euch frei machen. Da antworteten sie ihm: Wir sind Abrahams Kinder und sind niemals jemandes Knecht gewesen. Wie sprichst du dann: Ihr sollt frei werden? Jesus antwortete ihnen und sprach: Wahrlich, wahrlich, ich sage euch: Wer Sünde tut, der ist der Sünde Knecht. Der Knecht bleibt nicht ewig im Haus; der Sohn bleibt ewig. Wenn euch nun der Sohn frei macht, so seid ihr wirklich frei."[6]

Das Bild von Freiheit und Knechtschaft, das Jesus hier verwendet, ist für den jüdischen Glauben und die jüdische Identität von zentraler Bedeutung. Jedes Jahr am Abend des Passahfestes sitzt die jüdische Familie zusammen und feiert das Fest der Erlösung, der Befreiung aus Ägypten. Und gleich der erste Satz der wohlvertrauten „Zehn Gebote" erinnert an die Tatsache dieser Befreiung:

„Ich bin der HERR, dein Gott, der ich dich aus Ägyptenland, aus der Knechtschaft, geführt habe.“[7]

Freiheit bei den jüdischen Rabbinen

In der rabbinischen Literatur wird der Unterschied zwischen Sklaverei und Freiheit oft durch das Bild von den „zwei Jochen“ veranschaulicht: Gott hat das Joch der Knechtschaft von den Schultern der Israeliten genommen und es durch das „Joch des Himmelreiches“ bzw. das „Joch der Gebote“ ersetzt. So fanden die Israeliten echte Freiheit:

> „Gott sagt: Im ersten Monat sollt ihr das Passahfest feiern! Das kann man vergleichen mit einem König, der seinen Sohn aus der Gefangenschaft befreit und dann sagt: Feiert ab jetzt jedes Jahr ein Fest, um den Tag zu feiern, an dem mein Sohn von der Finsternis ins Licht, vom eisernen Joch zum Leben, von der Sklaverei in die Freiheit, und von Gefangenschaft zur Erlösung fand! … So fand Israel von einem Joch aus Eisen zum Joch der Tora.“[8]

> „Rabbi Nechanja ben Hakkana sagte: Wer das Joch der Tora auf sich nimmt, der wird frei vom Joch irdischer Herrscher und irdischer Belange. Aber wer das Joch der Tora abwirft, der gerät unter das Joch irdischer Herrscher und irdischer Belange.“[9]

Das Bild von den „zwei Herren“, zwischen denen man sich entscheiden muss, ist im Judentum weitverbreitet. Jesus hat es auch an anderen Stellen verwendet, wo er etwa davon redet, dass der Mensch sich zwischen der Herrschaft des Mammons und der Herrschaft Gottes entscheiden muss.[10] Auch in der rabbinischen Literatur wird deutlich, dass die „Befreiung aus der Sklaverei“ nicht nur eine Erfahrung der Vergangenheit ist, sondern im Leben jedes Menschen neue Aktualität gewinnt:

> „Rabbi Simeon ben Pazzi (3. Jh.) sagte: Was bedeutet das Schriftwort ‚... und der Sklave ist frei von seinem Herrn' (Hiob 3,19)? Der Mensch ist, solange er lebt, der Knecht zweier Herren: der Knecht seines Schöpfers und der Knecht seiner eigenen (bösen) Neigungen. Wenn er den Willen seines Schöpfers tut, verärgert er seine böse Neigung. Wenn er seiner bösen Neigung folgt, verärgert er seinen Schöpfer. Wenn er aber stirbt, ist er frei: ein Knecht, frei von seinem Herrn!"[11]

Ähnlich wie Jesus überträgt Rabbi Simeon also das Bild von den zwei Herren auf die menschliche Knechtschaft unter den „bösen Neigungen". In anderen rabbinischen Texten werden ähnliche Parallelen gezogen:

> „Als die weltliche Lebensweise zunahm, kam Gottes Zorn über die Welt, und die Herrlichkeit der Tora verging. Als die bestechlichen Richter zunahmen, wurde das Gesetz verdreht, und der Heilige Geist hörte auf zu wirken in Israel. Als die Parteilichkeit zunahm, ging der Respekt der Menschen voreinander verloren, und man bekam Angst voreinander. Und die Menschen warfen das Joch des Himmels von sich ab, und nahmen das Joch von Menschen auf sich."[12]

Aus all diesen Aussagen, sei es bei Jesus oder den jüdischen Rabbinen, wird eines deutlich: Die Knechtschaft, aus der der Mensch befreit werden muss, ist nicht die Knechtschaft des Gesetzes, sondern die Knechtschaft der Sünde, die Knechtschaft irdischer Mächte und Herrscher, die Knechtschaft der eigenen bösen Neigungen, die Knechtschaft des Mammon. Nirgendwo ist Freiheit die „Freiheit vom Gesetz". Im Gegenteil: Das Gesetz ist sogar immer der Garant der Freiheit. Nur wer das Joch des Gesetzes (oder das Joch des Himmelreiches) auf sich nimmt, der ist frei vom Joch irdischer Herren und Mächte.

Freiheit auf den Tafeln des Gesetzes

Ein rabbinisches Wortspiel macht diesen Zusammenhang deutlich: Es ist in der rabbinischen Bibelauslegung üblich, die Bedeutung eines Bibelwortes dadurch zu erklären, dass man einen Buchstaben des Wortes verändert und ein Wort durch ein ähnlich klingendes erklärt. So geschieht es auch mit einer Passage, die von der Gabe der Tora erzählt:

> „Die Schrift sagt: ‚Und die Tafeln waren ein Werk Gottes, und die Schrift war die Schrift Gottes, eingegraben auf die Tafeln' (Ex 32,16). Was bedeutet hier ‚eingegraben'? Rabbi Jehuda sagt: Lies nicht ‚eingegraben' (*charuth*), sondern ‚Freiheit' (*cheruth*), nämlich die Freiheit von irdischen Herrschaften. Rabbi Nechemja sagt: Freiheit vom Todesengel; unsere Rabbinen sagen: Freiheit von Leiden. Rabbi Eleasar, der Sohn des Rabbi Joses, des Galiläers, sagte: Wenn der Todesengel käme und vor Gott spräche: Du hast mich umsonst in der Welt erschaffen, so würde er ihm antworten: Über jede Nation in der Welt lass ich dich herrschen, nur über diese nicht. Denn dieser habe ich die Freiheit (*cheruth*) verliehen. Das also bedeuten die Worte: „Freiheit (*cheruth*) auf den Tafeln."[13]

In der jüdischen Tradition ist der Begriff der Freiheit also sehr eng mit der Tora verbunden: Nicht die Freiheit *vom* Gesetz, sondern die Freiheit *durch* das Gesetz ist das, was angestrebt wird. Eine Freiheit, die darin besteht, dass man sich Gottes Willen unterordnet, anstatt dem Willen anderer Menschen – oder dem eigenen Willen. Das zweite Buch der Makkabäer, das vom großen Freiheitskampf der Juden gegen die Unterdrückung der hellenistischen Machthaber im 2. Jh. vor Christus berichtet, formuliert es so:

> „Wir wollen die Geschichte von Judas dem Makkabäer erzählen [...], wie er den weltberühmten Tempel wieder erobert und die Stadt befreit und die Gesetze, die man auflösen wollte, wieder aufgerichtet hat."[14]

Auch für den Juden Flavius Josephus zeigt sich die Freiheit des jüdischen Volkes vor allem darin, dass es frei ist, die Gesetze der Tora zu befolgen.[15] Das Gesetz ist also für den jüdischen Glauben der Garant der Freiheit, nicht ein Hindernis der Freiheit.

Jesus, der Gesetzesbrecher?

In meinem Jesus-Buch habe ich daher auch versucht zu zeigen, dass Jesus weder in seinen Worten noch mit seinen Taten das jüdische Gesetz infrage gestellt hat.[16] Im Gegenteil: Er sagte, er sei gekommen, das Gesetz zu erfüllen, statt es aufzulösen.[17] Alle Lehren der Pharisäer soll man einhalten,[18] selbst die akribischen Gebote zum Verzehnten von Kümmel und Minze.[19] Nur in Einzelfragen der Auslegung war Jesus anderer Meinung als andere Lehrer, etwa bei der Frage, ob man vor dem Essen die Hände waschen soll[20] oder in welchen Fällen eine Scheidung erlaubt ist.[21] Das aber sind keine Grundsatzanfragen an das Gesetz, sondern es bestätigt ja nur, dass es Jesus wichtig ist, das Gesetz einzuhalten und richtig auszulegen. Zwar wurde Jesus immer wieder vorgeworfen, dass er den Sabbat breche.[22] Aber es sind die Antworten Jesu, die hier entscheidend sind: Denn Jesus begründet sein Handeln am Sabbat gerade nicht damit, dass das Gesetz nicht mehr gilt oder der Sabbat nicht so wichtig ist. Sondern er antwortet seinen Kritikern regelmäßig mit einem Nachweis, dass er das Gesetz nicht gebrochen hat, sondern dass erlaubt war, was er tat. Gerade das aber zeigt ja seine Treue zum Gesetz. Gleiches gilt übrigens für die Reinheitsgebote, die Jesus stets beachtet. Denn es ist in der Bibel weder verboten noch war es bei Juden unüblich, unreine Menschen zu berühren oder ihr Haus zu besuchen. Jesus schafft nicht die Reinheitsgebote ab, sondern er heilt unreine Menschen. Das ist ein Unterschied. Wenn Jesus also sagt: „Wenn euch nun der Sohn frei macht, so seid ihr wirklich frei", dann redet er nicht über die Freiheit vom Gesetz. Und auch nicht über die Freiheit von Gesetzlichkeit. Er redet über die Freiheit von der Sünde. Die findet man dort, wo man „sein Joch auf sich nimmt und von ihm lernt".[23] Ganz so wie bei den jüdischen Rabbinen ist es also das Joch des Himmelreiches, das frei macht vom Joch der Sünde.

Die christliche Gesetzes-Brille

In der westlichen christlichen Tradition, besonders in den Kirchen der Reformation, sind wir jedoch anders geprägt. Für uns ist das Gesetz nicht Garant der Freiheit, sondern ihr größter Gegner. Woher stammt diese Einstellung? In der alten Kirche war sie noch nicht verbreitet, und die Kirchenväter der ersten Jahrhunderte sprachen noch nicht von der „Freiheit vom Gesetz". Es ist vielmehr der Einfluss Martin Luthers, dann aber vor allem die Luther-Deutung der Aufklärungszeit, die die Idee einer „Freiheit vom Gesetz" so sehr in den Mittelpunkt gerückt hat: Wie wir im vergangenen Kapitel gesehen haben, hatte Luther das Gesetz als völligen Gegensatz zum Evangelium verstanden. Für Luther war das Gesetz in doppelter Weise eine Last und Bedrohung für den Menschen: zum einen, weil es Forderungen stellt, die niemand je ganz erfüllen kann. Und zum Zweiten, weil es die Illusion vermittelt, man könnte sich durch das Halten des Gesetzes Gottes Gnade verdienen.

Von beiden Lasten aber bringt das Evangelium die *Befreiung*: Denn es sagt uns Vergebung zu, auch wenn wir das Gesetz nicht einhalten. Und es sagt uns, dass wir Gottes Gnade nicht verdienen, sondern nur geschenkt bekommen können. In diesem Sinne brachte das Evangelium für Luther die „Freiheit vom Gesetz". Gemeint ist also eigentlich die „Freiheit vom Urteil des Gesetzes" und die „Freiheit von einem am Gesetz orientierten Leistungsdruck".

Brillenwechsel: Von Luther zur Aufklärung

In der Aufklärungszeit wandelte sich das Verständnis des Slogans „Freiheit vom Gesetz" dann aber noch einmal deutlich. Und es ist dieses, aus der Aufklärungszeit stammende Freiheitsverständnis, das viele Christen, besonders in der „evangelikalen" Kultur, bis heute nachhaltig prägt. Anders als bei Luther war das Gesetz nämlich nun nicht mehr ein notwendiges Gegengewicht zum Evangelium, also eine berechtigte Forderung Gottes. Sondern es wurde in sich selbst als etwas Schlechtes angesehen, von dem der Mensch befreit werden muss. Die Aufklärung wandte sich nicht gegen einen falschen Gebrauch des Gesetzes, sondern gegen das Gesetz an sich. Nicht gegen religiöse Werkgerechtigkeit, sondern gegen religiöse Verhaltensregeln an sich. Man wollte sich nämlich nicht mehr von der Kirche oder von Gott vorschreiben lassen, was man zu tun und zu lassen hatte. Was falsch und richtig ist, darüber sollte allein der Mensch selbst, geleitet durch Vernunft und Einsicht, entscheiden. Deshalb waren alle Gesetze, die aus der Bibel stammten, etwas Schlechtes, von dem der Mensch befreit werden muss. Selbst an die Worte Jesu sollte man sich nicht deswegen halten, weil sie von Jesus stammen. Sondern nur noch dann, wenn sie für den menschlichen Verstand auch gut und einsichtig sind. So wird „Freiheit vom Gesetz" in der Aufklärungszeit neu definiert: Es ist jetzt nicht mehr das Gesetz als Forderung oder das Gesetz als religiöse Leistung, sondern das Gesetz *an sich*, das abgeschafft werden muss. „Jesus macht uns frei vom Gesetz", dieser Slogan bedeutet jetzt: keine engstirnigen Regeln mehr, keine religiösen Traditionen, keine moralischen Vorschriften, keine strengen Grenzen von Richtig und Falsch. Auch der Begriff

„Gesetzlichkeit" wird in dieser Zeit ganz neu gefüllt: Im berühmten „Deutschen Wörterbuch", das von den Brüdern Grimm Anfang des 19. Jahrhunderts zusammengestellt wurde, ist „gesetzlich" noch ein ganz positiver Begriff. „Gesetzlich" ist demnach das, was dem Gesetz entspricht und dem Gesetz nach erlaubt ist. Also zum Beispiel gesetzliche Abgaben, die gesetzliche Kündigungsfrist, eine gesetzliche Krankenkasse. Im christlichen Sprachgebrauch jedoch entwickelte sich das Wort „gesetzlich" seitdem zu einem Schimpfwort, das auf jeden Fall zu meiden ist: „Wir wollen ja nicht gesetzlich sein." Gesetzlich ist nun der, der sich an biblische Gebote hält oder moralische Forderungen stellt. Gesetzlich ist es, wenn man sich an vorgegebene Regeln hält statt an die eigenen, frei gewählten. Oder wenn man sich *allzu streng* daran hält, anstatt mal zwei Augen zuzudrücken. In Predigten sind es seit dieser Zeit immer öfter die Juden und die Pharisäer, die sich „gesetzlich", „streng" oder „penibel" an Gebote halten. Christen dagegen halten sich, wenn überhaupt, dann nur „locker" und auf jeden Fall „freiwillig" an biblische Gebote. Nicht, weil sie müssen, sondern weil sie wollen oder „dürfen". Denn sie sind ja nun „frei vom Gesetz".

Bibeltexte umgeschrieben

Die Liebe für den neu entdeckten Slogan der „Freiheit vom Gesetz" führte sogar dazu, dass Bibelausgaben und Bibeltexte neu geschrieben wurden. Das Gesetz tauchte nun plötzlich an Stellen auf, wo es im Grundtext gar nicht stand. So übersetzt etwa die „Gute Nachricht Bibel" das oben zitierte Jesuswort vom frei machenden Joch Jesu wie folgt:

> „Ihr plagt euch *mit den Geboten, die die Gesetzeslehrer euch auferlegt haben.* Kommt alle zu mir; ich will euch die Last abnehmen! Ich quäle euch nicht und sehe auf niemand herab. Stellt euch unter meine Leitung und lernt bei mir; dann fin-

det euer Leben Erfüllung. Was ich anordne, ist gut für euch, und was ich euch zu tragen gebe, ist keine Last."[24]

Nur in einer angefügten Fußnote erfährt man, dass sowohl die „Gebote" als auch die „Gesetzeslehrer" hier gar nicht zum Grundtext gehören.[25] Das jüdische Verständnis von Freiheit wird hier also auf den Kopf gestellt: Während das Joch des Himmelreiches im Judentum mit dem frei machenden Joch der Tora gleichgesetzt wird, das Freiheit von irdischen Lasten und Jochen bringt, ist es in dieser Übersetzung die Tora selbst, von deren Joch der Mensch befreit werden muss. Ganz Ähnliches passiert nun aber auch in den Paulusbriefen: Auch hier erscheint die „Freiheit vom Gesetz" an vielen Stellen, an denen sie gar nicht im Bibeltext steht. So übersetzen gleich zwei neuere Übersetzungen in Gal 4,12:

> „Denn als ich bei euch war, bin ich so geworden, wie ihr es einst wart – frei vom Gesetz." (Neues Leben Bibel)

> „Werdet wie ich, weil ich ja auch wie ihr geworden bin – nämlich frei vom Gesetz." (Gute Nachricht Bibel)

Die letzten drei bzw. vier Worte allerdings sind hier jeweils ein freier Zusatz des Übersetzers. Und ein Blick in den Kontext zeigt an dieser Stelle, dass diese Bedeutung alles andere als naheliegt, denn Paulus redet in den Versen vorher nicht von der Knechtschaft des Gesetzes, sondern wie es auch die Rabbinen tun, von der Knechtschaft unter fremden Göttern sowie irdischen Mächten und Gewalten. Ähnliche Ergänzungen zum Bibeltext finden sich aber auch an anderen Stellen, an denen Paulus von „Knechtschaft" spricht: Auch hier möchten die Übersetzer deutlich machen, dass es das *Gesetz* ist, durch das Menschen geknechtet werden:

> „So hat uns Christus also wirklich befreit. Sorgt nun dafür, dass ihr frei bleibt und lasst euch nicht wieder *unter das Gesetz* versklaven.“[26]
> „Sie wollten uns zwingen, *ihre jüdischen Vorschriften* sklavisch zu befolgen.“[27]

In beiden Fällen sind die kursiv markierten Worte jeweils vom Übersetzer eingefügt. Ob dies dem Wortsinn entspricht, das werden wir uns später noch ansehen. Noch beliebter als solche Ergänzungen des Bibeltextes sind allerdings erklärende Zwischenüberschriften im Bibeltext. Die Zwischenüberschriften stammen ja nicht aus dem griechischen Grundtext, sondern können von Bibelübersetzern frei gestaltet werden. Nun ist es interessant, dass die Formel „Freiheit vom Gesetz“ in den Augen und Herzen vieler Bibelübersetzer besonders eng mit dem Galaterbrief verbunden ist. Alle vier oben zitierten „angereicherten“ Textbeispiele stammen aus dem Galaterbrief. Und auch die Kapitelüberschriften, die sich in den Bibeln zu verschiedenen Abschnitten des Galaterbriefs finden, legen nahe, dass es gerade in diesem Brief ganz zentral um die „Freiheit vom Gesetz“ geht. Hier ein paar Beispiele:

„Befreiung vom Gesetz durch Christus“ (Luther 1984, Gal 4,1-7)
„Glaube als Freiheit vom Gesetz“ (GNB, Inhaltsübersicht zu Gal)
„Befreiung aus der Knechtschaft des Gesetzes“ (ELB, Gal 4,1-31)
„Aus der Sklaverei des Gesetzes befreit“ (NeÜ, Gal 4,1-11)
„Nicht mehr Gefangene des Gesetzes“ (HfA, Gal 4,1-7)
„Nicht mehr Sklaven des Gesetzes“ (NGÜ, Gal 3,26-29)
„Befreit vom Gesetz“ (Das Buch, Gal 4,1-7)

Schaut man jedoch in den Bibeltext selbst, erscheint die Formel „Freiheit vom Gesetz“ oder „frei vom Gesetz“ in keinem einzigen der so überschriebenen Texte. Ebenso wenig Formulierungen wie „Sklaven des Gesetzes“ oder „Gefangene des Gesetzes“. Überhaupt tauchen solche Formulierungen im gesamten Galaterbrief nicht auf. Daher sollten wir vielleicht zunächst danach fragen, woher der beliebte Slogan denn nun wirklich stammt.

„Freiheit vom Gesetz" bei Paulus

Paulus selbst verwendet den Ausdruck „frei vom Gesetz" nur an einer Stelle, nämlich im 7. Kapitel des Römerbriefs. Aber dort dafür gleich viermal, und zwar in verschiedenen Formulierungen. Hier lohnt es sich also, genauer hinzusehen, wovon Paulus redet: Denn in diesem Kapitel schreibt Paulus sehr ausführlich darüber, was das Gesetz für ihn bedeutet. Dafür benutzt er, wie auch Jesus und viele Rabbinen, zunächst das Bild von den zwei Herren. Allerdings sind es hier nicht Sklave und Besitzer, sondern Ehefrau und Ehemann (in der hebräischen Sprache ist „Ehemann", „Herr" und „Besitzer" das gleiche Wort, nämlich *ba'al)*: Paulus vergleicht den Menschen mit einer Frau, die per Gesetz („gesetzlich") an ihren Ehemann gebunden ist. Wenn dieser Ehemann stirbt, dann ist die Verbindung gelöst, die Frau ist also „frei von dem Gesetz", aber natürlich nur von *dem* Gesetz, das sie an den Ehemann bindet. Diese Freiheit dient aber – im Bild des Paulus – nicht dazu, nun alleinstehend oder ohne jede Bindung zu bleiben. Sondern sie bedeutet, dass die Frau sich nun an einen neuen Ehemann binden kann:

> „Wisst ihr nicht, liebe Brüder – denn ich rede mit denen, die das Gesetz kennen –, dass das Gesetz nur herrscht über den Menschen, solange er lebt? Denn eine Frau ist an ihren Mann gebunden durch das Gesetz, solange der Mann lebt; wenn aber der Mann stirbt, so ist sie *frei von dem Gesetz*, das sie an den Mann bindet. Wenn sie nun bei einem andern Mann ist, solange ihr Mann lebt, wird sie eine Ehebrecherin genannt; wenn aber ihr Mann stirbt, ist sie *frei vom Gesetz*, sodass sie nicht eine Ehebrecherin ist, wenn sie einen andern

Mann nimmt. Also seid auch ihr, meine Brüder, vor dem Gesetz getötet durch den Leib Christi, sodass ihr einem andern angehört, nämlich dem, der von den Toten auferweckt ist, damit wir Gott Frucht bringen."[28]

Zwei der vier Belegstellen für eine „Freiheit vom Gesetz" tauchen also bereits hier auf: Sie sind damit Teil eines Bildes und beschreiben zunächst einmal eine ganz spezielle Sorte von Freiheit, nämlich die Freiheit einer Witwe „von dem Gesetz, das sie an den Mann bindet".[29] Schnell wird deutlich, dass es hier nicht um eine allgemeine Auflösung des Gesetzes an sich geht, sondern um einen ganz speziellen Rechtsfall. Eine bestehende gesetzliche Bindung wird im Rahmen der (natürlich weiterhin gültigen) Gesetze aufgelöst. Spannend ist daher nun die Frage, wie Paulus dieses Bild auf unser Leben überträgt: Wofür steht eigentlich die Frau, wofür der erste Mann, wofür der zweite? Bibelausleger haben dafür die verschiedensten Auslegungsmöglichkeiten vorgeschlagen:

Die erste Möglichkeit lautet: Wir sind die Frau, das Gesetz ist der erste Mann, Jesus ist der neue Mann: Diese Auslegung würde gut zu der Ansicht passen, dass das Gesetz für uns „gestorben", also erledigt ist: Das Gesetz ist tot, deshalb sind wir frei für die Bindung an Jesus. Das Problem ist nur: Diese Auslegung schlägt Paulus gerade nicht vor. Denn erstens redet er zwar im vorangehenden Kapitel 6 davon, dass *Jesus* für uns gestorben ist, und auch davon, dass *wir* mit Jesus sterben. Dass aber das *Gesetz* stirbt, davon war nie die Rede. Es würde auch nicht zum Bild passen, denn hier ist die Frau ja „frei von dem Gesetz, das sie an den Mann bindet". Das Gesetz und der Mann werden also voneinander unterschieden. Außerdem redet Paulus gleich im nächsten Vers davon, dass „wir" gestorben sind, und nicht das Gesetz. Diese Auslegung passt also nicht zum Text. Das Gesetz ist nicht der „verstorbene Ehemann".

Die zweite Möglichkeit lautet: Wir sind die Frau, und Jesus der gestorbene erste Mann. Das würde zumindest dazu passen, dass Paulus vorher vom Tod Jesu gesprochen hat. Aber wer wäre denn dann der neue Ehemann? Auch diese Auslegung ergibt also keinen Sinn. Jesus ist nicht der gestorbene Ehemann, sondern der neue.

Die dritte Möglichkeit lautet: Wir sind der erste Ehemann, Jesus der neue Ehemann, das Gesetz ist die Ehefrau. Diese Auslegung passt zum einen dazu, dass Paulus im vorangehenden Kapitel davon spricht, dass die Taufe unseren eigenen Tod symbolisiert. Und es passt zu der Aussage in Vers 4, dass „wir getötet wurden". Aber auch hier führt die Auslegung in eine Sackgasse: Denn erstens wäre bei dieser Auslegung das Gesetz die Ehefrau, die, von uns gelöst, nun mit Jesus verheiratet würde. Das würde aber gar keinen Sinn ergeben. Und zweitens wird in Vers 4 nicht nur gesagt, dass wir gestorben sind, sondern gleichzeitig auch, dass wir nun frei sind, zu Christus zu gehören.

Es wird also deutlich: Das Bild von Paulus lässt sich nicht eins zu eins übertragen auf die Beziehung zwischen uns, Jesus und dem Gesetz. Darin sind sich inzwischen auch die meisten wissenschaftlichen Ausleger einig. Wie bei vielen Gleichnissen Jesu auch, darf man hier also nicht jedes Detail auf die Wirklichkeit übertragen, sondern nur einen zentralen Kernpunkt. Das ist hier die Aussage, dass durch den Tod eines Menschen die gesetzlichen Bindungen gelöst werden.

Zwei Gesetze im Widerstreit

Um welche Bindungen geht es aber wirklich? Hier hilft ein Blick auf den weiteren Kontext. Denn Paulus verwendet die Formulierung „frei vom Gesetz" in den folgenden Versen noch zweimal. Dieses Mal aber nicht im Bild, sondern in der Übertragung auf die Realität unseres Lebens. Und hier wird nun deutlicher, welche Bindung und welche Freiheit er mit seinem Bild im Blick hat:

> „Denn solange wir dem Fleisch verfallen waren, da waren die sündigen Leidenschaften, die durchs Gesetz erregt wurden, kräftig in unsern Gliedern, sodass wir dem Tode Frucht brachten. Nun aber sind wir *von dem Gesetz frei geworden* und dem abgestorben, worin wir gefangen waren.“[30]

> „Denn das Gesetz des Geistes, der lebendig macht in Christus Jesus, hat dich *frei gemacht von dem Gesetz* der Sünde und des Todes.“[31]

Paulus stellt an dieser Stelle also zwei gegensätzliche Gesetze einander gegenüber: Da gibt es einerseits das Gesetz, das uns an unser „Fleisch“ und an unsere sündigen Leidenschaften bindet. Oder, wie er es im zweiten Vers beschreibt: Das Gesetz der Sünde und des Todes (bei Paulus ist mit „Fleisch“ ja nie einfach der menschliche Körper gemeint, sondern immer eine irdische, selbstbezogene, von Gott losgelöste Haltung des Menschen). Und dann gibt es ein anderes Gesetz, nämlich das „Gesetz des Geistes“, das den Menschen frei macht. Tatsächlich spricht Paulus in den letzten Versen des 7. Kapitels von zwei solchen gegensätzlichen Gesetzen, die in ihm miteinander streiten:

> „Denn ich habe Lust an *Gottes Gesetz* nach dem inwendigen Menschen. Ich sehe aber ein *anderes Gesetz* in meinen Gliedern, das widerstreitet dem *Gesetz in meinem Gemüt* und hält mich gefangen im *Gesetz der Sünde*, das in meinen Gliedern ist. [...] So diene ich nun mit dem Gemüt dem *Gesetz Gottes*, aber mit dem Fleisch dem *Gesetz der Sünde*.“[32]

Wir kommen hier also wieder zurück zu dem alten Bild von den zwei Herren, das uns schon bei Jesus und bei den Rabbinen begegnet ist: Bei Jesus war der Mensch entweder Diener der Sünde oder Diener Jesu, entweder Diener des Mammons oder Diener Gottes. Bei den Rabbinen war er entweder Diener seiner bösen Neigungen oder Diener Gottes, einem eisernen Joch oder dem Joch der Tora unterworfen, irdischen Mächten oder der Herrschaft des Himmelreichs. Ganz ähnlich klingt es hier bei Paulus: Es gibt zwei Seiten, und auf beiden Seiten ist der Mensch durch ein Gesetz an seinen Herren bzw. Ehemann gebunden: Das „Gesetz der Sünde und des Todes" bindet ihn an das „Fleisch und die sündigen Begierden" und hält gefangen. Das „Gesetz Gottes" bzw. das „Gesetz des Geistes" dagegen bindet an Jesus bzw. an Gott und macht frei. Sortiert man nun einmal alle Aussagen des Paulus über die verschiedenen Herren, die verschiedenen Ehemänner und die verschiedenen Gesetze in zwei gegenüberliegende Gruppen (siehe Abbildung), dann wird schnell deutlich, dass alle vier Belege für die Formel „frei vom Gesetz" ganz eindeutig der linken Spalte zuzurechnen sind, also dem „Gesetz der Sünde und des Todes". Dem gegenüber steht auf der anderen die Freiheit und mit ihr zusammen das „Gesetz Gottes".

„Zwei Männer“ und „Zwei Gesetze“ in Römer 7:

1. Das Bild von den zwei Ehemännern:

erster Ehemann (V. 2)	neuer Ehemann (V. 2-3)
„frei vom Gesetz, das sie an den Mann bindet“ (V. 2)	
„frei vom Gesetz“ (V. 3)	

2. Die Übertragung auf die zwei Gesetze:

dem Fleisch verfallen (V. 5)	
die sündigen Leidenschaften kräftig (V. 5)	
dem Tod Frucht bringen (V. 6)	Gott Frucht bringen (V. 5)
„frei vom Gesetz“ (V. 6)	
das, worin wir gefangen waren (V. 6)	
	Gottes Gesetz (V. 22)
	inwendiger Mensch (V. 22)
anderes Gesetz (V. 23)	das Gesetz (V. 23)
in meinen Gliedern (V. 23)	in meinem Gemüt (V. 23)
Gesetz der Sünde (V. 23)	
mit dem Fleisch (V. 25)	mit dem Gemüt (V. 25)
Gesetz der Sünde (V. 25)	Gesetz Gottes (V. 25)
„frei vom Gesetz der Sünde und des Todes“ (8,2)	Gesetz des Geistes des Lebens (8,2)

Es wird also deutlich, dass Paulus hier in derselben Tradition steht, die wir auch schon bei Jesus und den jüdischen Rabbinen gesehen haben. Für ihn ist das Gesetz Gottes, die Tora, ein Ausdruck der Freiheit. Der Mensch steht entweder unter dem Gesetz der Sünde und des Todes – und wird dann regiert von seinem eigenen Fleisch und den (falschen) Begierden. Oder aber er steht unter dem Gesetz Gottes – und wird regiert vom Heiligen Geist. Dann findet er Freiheit. An die Stelle, an der im Alten Testament die Befreiung aus Ägypten steht, tritt allerdings hier nun etwas Neues: Es ist der Tod Jesu, der die Freiheit bringt vom Gesetz der Sünde und des Todes und der uns bindet an das Gesetz Gottes und des Geistes. Und wie damals in Ägypten der Weg in die Freiheit durchs Schilfmeer führte, in dem der Pharao und sein Heer ertranken, so führt heute der Weg in die Freiheit durch das Bad der Taufe, in der die Mächte von Sünde und Tod ertränkt werden.

Denn Jesus selbst hat am Kreuz die Mächte der Sünde und des Todes auf sich genommen und ist für uns gestorben und auferstanden. Deshalb können wir, die wir gebunden waren an diese Mächte, nun mit ihm auferstehen und in der Bindung an ihn nach dem Gesetz Gottes leben.

Die Formel „frei vom Gesetz", die Paulus nur hier verwendet, hat also eine ganz spezielle Bedeutung. Sie bezieht sich gerade nicht auf die Tora, sondern auf ihr Gegenbild: das Gesetz der Sünde und des Todes, aus dem heraus der Mensch befreit werden muss. Diese Befreiung führt aber sofort hinein in eine neue Bindung, nämlich die Bindung an das Gesetz Gottes, die Tora. Es geht Paulus also nicht um eine „Freiheit vom Gesetz" im Allgemeinen. Sondern um eine Freiheit von dem *falschen* Gesetz und eine Bindung an das *richtige* Gesetz. Daher gilt zumindest an dieser Stelle das, was Paulus auch einige Kapitel vorher sagt:

> „Wie? Heben wir denn das Gesetz auf durch den Glauben? Das sei ferne! Sondern wir richten das Gesetz auf."[33]

Freiheit für das Gesetz

Paulus führt allerdings im 7. Kapitel des Römerbriefs einen im Blick auf das Gesetz neuen Gedanken ein, der uns so in der jüdischen Literatur nicht begegnet. Es ist der Gedanke, dass die Tora selbst in die Gefangenschaft der Sünde gerät und von dieser missbraucht wird. Dieses Bild erscheint in den Versen 7-12 , die wir bisher überschlagen haben. Sie sind aber wichtig, um die Haltung des Paulus zum Gesetz zu verstehen. Ich zitiere nur die wichtigsten Sätze daraus:

> „Und so fand sich's, dass das Gebot mir den Tod brachte, das doch zum Leben gegeben war. Denn die Sünde nahm das Gebot zum Anlass und betrog mich und tötete mich durch das Gebot. So ist also das Gesetz heilig, und das Gebot ist heilig, gerecht und gut. Ist dann, was doch gut ist, mir zum Tod geworden? Das sei ferne! Sondern die Sünde, damit sie als Sünde sichtbar werde, hat mir durch das Gute den Tod gebracht, damit die Sünde überaus sündig werde durchs Gebot."[34]

Was Paulus hier in recht komplizierten Worten beschreibt, kann man vielleicht durch ein modernes Bild verdeutlichen: Stellen Sie sich vor, ein Bankräuber dringt in eine Bank ein und hält alle Anwesenden mit einer Schusswaffe in Schach. Alle müssen sich in eine Ecke auf den Boden setzen. Und nun zwingt der Bankräuber das anwesende Wachpersonal, die Leute mit ihren Handschellen an die Heizung zu ketten. Was geschieht hier? Die Wachleute, die doch eigentlich zum Schutz der Kunden angestellt waren, werden hier selbst zu Gefangenen, die die Geiseln festketten. Die, die eigentlich „die Guten" sind, werden nun von den Geiselnehmern zum Bösen missbraucht. Ähnlich ist es, so beschreibt es Paulus, der Tora ergangen: Sie ist für Paulus ohne Zweifel „heilig, gerecht und gut" (V. 12). Paulus schiebt damit allen Versuchen den Riegel vor, das Gesetz als solches abzulehnen oder für böse zu erklären. Aber das Gesetz wurde, zusammen mit uns Menschen, von der Sünde in Geiselhaft genommen. Und nun wird sie gegen ihren Willen dazu missbraucht, uns zu schaden: Denn zum einen reizt sie uns durch ihre Verbote erst recht dazu zu sündigen (wir kennen das: Gerade das, was verboten ist, wird besonders interessant und reizvoll). Zum Zweiten aber droht die Tora uns auch mit dem Tod, wenn wir sie brechen. So wird die Tora also, gegen ihren Willen, eine Dienerin der Sünde und des Todes. Sie findet sich, zusammen mit uns, in der linken Spalte der Knechtschaft wieder und muss, zusammen mit uns, daraus befreit werden.

Die dunkle Seite der Tora

Das Verhältnis des Paulus zum Gesetz ist also durchaus komplex:[35] Er besteht einerseits darauf, dass es gut, heilig und göttlich ist. Aber andererseits ist es auch bedrohlich und ein Werkzeug des Bösen. Dieses doppelte Gesicht der Tora ist übrigens auch der rabbinischen Literatur nicht unbekannt. In verschiedenen Gleichnissen der Rabbinen wird deutlich, dass die Tora sowohl Leben als auch Tod bringen kann. Eines dieser Gleichnisse knüpft dabei an die biblische Formulierung an, dass das Volk Israel sich, wörtlich übersetzt, „unter dem Berg Sinai" versammelte, als es die Zehn Gebote empfing.[36] Die Rabbinen deuten dieses Wort „unter" sehr buchstäblich:

> „Daraus können wir lernen, dass Gott den Berg wie einen Eimer über sie stülpte und zu ihnen sprach: Wenn ihr die Tora auf euch nehmt, ist es gut. Wenn nicht, sei hier euer Grab."[37]

Ein anderes Gleichnis bezeichnet die Tora als Schwert, das sowohl zur Verteidigung als auch zur Hinrichtung verwendet werden kann:

> „Rabbi Eleasar ha-Modai sagt: Ein Buch und ein Schwert kamen am Sinai zusammengebunden vom Himmel herab. Gott

sagte zu den Israeliten: Wenn ihr die Tora getan habt, die in diesem Buch steht, dann werdet ihr durch dieses Schwert gerettet. Wenn ihr sie nicht tut, werdet ihr damit geschlagen."[38]

Paulus versucht seinerseits, diese dunkle Seite der Tora durch das Bild von einer Geiselnahme zu erhellen: Die Tora selbst ist gefangen unter den Mächten von Sünde und Tod. Deshalb hat sie auch die rettende Kraft nicht, die ihr in der rabbinischen Tradition oft zugeschrieben wird.[39] Echte Befreiung bringt für Paulus daher nicht die Tora, sondern der Messias durch seinen Tod und seine Auferstehung. Im Bild gesprochen: Nachdem die Wachleute selbst zu Gefangenen geworden sind, muss nun ein Sondereinsatzkommando von außen kommen und die Geiseln zusammen mit den Wachleuten befreien: Jesus, der Messias, befreit also nicht nur uns, sondern mit uns auch die Tora aus der Gefangenschaft. Nun kann sie nicht mehr gegen uns verwendet werden, sondern erfüllt wieder ihren eigentlichen Zweck: uns den Weg zum Leben und zur Freiheit zu weisen. Wichtig bei diesem Bild von der Geiselnahme ist nun aber: Würden die Geiseln später der Presse von ihrer Befreiung erzählen, kämen sie nie auf die Idee zu sagen: „Das Sondereinsatzkommando hat uns aus der Hand der *Wachleute* befreit." Sondern sie würden sagen: „Wir sind befreit worden aus der Hand der *Geiselnehmer*." Ebenso wenig käme Paulus in diesem Zusammenhang auf die Idee zu sagen: „Wir sind befreit worden vom Gesetz", selbst wenn das Gesetz zeitweise dazu missbraucht wurde, uns gefangen zu halten. „Freiheit vom Gesetz" gibt es also für Paulus immer nur in dem einen Sinn: als Freiheit vom *falschen* Gesetz. Freiheit gibt es bei Paulus nur vom Gesetz der Sünde und des Todes. Diese Freiheit findet aber immer ihren Ausdruck in der Bindung an ein anderes Gesetz: das Gesetz Gottes. Eine ganz grundsätzliche „Freiheit vom Gesetz" oder gar vom Gesetz Gottes, der Tora, gibt es bei Paulus nicht.

Ziel oder Ende der Tora?

Eine zweite Passage im Römerbrief wird von Christen oft als Beleg für eine Abschaffung des Gesetzes bei Paulus gedeutet. Sie klingt in der Lutherübersetzung so:

> „Denn Christus ist des Gesetzes Ende; wer an den glaubt, der ist gerecht."[40]

Das griechische Wort, das hier mit „Ende" übersetzt wird, kann jedoch zweierlei bedeuten: „Ende" oder auch „Ziel". Auf den ersten Blick scheint beides relativ identisch zu sein: Denn wer bei einem Marathonlauf am Ziel ankommt, für den ist der Lauf auch zu Ende. Denkt man jedoch weiter darüber nach, so gibt es auch viele Beispiele, in denen das Ziel nicht gleichzeitig das Ende bedeutet. So ist es das Ziel der Straßenverkehrsordnung, den Menschen zu beschützen. Dieses Ziel erreicht sie tagtäglich, ohne dass sie damit ihre Gültigkeit verliert. Auch kann ich zwar sagen: Meine Frau ist das Ziel meiner Liebe. Aber hoffentlich ist meine Liebe deshalb nicht zu Ende, wenn sie an ihr Ziel kommt. Im Blick auf die Worte des Paulus kommt aber noch die Tatsache hinzu, dass die Wortstellung des Satzes im Griechischen umgekehrt ist, als es in der Lutherübersetzung erscheint: Definiert wird also nicht, wer Christus ist (nämlich „das Ende des Gesetzes"). Sondern es soll definiert werden, was das Ziel des Gesetzes ist (nämlich „Christus"). Eine stetig wachsende Zahl von Forschern ist daher heute der Meinung, dass dieser Satz bei Paulus anders übersetzt werden muss:

> „Ziel des Gesetzes nämlich ist Christus. Wer an den glaubt, der ist gerecht."

Damit wird gesagt: Das Gesetz ist von vornherein auf den Messias angelegt. Es erhält seinen Sinn durch ihn. Es weist auf ihn hin. Es möchte dazu einladen, an ihn zu glauben. Aber das bedeutet nicht, dass es seine Gültigkeit verliert, wenn der Messias gekommen ist.

Das Gesetz als Fluch?

Kehren wir nun zurück zum Galaterbrief, in dem sich Paulus ebenfalls intensiv mit dem Gesetz beschäftigt. Die Grundbotschaft hier ist, ebenso wie im Römerbrief, klar: Das Gesetz kann uns nicht vor Gott gerecht machen. Das kann nur das Vertrauen auf das, was Jesus für uns getan hat. Aber verliert das Gesetz deshalb seine Gültigkeit, nur weil es nicht retten kann? Ja, hat uns Jesus am Ende nicht nur von der Sünde und vom Tod, sondern auch vom Gesetz befreit? Eine Formulierung des Galaterbriefs wird oft in diese Richtung gedeutet:

> „Christus aber hat uns erlöst von dem Fluch des Gesetzes."[41]

Viele Christen verstehen diesen Satz so, als sei das Gesetz selbst ein Fluch. Schaut man jedoch den Kontext genauer an, stellt sich heraus, dass das Gegenteil gemeint ist: Der Fluch trifft nach Aussage des Paulus ja nicht die, die sich an das Gesetz halten. Sondern die, die sich *nicht* daran halten. Der Fluch, von dem Paulus redet, ist also nicht das Gesetz, sondern das Leben ohne Gesetz: Das Gesetz bringt Leben, aber wer das Gesetz verlässt oder es bricht, den trifft der Fluch. Warum? Weil nach jüdischem Verständnis das Gesetz der Schutzraum und Garant des Lebens ist. Außerhalb dieses Schutzraums lauern die Mächte der Sünde und des Todes. Deshalb sagt das Gesetz: Wer mich verlässt, findet den Tod und ist verflucht. Damit wird aber das Gesetz nicht selbst zum Fluch. Ein Warnschild ist ja nicht deshalb schon eine Gefahr, weil es mich auf eine Gefahr hinweist. Die Gute Nachricht, von der Paulus hier redet, ist jedoch die: Es gibt auch außerhalb des Schutzraumes „Gesetz" Hilfe und Rettung: Denn der Messias ist gekommen, um selbst die zu erlösen, die sich hierher verlaufen haben. Und das sind, nach Überzeugung des

Paulus, wir alle. Wovon also werden wir erlöst? Nicht vom Gesetz. Sondern von Sünde und Tod, vom Urteil des Gesetzes und von dem Fluch, den das Gesetz über die ausspricht, die es nicht tun.

Das Gesetz als Gefängnis?

Ein weiteres Bild, das Paulus im Galaterbrief verwendet, wird häufig missverstanden und führt dazu, dass man eine Botschaft der „Freiheit vom Gesetz" in den Text hineinliest, obwohl diese darin gar nicht vorkommt. Der Text klingt in der Luther-Übersetzung so:

> „Aber die Schrift hat alles eingeschlossen unter die Sünde, damit die Verheißung durch den Glauben an Jesus Christus gegeben würde denen, die glauben. Ehe aber der Glaube kam, waren wir unter dem Gesetz verwahrt und verschlossen auf den Glauben hin, der dann offenbart werden sollte. [...]"[42]

Die Wortwahl Luthers macht hier von vornherein deutlich, welches Bild er hinter diesen Sätzen vermutete. Das Bild eines Kerkers, in dem wir eingesperrt sind, und aus dem wir befreit werden müssen. In der Tat hat er den Text auch in seinem Kommentar zum Galaterbrief so ausgelegt:

> „Bevor die Zeit des Evangeliums und der Gnade kam, war es die Aufgabe des Gesetzes, dass wir unter seinem Verschluss gehalten würden wie in einem Kerker. Nun liebt kein Dieb, Mörder oder Räuber seine Fesseln und den finsteren Kerker, in dem er gefangen gehalten wird. Im Gegenteil, wenn er könnte, würde er den Kerker mit den eisernen Fesseln zerbrechen und in Staub verwandeln. Im Kerker muss er sich ja wohl von Übeltaten enthalten, aber er tut es nicht aus gutem Willen oder aus Liebe zur Gerechtigkeit, sondern weil der Kerker ihn zurückhält. Der Eingekerkerte verabscheut und

> hasst keineswegs die Sünde und seinen Diebstahl. Im Gegenteil, aus ganzem Herzen ist es ihm leid, dass er nicht frei ist und stehlen kann; nein, der Dieb hasst den Kerker, und wenn er nur ausbrechen könnte, würde er handeln wie früher."[43]

Luther beschreibt hier zweifellos seine eigenen Kämpfe mit dem, was er als Gesetz verstand: Vorschriften, die uns einengen und uns die Freiheit nehmen. Aber hat Paulus das an dieser Stelle wirklich gemeint? Ein genauerer Blick auf die Wortwahl des Paulus zeigt, dass Luther hier möglicherweise, geprägt durch seine eigene negative Lebenserfahrung, das falsche Bild herangezogen hat. Paulus nämlich verwendet hier im Griechischen die Begriffe *synkleio* (einschließen) und *phroureuo* (bewahren). Diese Begriffe werden jedoch sonst innerhalb der Bibel nicht für Kerker und Gefängnisse verwendet, sondern vor allem für Stadtmauern oder Schutzwälle: Diese schließen eine Stadt ein (*synkleio*) und verteidigen sie damit gegen den Angriff der Feinde. Aber auch die Umzingelung der Stadt durch Feinde wird mit dem Wort *synkleio* (einschließen) beschrieben. *Phroureuo* dagegen wird von Paulus zum einen für die Bewahrung unserer Herzen in Christus, zum anderen für die Bewachung einer Stadt durch Wächter verwendet.[44] Zur Beschreibung von Gefängnissen, Kerkern und Strafgefangenen jedoch gebraucht die Bibel durchweg andere Worte. Was bedeutet das aber nun für das Bild, das Paulus hier verwendet? Es geht nicht um einen Kerker, sondern um eine umzingelte Stadt oder Festung.

Helms Klamm und der Zaun der Tora

Der Unterschied wird vielleicht am ehesten deutlich, wenn wir ein Beispiel aus der neueren Literatur heranziehen. In seinem Roman „Der Herr der Ringe" schildert J. R. R. Tolkien die „Schlacht um Helms Klamm": Gandalf, der große Zauberer, hatte die Helden der Geschichte im Kampf gegen die bösen Orks allein zurückgelassen, aber ihnen versprochen, rechtzeitig mit einer großen Armee zurückzukehren, um die Feinde endgültig zu besiegen. Bis dahin sollten sie sich in einer Bergfestung verschanzen, die Tolkien wie folgt beschreibt:

> „Noch einige Meilen entfernt, am anderen Ende des Tales von Westfold, lag eine grüne Talmulde. Die Menschen nannten sie Helms Klamm nach einem Helden aus alten Kriegen, der hier seine Zufluchtsstätte gehabt hatte. [...] Auch eine Mauer hatten die Menschen der alten Zeit von der Hornburg zur südlichen Felswand gezogen, um den Eingang zur Schlucht zu versperren. [...] In der Hornburg an Helms Tor wohnte jetzt Erkenbrand, der Herr von Westfold an den Grenzen der Mark. Da er klug war, hatte er, als die Drohung des Krieges die Tage verdüsterte, die Mauer ausgebessert und die Festung verstärkt."[45]

Die Helden der Geschichte sind also nun in der Tat „eingeschlossen" von dicken Mauern. Aber diese dienen nicht dazu, ihre Freiheit einzuschränken, sondern im Gegenteil: Sie sollen die Freiheit bewahren. Denn es sind nicht die Mauern, vor denen sie beschützt oder von denen sie befreit werden müssen, sondern die Feinde, die von außen anrücken und die Festung belagern. Allerdings wird schnell deutlich: Die Mauern können nur eine Zeit lang helfen. Sie können die Feinde abhalten, aber nicht besiegen. Und auf Dauer sind sie brüchig. Echte Rettung kann daher nur die erwartete Ankunft Gandalfs bringen. Und so schildert Tolkien den Verlauf und das Ende der Schlacht mit den folgenden Worten:

> „Eherne Trompeten erschallten. Der Feind stieß vor, einige gegen den Klammwall, andere gegen den Dammweg und die Rampe, die zu den Toren der Hornburg hinaufführte. Dort waren die größten Orks und die wilden Menschen aus den

Dunland-Mooren eingesetzt. Einen Augenblick zögerten sie, und dann gingen sie vor. Im Schein der Blitze sah man auf jedem Helm und Schild als Wappen die grausige Hand von Isengart. Sie erreichten den Gipfel des Felsens; sie drängten zu den Toren. ... Wie ein Meer brausten die Heere von Isengart gegen den Klammwall. Am Fuß des Walls wimmelte es von einem Ende bis zum anderen von Orks und Bergbewohnern. Seile mit Enterhaken wurden schneller über die Burgwehr geschleudert, als die Männer sie abschneiden oder zurückwerfen konnten. ... Vor dem Wall häuften sich Tote und Verwundete wie Schindeln in einem Sturm; immer höher türmten sich die scheußlichen Haufen, und immer noch griff der Feind an. ... Doch gerade, als das Tor fiel und die Orks ringsum sich schreiend zum Angriff rüsteten, erhob sich ein Gemurmel hinter ihnen, wie ein Wind in der Ferne, und es schwoll an zu einem Geschrei vieler Stimmen, die seltsame Neuigkeiten in der Morgendämmerung ausriefen. Als die Orks auf dem Felsen die Entsetzensrufe hörten, zauderten sie und schauten sich um. [...] Dort erschien plötzlich auf einem Grat ein Reiter, in Weiß gekleidet, schimmernd in der aufgehenden Sonne. Über die niedrigen Berge erklangen die Hörner.“[46]

Die Schilderungen von Tolkien verdeutlichen sehr plastisch, welches Bild Paulus im Galaterbrief voraussetzt. Vermutlich hat Tolkien sogar ganz bewusst biblische Bilder in seine Erzählung mit eingeflochten, wie etwa den Reiter auf dem weißen Pferd oder den Klang der Hörner bei der Ankunft des Retters. Der wird nämlich bei Paulus nur wenige Verse später beschrieben:

> „Solange wir unmündig waren, waren wir unter der Knechtschaft der Mächte der Welt. Als aber die Zeit erfüllt war, sandte Gott seinen Sohn, geboren von einer Frau und unter das Gesetz getan, damit er die, die unter dem Gesetz waren, erlöste.“[47]

Es ist also dieses Bild einer belagerten Stadt oder Festung, das mit den Worten „verschlossen“, „umzingelt“ und „bewahrt“ beschrieben wird. Damit aber kehrt sich die Rolle des Gesetzes hier gegenüber der Auslegung Luthers völlig auf den Kopf: Wir sind unter dem Gesetz „verschlossen“ (V. 23), nicht weil es uns gefangen hält, sondern weil es uns bewahrt gegen die Mächte der Sünde und des Todes, die auf uns eindringen. Und gleichzeitig sind wir von der Sünde „eingeschlossen“ (V. 22), die uns belagert. Wovon aber müssen wir dann befreit werden? Von den angreifenden Feinden, die uns umzingeln, nicht von den Mauern, die uns umschließen – obwohl für beide das gleiche Wort gebraucht wird. Wenn Paulus sagt, dass Christus kam, um „die, die unter dem Gesetz waren, zu erlösen“, dann bedeutet das also nicht, dass sie auch „vom Gesetz“ erlöst werden müssen. Nein, Paulus sagt ja ganz deutlich, dass nicht das Gesetz, sondern „die Mächte der Welt“ uns geknechtet haben. Von ihnen müssen wir erlöst werden. Das Gesetz diente als ein Schutzraum, der uns so lange bewahrte, bis der erwartete Retter kam. Was aber passiert mit den Schutzmauern einer Stadt, wenn die Feinde besiegt sind? Werden sie eingerissen oder beseitigt, nur weil es jetzt keine Feinde mehr gibt? Nein, für gewöhnlich nicht. Und auch im Bild des Paulus ist das nicht vorausgesetzt.

Rabbinische Texte sprechen vom „Zaun der Tora“[48], und dieses Bild wird von Christen oft dazu gebraucht, die Enge des Judentums zu beschreiben. Aber in der jüdischen Tradition dient der Zaun nicht dazu, die Menschen einzusperren, sondern dazu, einen Schutzraum zu bieten. So formuliert es auch ein jüdischer Text aus dem 2. Jh. vor Christus:

> „Unser Gesetzgeber war ein weiser Mann und wurde von Gott besonders ausgerüstet mit Verständnis für alle Dinge, er hat dies alles bedacht und uns mit einer unzerstörbaren Schutzmauer und einem Zaun aus Eisen umgeben, damit wir

uns mit niemandem aus den anderen Völkern vermischen, sondern rein bleiben an Leib und Seele, alle vergängliche Ehre loslassen und den einen und mächtigen Gott verehren über aller Schöpfung. [...] Und damit wir nicht verdorben werden oder durch faules Gerede den Untergang finden, hat er uns mit Gesetzen umgeben ...“[49]

In dieser jüdischen Tradition steht auch Paulus. Für ihn ist die Tora nicht Gefängnis, sondern Schutzwall: Ja, dieser Wall schließt uns ein. Denn nur so können wir „unter dem Gesetz bewahrt“ bleiben. Befreit werden müssen wir aber auch hier, wie bereits im Römerbrief, nicht vom Gesetz, sondern von den Mächten dieser Welt und den Angriffen der Sünde. Eine treffendere Übersetzung für Gal 3,22-23 würde daher lauten:

„Aber laut der Schrift war alles umzingelt von der Sünde. So warteten wir auf die Verheißung des Messias, Jesus, auf den wir uns verlassen haben. Ehe aber das eintraf, worauf wir uns so verlassen haben, blieben wir verwahrt unter dem Gesetz, während wir umzingelt waren und darauf warteten, dass das, worauf wir vertrauten, endlich sichtbar erscheinen würde.“[50]

Das Gesetz als „Zuchtmeister“?

Zu der negativen Sicht, die Christen vom Gesetz haben, hat auch der Begriff des „Zuchtmeisters“ beigetragen, den Luther im gleichen Zusammenhang verwendet:

„So ist das Gesetz unser Zuchtmeister gewesen auf Christus hin, damit wir durch den Glauben gerecht würden. Nachdem aber der Glaube gekommen ist, sind wir nicht mehr unter dem Zuchtmeister.“[51]

Nun können wir uns in unserer heutigen deutschen Sprache unter einem „Zuchtmeister" kaum etwas vorstellen. Wir denken aber vermutlich sofort an ein „Zuchthaus", und das passt ja auch gut zu dem Bild vom Kerker, das Luther uns durch seine Übersetzung nahelegen will. So wird das Gesetz schnell zu einem unerbittlichen Gefängnisaufseher, der seine Insassen quält und knechtet und von dem man – auch hier wieder – „befreit" werden muss. Was aber ist wirklich gemeint mit dem Bild, das Paulus hier gebraucht? Im Griechischen steht an dieser Stelle das Wort *paidagogos*, das uns an den Pädagogen oder Erzieher erinnert. Vor Luther wurde die Stelle daher so gedeutet, dass das Gesetz eine Art moralische „Erziehungsfunktion" hatte: Es sollte uns zeigen, wie wir eigentlich leben sollen, aber gleichzeitig auch deutlich machen, dass wir nicht so leben, wie wir sollten. Am Ende diente es also dazu, uns wie ein guter Lehrer zu zeigen, wie sehr wir Erlösung brauchen. Aber auch dieses Bild ist, so schön es klingt, nicht zutreffend. Denn der *paidagogos* war in der Antike nicht für die Erziehung des Kindes zuständig, sondern nur für seine Begleitung und seinen Schutz. Er war eher eine Art Bodyguard, der das Kind beim Spielen auf der Straße oder auf dem Weg zur Schule begleitete und gegen die Angriffe von Dieben und Räubern verteidigte, aber auch gegen Hänseleien anderer Jungs. Auch hier steht also wieder das Bild des Schutzes im Vordergrund. Und auch hier hat es wieder zwei Seiten: Denn um den Schutz zu gewährleisten, musste der *paidagogos* sicher auch die Freiheit des Kindes einschränken, es zurechtweisen oder auch einmal festhalten. Dennoch war er nicht dafür zuständig, das Kind seiner Freiheit zu berauben, sondern im Gegenteil, diese Freiheit zu ermöglichen und zu schützen.

Freiheit vom Beschützer?

Hatte der *paidagogos* das Kind sicher nach Hause gebracht und seinen Eltern übergeben, dann war seine Aufgabe erfüllt. Das ist auch gemeint, wenn Paulus sagt: Wir sind jetzt nicht mehr unter dem

Schutz des *paidagogos*, sondern stehen unter dem direkten Schutz des Messias Jesus. Das Gesetz hat also, wie die Stadtmauern nach dem Ende des Krieges oder der Bodyguard nach der Ankunft zu Hause, seine zentrale Funktion verloren: Es ist nicht mehr unser einziger und wichtigster Schutz. In gleicher Weise sind wir für Paulus nicht mehr „unter dem Gesetz", sondern „unter der Gnade" oder „unter dem Messias". Das Gesetz hat also durch die Ankunft des Messias seine zentrale Stellung eingebüßt: Dieser steht nun in der Mitte, sein Gesetz ist an die Seite gerückt. Ist es deswegen aufgehoben oder abgeschafft? Ist das, was darin an guten Weisungen steht, nun plötzlich nicht mehr gut? Hat sich der Wille Gottes, der im Gesetz offenbart ist, nun geändert? Das alles sagt Paulus nicht. Er sagt auch nicht, dass wir vom *paidagogos* befreit wurden. Das würde in seinem Bild gar keinen Sinn machen. Der *paidagogos* ist lediglich an eine nebensächlichere Stelle gerückt, weil nun der Hausherr selbst im Mittelpunkt steht. Ob dieses „nicht mehr unter dem Gesetz" aber für Paulus bedeutet, dass er das Gesetz nicht mehr einhält, das wird noch zu prüfen sein. Als „Befreiung vom Gesetz" hat er es jedenfalls nicht betrachtet. Die unter Christen verbreiteten Bilder vom Gefängnis des Gesetzes und vom erbarmungslosen Zuchthauswächter finden sich im Galaterbrief bei genauem Hinsehen nicht. Und das Wort „Freiheit" fehlt im gesamten dritten Kapitel, obwohl es in den Überschriften der Bibelausgaben so verbreitet ist.

Was ist das „Joch der Knechtschaft"?

Der Begriff der Freiheit wird jedoch ganz prominent in den nächsten beiden Kapiteln des Galaterbriefs. Dafür fehlt hier an den entsprechenden Stellen der Begriff des Gesetzes. Wie wir sehen werden, wird er aber dennoch gern hineingelesen. Der folgende Vers gilt dabei oft als Kernsatz des gesamten Galaterbriefes. In Luthers Übersetzung lautet er:

„Zur Freiheit hat uns Christus befreit! So steht nun fest und lasst euch nicht wieder das Joch der Knechtschaft auflegen!“[52]

Intuitiv gehen viele Christen davon aus, dass mit dem „Joch der Knechtschaft“ hier nur das jüdische Gesetz gemeint sein kann, von dem man befreit werden muss. Das scheint ja auch zum Hintergrund des Galaterbriefes zu passen. Denn der ganze Brief dreht sich um die Frage, ob die Galater sich beschneiden lassen müssen, um zur christlichen Gemeinde zu gehören. Durch die Beschneidung würden sie offiziell den Übertritt zum Judentum erklären und damit auch das jüdische Gesetz für sich übernehmen. Also liegt es für viele Ausleger nahe anzunehmen, dass mit dem „Joch der Knechtschaft“ das jüdische Gesetz gemeint ist. Verschiedene Bibelübersetzungen schmuggeln daher auch hier das Gesetz gleich unauffällig in den Bibeltext mit ein:

„Durch Christus sind wir frei geworden, damit wir als Befreite leben. Jetzt kommt es darauf an, dass ihr euch nicht wieder *vom Gesetz* versklaven lasst. [53]

„So hat uns Christus also wirklich befreit. Sorgt nun dafür, dass ihr frei bleibt und lasst euch nicht wieder *unter das Gesetz* versklaven.“[54]

Wir haben aber nun schon weiter oben gesehen, dass in der jüdischen Tradition das Bild vom „Joch“ immer ein doppeltes war: Auf der einen Seite stand das „Joch der Knechtschaft“ und ihm gegenüber das „Joch der Tora“, das die Freiheit bedeutet. Das „Joch der Knechtschaft“ ist dabei gewöhnlich ein Bild für die Gefangenschaft in Ägypten. Also dafür, dass wir irdischen Herren, weltlichen Belangen, fremden Göttern oder unseren eigenen menschlichen Neigungen unterworfen sind. Das Joch der Tora dagegen ist das genaue Gegenbild dazu. Es wäre also alles andere als selbstverständlich, wenn

Paulus, der Jude, hier mit dem „Joch der Knechtschaft" ausgerechnet das Gesetz meinen würde.

Eine zweite Frage stellt sich zudem: Warum warnt Paulus die Galater davor, sich „erneut" das Joch der Knechtschaft auflegen zu lassen. Erneut? Waren die Galater etwa früher schon einmal Juden? Haben sie sich früher schon einmal dem jüdischen Gesetz untergeordnet? Das Wort „erneut" spricht also auch gegen eine Gleichsetzung der „Knechtschaft" mit dem jüdischen Gesetz. Die einzige frühere Knechtschaft, die Paulus direkt vorher erwähnt, ist vielmehr die „Knechtschaft unter den Mächten der Welt".[55] Das wiederum passt zu den rabbinischen Auslegungen: Nicht das Gesetz, sondern die irdischen Mächte und Gewalten führen in die Knechtschaft.

Zuletzt spricht auch ein Blick in den vorangehenden Kontext gegen eine Gleichsetzung des „Joches" mit dem Gesetz: In unseren Bibelausgaben steht der Vers zwar am Anfang eines neuen Kapitels, aber eigentlich, da sind sich die meisten Ausleger einig, bildet er den Abschluss des vorangehenden Kapitels: Denn hier hatte Paulus ausführlich über den Gegensatz zwischen Knechtschaft und Freiheit geschrieben, indem er die beiden biblischen Frauen Sara und Hagar als Beispiel anführt. Nur: Vom „Gesetz" ist in diesem ganzen Abschnitt gar nicht die Rede! Nur zu Anfang des Abschnittes schreibt Paulus: „Sagt mir, die ihr unter dem Gesetz sein wollt: Hört ihr das Gesetz nicht?"[56] (Gemeint ist hier natürlich „Gesetz" ganz allgemein im Sinne von „Schrift", denn was nun folgt, sind ja keine Gesetzesbestimmungen, sondern eine Geschichte aus der Schrift.)

Sara und Hagar: Wer ist wirklich frei?

Paulus erzählt nun die Geschichte von den beiden Frauen Hagar und Sara und von ihren Söhnen Isaak und Ismael. Und er fragt nach der „tieferen Bedeutung" (im Griechischen steht hier das Wort *allegoreo*): Sara und Isaak stehen als Sinnbild für die Freiheit, Hagar und Ismael als Sinnbild für die Gefangenschaft. Christliche Ausleger haben diese Zuordnungen oft so gedeutet, als ob Paulus hier Christentum und Judentum vergleichen wolle: Dann stünde Sara für das Christentum und die „Freiheit vom Gesetz", Hagar aber für das Judentum und die „Gefangenschaft unter dem Gesetz". Damit hätte Paulus dann die gesamte biblische Geschichte auf den Kopf gestellt. Schalom ben Chorin spricht daher auch empört von einer „völligen Umdrehung der Vätersage":[57] Denn natürlich gilt gerade Sara in der biblischen Tradition als Stammmutter des jüdischen Volkes. Und Hagar, eine Ägypterin, steht sonst zusammen mit Ismael als Bild für die nichtjüdischen Völker. Hat Paulus also wirklich seine Bibel so grob missbraucht?

Auch hier zeigt ein genauerer Blick in den Text, dass die christliche Brille an dieser Stelle mehr hineinliest, als wirklich dasteht. Und verschiedene neuere Auslegungen haben darauf auch ausdrücklich hingewiesen.[58] Denn weder verbindet Paulus hier die beiden Frauen Sara und Hagar mit den Gruppen der Juden oder Christen (bzw. der Juden und der Nichtjuden) noch mit der Frage nach dem Gesetz. Sie stehen vielmehr für den Gegensatz zwischen „oberem Jerusalem" und „jetzigem Jerusalem", also zwischen himmlischer und irdischer Wirklichkeit. Mit diesem Bild greift Paulus gleich mehrfach auf vertraute jüdische Traditionen zurück: Der Gedanke, dass es ein „himmlisches" und ein „irdisches" Jerusalem gibt, taucht nicht nur im Neuen Testament mehrfach auf, sondern ist auch in der jüdischen Literatur bekannt.[59] Und auch die allegorische Deutung der beiden Frauen war bei anderen jüdischen Autoren beliebt: Philo von Alexandria etwa vergleicht Sara mit der übernatürlichen göttlichen Weisheit und Hagar mit der menschlichen Philosophie und Bildung.[60] Sowohl Philo als auch Josephus deuten die beiden Frauen und ihre Söhne zudem als Vorbilder für Juden, die von Geburt aus zum Judentum gehören (Sara) und solchen, die durch menschlichen Entschluss zum Judentum übertreten (Hagar).[61] Das ist auch der

Zusammenhang, um den es im Galaterbrief geht: Paulus schreibt an nichtjüdische Galater, die (nach dem Vorbild der Hagar) durch Beschneidung offiziell zum Judentum übertreten wollten. Paulus sagt ihnen jedoch: Ihr solltet euch nicht an Hagar orientieren, sondern an Sara: Denn durch euren Glauben an Jesus seid ihr Kinder Isaaks geworden und müsst nicht erst zum Judentum übertreten, um zur Familie Abrahams zu gehören. Der Übertritt zum Judentum macht euch zwar zu Mitgliedern des irdischen Gottesvolkes. Worum es aber eigentlich geht, ist das himmlische Gottesvolk, das aus Juden und aus Nichtjuden besteht.

Mit anderen Worten: Hier geht es weder um den Gegensatz zwischen Juden und Nichtjuden, noch um den Gegensatz zwischen Gesetzesgehorsam und Gesetzesfreiheit. Sondern es geht um den Gegensatz zwischen irdischer Gefangenschaft und himmlischer Freiheit. Das irdische Jerusalem befindet sich für Paulus ebenso in „Gefangenschaft"[62] und in „Knechtschaft unter den Mächten der Welt"[63] wie die Galater, die Sklaven derer sind, „die in Wahrheit keine Götter sind"[64]. Der Bund vom Sinai ist ein Bund Gottes mit dem irdischen Gottesvolk Israel: Die Tora, die am Sinai gegeben wurde, kann daher den Menschen letztlich nicht aus seiner irdischen Gefangenschaft befreien. Denn auch das Volk Israel ist, wie die Galater, gefangen in Sünde und Tod, und das obwohl es die Tora besitzt. Ein Übertritt zum Judentum wäre daher für die Galater nur ein Schritt von einer unfreien Existenz in die andere. Sie würden zwar auf menschlicher Ebene Mitglieder im irdischen Gottesvolk, aber damit weiterhin in Gefangenschaft bleiben. Echte Freiheit gibt es – für Juden wie auch für Nichtjuden – in den Augen des Paulus nur durch die Zugehörigkeit zum „oberen Jerusalem", das ein Sinnbild für die messianische Zeit ist. Diese ist mit Jesus angebrochen, durch dessen Tod und Auferstehung wir nun wirklich frei sind. Zu dieser Wirklichkeit haben wir Zugang nur durch den Glauben, nicht durch die Beschneidung. Egal ob wir Jude oder Nichtjude sind. Und für diese Wirklichkeit steht Sara. Die „Freiheit, zu der Christus uns befreit hat", findet man also nicht im Übertritt zum Judentum, sondern in der Zugehörigkeit zum Messias. Diese Freiheit ist aber für Paulus gerade keine „Freiheit vom Gesetz". Im Gegenteil: Sie führt dazu, dass wir einander zu Dienern werden und das tun, was das Gesetz fordert:

> „Ihr aber, liebe Brüder, seid zur Freiheit berufen. Allein seht zu, dass ihr durch die Freiheit nicht dem Fleisch Raum gebt; sondern durch die Liebe diene einer dem andern. Denn das ganze Gesetz ist in einem Wort erfüllt, in dem: ‚Liebe deinen Nächsten wie dich selbst!'"[65]

Nächstenliebe statt Tora?

Manche Christen sehen nun wiederum in diesen eben zitierten Worten des Paulus, die er auch im Römerbrief noch einmal ähnlich formuliert,[66] einen Beleg für seinen Bruch mit der Tora: Indem er das ganze Gesetz im Gebot der Nächstenliebe zusammenfasse, erkläre Paulus alle anderen Gebote für ungültig. Paulus ersetze quasi die Tora durch ein ethisches Prinzip. Solange man also seinen Nächsten liebe, sei man „frei vom Gesetz" und dürfe selbst entscheiden, was erlaubt sei und was nicht. Auch das ist jedoch ein Missverständnis dessen, was Paulus sagen will. Wir haben schon weiter oben gesehen, dass solche „Zusammenfassungen des Gesetzes" in der jüdischen Tradition beliebt und verbreitet waren: Die berühmteste ist wohl die von Hillel, der für einen interessierten Nichtjuden die Tora zusammenfasste, während er auf einem Bein stand.[67] Aber auch andere Zusammenfassungen werden angeboten:

> Rabbi Simlai sagte: 613 Gebote wurden Moses gegeben, darunter 365 negative Verbote, eins für jeden Tag des Jahres, und 248 positive Vorschriften, eins für jedes Körperteil des Menschen. … David aber kam und fasste sie alle in elf Gebo-

te zusammen (es wird Ps 15 zitiert). Als Nächstes kam Jesaja und fasste sie in sechs Geboten zusammen (es wird Jes 33,15 zitiert). Micha kam und fasste die Tora in drei Geboten zusammen „Es ist dir gesagt, Mensch, was gut ist und was der HERR von dir fordert, nämlich Gottes Wort halten und Liebe üben und demütig sein vor deinem Gott."[68] Jesaja kam noch einmal und fasste die Tora in zwei Geboten zusammen: „So spricht der HERR: Wahret das Recht und übt Gerechtigkeit."[69] Schließlich kam Amos und fasste alles in einem Gebot zusammen: „Suchet mich, und ihr werdet leben!"[70] Rabbi Nachman sagte: Könnte man diesen Satz nicht auch so verstehen: „Suchet mich, indem ihr die ganze Tora haltet, dann werdet ihr leben"? Habakuk aber fasste alles in einem Grundsatz zusammen: „Der Gerechte wird aus Glauben leben."[71]

Auch Jesus hat in recht ähnlicher Weise die ganze Tora und die Propheten in wenigen Worten zusammengefasst.[72] Keiner dieser jüdischen Lehrer, einschließlich Jesus, wäre jedoch auf die Idee gekommen, dass solche Zusammenfassungen die Tora ersetzen oder an ihre Stelle treten könnten. Es geht nicht um „Nächstenliebe statt Gesetzesgehorsam" oder um „Glauben statt Gesetzesgehorsam". Sondern der Sinn solcher Zusammenfassungen besteht selbstverständlich darin, dass sie die Gesamtheit der Gebote in wenigen Worten zusammenfassen, um damit gerade die Gültigkeit aller Gebote zu unterstreichen. Wenn Paulus also sagt: „Das ganze Gesetz ist in dem einen erfüllt", dann ist damit nicht gemeint: Solange du das eine hältst, kannst du alle anderen brechen. Sondern es bedeutet: Das eine fasst alle anderen zusammen. Wer seinen Nächsten liebt, der wird auch die übrigen Gebote Gottes halten. Denn gerade darin zeigt sich die Liebe zum Nächsten. Das Gleiche gilt auch da, wo Paulus zusammenfassend vom „Gesetz Christi" redet, das alle Nachfolger Jesu – Juden wie Nichtjuden – erfüllen sollen.[73] Gemeint ist auch hier nicht ein reduziertes Minimalgesetz (z. B. die Nächstenliebe oder die Bergpredigt), sondern das Gesetz, das Jesus in seiner Person repräsentiert: Es schließt die ganze Tora ein, und noch mehr: Denn in der Person Jesu sehen wir, wie die Tora menschliche Gestalt annimmt und ins Leben hineinkommt. Nicht nur die Tora selbst, sondern auch ihre verbindliche Auslegung in der Person dessen, der sie gegeben hat. Daher ist die Nachfolge Jesu sicher die beste Form des Tora-Gehorsams. Aber reduziert wird die Tora dadurch nicht. Und schon gar nicht aufgehoben. Auch an dieser Stelle finden wir also bei Paulus keine Botschaft der „Freiheit vom Gesetz".

Ab jetzt nie mehr Schweinefleisch?

Wo immer ich in Vorlesungen oder Vorträgen über diese Fragen spreche, kommt spätestens an dieser Stelle eine erstaunte Rückfrage. Sie lautet ungefähr so: „Nun gut, es mag ja sein, dass Paulus das alles so sieht. Und dass ihm das Konzept einer ‚Freiheit vom Gesetz' fremd ist. Aber bedeutet das nun, dass wir alle ab jetzt auf Schweinefleisch verzichten müssen?" Und dann folgt fast immer die bohrende Gewissensfrage: „Essen Sie denn selbst koscher?" Meine Antwort ist dann immer ein klares Nein. Denn wer so fragt, der hat ein Grundprinzip des Paulus noch nicht verstanden: Juden sollen Juden bleiben und Nichtjuden sollen Nichtjuden bleiben. Juden sollen die Tora einhalten, für Nichtjuden dagegen gilt sie nicht. Jedenfalls nicht in vollem Umfang.

Paulus folgt auch an dieser Stelle der jüdischen Tradition: Die Gebote der Tora sind dem Volk Israel gegeben, deshalb soll sich auch nur das Volk Israel daran halten. Der Geltungsbereich der Tora erstreckt sich nach jüdischem Verständnis auf alle, die zum Volk Israel gehören. Sei es durch Geburt oder durch Übertritt. Wer „das Joch des Himmelreiches auf sich nimmt", also sich zum jüdischen Glauben bekennt, der soll als Konsequenz auch „das Joch der Gebote auf sich nehmen". Für Nichtjuden aber gelten diese Gebote gerade nicht. Im

Gegenteil: Es wird von manchen Lehrern als übergriffig empfunden, wenn Nichtjuden versuchen, sich an die jüdische Tora zu halten. So wird von Rabbi Johanan (2. Jh.) der folgende extreme Ausspruch zitiert:

> „Ein Nichtjude, der die Tora studiert, soll mit dem Tod bestraft werden."[74]

Aber die Mehrheit der Rabbinen war schon damals anderer Meinung und wollte den Nichtjuden wenigstens die Beachtung eines Teils der Tora erlauben:

> „Rabbi Meir widersprach: Ein Nichtjude, der die Tora studiert, gleicht einem Hohepriester. Woher wissen wir das? Aus dem Bibelvers: ‚Ihr sollt meine Gebote halten, damit ihr durch sie leben sollt' (3. Mose 18,5). Hier werden weder Priester, noch Leviten, noch Israeliten ausdrücklich erwähnt. Also gilt der Vers für alle Menschen!"[75]

Aus dieser Diskussion entwickelte sich später die rabbinische Lehre von den „noachitischen Geboten": Man versuchte herauszufinden und festzulegen, welche ethischen Grundsätze der Tora auch für Nichtjuden gelten sollten. Anzahl und Umfang dieser noachitischen Gebote waren lange Zeit umstritten. In einer berühmten Passage, die bis heute wegweisend ist, werden sieben solche Gesetze aufgezählt:

> „Sieben Gesetze wurden den Söhnen Noahs gegeben: eine geordnete Rechtsprechung, Verbot von Götzendienst und Blasphemie, verbotene sexuelle Beziehungen, Blutvergießen, Raub und der Verzehr von Teilen noch lebender Tiere."[76]

In den Bestimmungen des sogenannten „Apostelkonzils“ von Jerusalem sind Ansätze einer solchen „Tora für Nichtjuden“ zu erkennen, die sich teilweise mit diesen noachitischen Geboten überschneiden.[77] Paulus, und mit ihm die ersten Christen, machten also einen Unterschied zwischen Juden und Nichtjuden in der Frage, welche Gebote der Tora einzuhalten sind und welche nicht. Für Paulus galt dabei ein wichtiges Grundprinzip: dass jeder die Identität behält, in der er zum Glauben an Jesus gefunden hat. Ein Jude soll Jude bleiben. Und ein Nichtjude soll Nichtjude bleiben. Weder das eine noch das andere macht einen Menschen besser oder wichtiger bei Gott oder in der Gemeinde. Wichtig ist aber gerade, dass die Vielfalt und das Nebeneinander der verschiedenen Identitäten erhalten bleibt:

> „Nur soll jeder so leben, wie der Herr es ihm zugemessen, wie Gott einen jeden berufen hat. Und so ordne ich es an in allen Gemeinden. Ist jemand als Beschnittener berufen, der bleibe bei der Beschneidung. Ist jemand als Unbeschnittener berufen, der lasse sich nicht beschneiden. Beschnitten sein ist nichts und unbeschnitten sein ist nichts, sondern: Gottes Gebote halten. Jeder bleibe in der Berufung, in der er berufen wurde.“[78]

In der späteren Auslegung ist diese „Anordnung in allen Gemeinden“ des Paulus dann jedoch sehr einseitig ausgelegt worden: Wenn weder Beschneidung noch Unbeschnittensein etwas gelten, so sagte man sich, dann können wir ja einfach alle Unbeschnittene werden. Über kurz oder lang gab es daher nur noch Nichtjuden in der christlichen Kirche. So war es aber von Paulus nicht gemeint: Ihm war gerade daran gelegen, dass beide so bleiben, wie sie sind: Juden sollen Juden bleiben und Nichtjuden sollen Nichtjuden bleiben. Für die Frage nach der „Freiheit vom Gesetz“ bedeutet das: Für Juden gilt das Gesetz nach Ansicht des Paulus ganz selbstverständlich weiter. Nirgendwo sagt er, dass Juden durch ihren Glauben „frei vom Gesetz“ sind oder dass das Gesetz für sie nicht mehr gilt. Umgekehrt gilt aber für Nichtjuden: Sie sind ebenfalls nicht „frei vom Gesetz“ – denn sie waren ihm ja nie unterstellt. Ich kann (und muss) als Nichtjude nicht von einem Gesetz befreit werden, das gar nicht für mich bestimmt ist. Deshalb predigt Paulus auch den Nichtjuden nicht die „Freiheit vom Gesetz“. Aber: Er verbietet ihnen auch das Einhalten des Gesetzes. Denn damit würden sie ja wieder dem Grundsatz widersprechen, dass „jeder in dem bleiben soll, worin Gott ihn berufen hat“. Für Paulus ist also beides wichtig: dass Juden sich an die Tora halten, und dass Nichtjuden sich *nicht* daran halten. Jedenfalls nicht in vollem Umfang. Denn beide sollen bleiben, was sie sind. Welche Gebote der Tora dann im Einzelnen doch auch für Nichtjuden übernommen werden, das ist eine komplexe Frage, an der Paulus den Rest seines Lebens gearbeitet hat. Wir werden im übernächsten Kapitel noch darauf zu sprechen kommen.

Abschaffung der Reinheitsgebote?

Die wichtige Unterscheidung zwischen Juden und Nichtjuden, für die jeweils unterschiedliche Gebote gelten, wird auch deutlich an einer letzten Belegstelle, die oft für den vermeintlichen Bruch des Paulus mit der Tora angeführt wird. Sie findet sich in einer kurzen Passage im Römerbrief:

> „Ich weiß und bin gewiss in dem Herrn Jesus, dass nichts unrein ist an sich selbst; nur für den, der es für unrein hält (*logizomeno*), ist es unrein.“[79]

Auf den ersten Blick klingt das so, als würde Paulus hier die jüdischen Reinheitsgebote grundsätzlich infrage stellen oder abschaffen – auch für Juden. Viele Ausleger ziehen zur Unterstützung dieser Ansicht noch die Aussage Jesu aus Mk 7,15-19 und die Vision des Petrus in Apg 10,10-16 heran. Nun würde es zu weit vom Thema abschweifen, diese beiden Stellen ausführlich zu erklären. In beiden geht es nämlich um jeweils andere Themen. Ich habe dazu auch in meinem Jesus-Buch schon einiges geschrieben.[80] Was aber ist hier im Römerbrief gemeint? Paulus zitiert an dieser Stelle nach Ansicht einiger jüdischer Forscher einen recht einfachen Grundsatz, der auch aus der rabbinischen Literatur bekannt ist: Nämlich dass Reinheit und Unreinheit keine Eigenschaften sind, die dem Essen oder einem Menschen „von sich aus" anhängen. Sondern sie werden aufgrund der Bestimmungen der Tora lediglich „zugerechnet" (*logizomeno*). Ganz ähnlich argumentiert einmal Rabbi Johanan ben Zakkai, als ihn ein Nichtjude nach dem Sinn der Reinheitsgebote fragt. Er könne nicht verstehen, so der Fragende, wie ein Mensch sich zuerst durch die Berührung eines Leichnams unrein machen könne, und dann durch zwei oder drei Tropfen von Wasser, in das die Asche einer roten Kuh gestreut werde, wieder rein werden könne. Rabbi Johanan jagt den Fragenden zunächst weg und erklärt dann seinen Schülern:

> „Weder macht ein Toter (von sich aus) jemanden unrein, noch macht das Wasser (von sich aus) jemanden rein. Sondern das alles sind Festsetzungen des Heiligen, gepriesen sei er. Der Heilige sprach: Eine Satzung habe ich verfügt und ein Gebot habe ich erlassen, und du bist nicht befugt, mein Gebot zu übertreten."[81]

Die Unreinheit einer Sache, einer Person oder einer Speise liegt also nicht in der Substanz, sondern sie ist einzig und allein in den Regeln begründet, die die Tora aufstellt. Sie besteht deshalb auch nur für diejenigen, die der Tora unterstellt sind. Nach jüdischem Verständnis ist also etwa Schweinefleisch nicht „an sich" unrein, sondern nur für Juden. Nichtjuden dagegen dürfen es essen, für sie ist es weder verboten noch schädlich noch unrein. Es stimmt also, was Paulus hier sagt: Etwas ist nur für denjenigen unrein, der es für unrein hält, oder wörtlicher: „... für den es als unrein gerechnet wird (*logizomeno*)." Paulus sagt hier also keineswegs, dass die Reinheits- oder Speisegebote aufgehoben sind. Oder dass sie nur für den gelten, der sich freiwillig daran halten will. Sondern er macht einen Unterschied zwischen Juden und Nichtjuden: Was für Juden als unrein gilt, kann für Nichtjuden durchaus erlaubt sein. Das aber ist keine Neuerung, sondern übliche Praxis in der jüdischen Welt.

Ein gesetzestreuer Paulus?

In diesem Kapitel haben wir uns angesehen, was Paulus, der Jude, über die Treue zur Tora sagt. Das Bild eines gesetzestreuen jüdischen Paulus, das sich dabei ergeben hat, wird sicher für viele Leser überraschend oder sogar anstößig sein. Und es wirft natürlich viele Fragen auf:

Vertreter einer „traditionellen" Paulusperspektive werden fragen: Kehren wir dann nicht am Ende doch zurück zu einer Werkgerechtigkeit? Oder zur viel gefürchteten Gesetzlichkeit? Was ist, wenn der Mensch nun doch einmal in einem schwachen Moment die Gebote übertreten hat? Hat er dann sein Heil verspielt?

Hier müssen wir aber die theologischen Grundüberzeugungen des Paulus im Blick behalten, die er ja aus seinem jüdischen Glauben gewonnen hat: Gerecht vor Gott werden wir nicht durch unseren Toragehorsam. Das war nie der Sinn der Tora, und das ändert sich auch nicht, wenn wir an Jesus glauben: Gerecht werden wir durch die Gnade und Vergebung Gottes, für die der jüdische Versöhnungstag eine vorläufige und der Tod Jesu die endgültige Sühne geschaffen hat. Es gibt jedoch keinen nachvollziehbaren Grund, warum deshalb die Gebote Gottes für sein Volk nicht mehr gültig sein sollten. Und wir finden auch in den Briefen des Paulus keinen Hinweis darauf.

Vertreter einer „neuen Paulusperspektive“ werden andere Fragen stellen: Ist es nicht ein Zeichen von Ausgrenzung und Exklusivismus, wenn Juden unbedingt Juden bleiben wollen? Sollen denn die „Grenzmarkierungen“ zwischen Juden und Nichtjuden weiterhin bestehen bleiben? Wäre es nicht besser, alle Unterschiede aufzuheben? War die nationale Identität Israels nicht nur eine vorübergehende Krücke, die sich jetzt erübrigt hat?

Für Paulus war das offenbar nicht so: Sein Bild von Gemeinde war nicht die Auflösung aller Unterschiede, sondern das versöhnte Miteinander der Unterschiede. Aber dazu mehr im nächsten Kapitel.

Die Frage nach dem Gesetz heute

Die Frage nach der bleibenden Gültigkeit des Gesetzes für jüdische Jesus-Anhänger stellt sich in unseren Tagen wieder mit neuer Aktualität. Denn sie wird innerhalb der weltweit wachsenden Bewegung des messianischen Judentums[82] heiß diskutiert: In der Kirchengeschichte galt lange Zeit der Grundsatz, dass der Glaube an Jesus aus einem Juden automatisch einen Christen macht, der seine jüdische Identität aufgeben muss. Die Aufhebung der Tora durch Jesus galt als ausgemachte Sache. Nun aber wird diese Selbstverständlichkeit von zwei Seiten aus infrage gestellt: zum einen von der Seite der Bibelforschung aus, die mehr und mehr zu der Überzeugung kommt, dass weder Jesus noch Paulus das Gesetz für überholt hielten. Zum anderen aber von der Seite der Praxis her: Denn anders als „konvertierte Judenchristen“ der Vergangenheit, wollen viele „messianische Juden“ heute ganz bewusst ihre jüdische Identität behalten – oder entdecken sie sogar durch ihren Glauben an Jesus, den Juden, ganz neu. Das stellt sie aber nun vor die Frage: Soll ich als Jude, der an Jesus glaubt und als Jude leben will, auch die jüdischen Gebote halten? Die Meinungen gehen in dieser Frage weit auseinander. Der britische Theologe Richard Harvey, der sich selbst zur messianischjüdischen Bewegung zählt, hat in einer breit angelegten Studie vier grundsätzliche Positionen in dieser Frage herausgearbeitet:[83]

1. „Abschaffen“: Eine große Zahl von messianischen Juden ist, wie die traditionelle christliche Theologie, weiterhin der Überzeugung, dass die Tora durch Jesus ihre Gültigkeit verloren hat. Jüdische Identität zeigt sich zwar noch im Feiern der biblischen Feste und in jüdischen Ausdrucksformen des Gottesdienstes, aber nicht mehr im Einhalten von Geboten.[84]
2. „Anpassen“: Jüdische Gebote werden eingehalten, weil sie zur gemeinsamen Tradition und Identität des jüdischen Volkes gehören. Sie haben zwar für Juden, die an Jesus glauben, keine theologische oder geistliche Bedeutung mehr. Aber als Zeichen ihrer Zugehörigkeit zur Gesamtheit des Judentums ist es dennoch hilfreich und sinnvoll sie zu praktizieren, gerade im öffentlichen Raum. Der Einzelne kann sich aber frei entscheiden, ob er Gebote einhalten möchte und wenn ja, welche.[85]
3. „Ausarbeiten“: Vertreter dieser Richtung sind davon überzeugt, dass die Tora für Jesus, Paulus und die ersten Christen weiterhin eine verbindliche Bedeutung hatte. Jedoch sei bereits im Neuen Testament zu erkennen, dass sich eine eigene Gesetzespraxis (*halacha*) herausbildete, die sich von der der Pharisäer und anderer jüdischer Gruppen unterschied. Es ist daher Aufgabe der Gemeinde, anhand der Schrift selbst herauszuarbeiten, welche Bestimmungen der Gebote auch heute noch gültig sind und wie sie zu praktizieren wären. Dazu gehört auch die Frage, welche Gebote der Tora auch für Nichtjuden verbindlich sind. Messianisch-jüdische Praxis orientiert sich also an der Schrift, aber nicht an den halachischen Traditionen des offiziellen rabbinischen Judentums.[86]
4. „Akzeptieren“: Eine vierte Richtung setzt wie die dritte Gruppe voraus, dass die Tora für messianische Juden weiterhin verbindlich ist. Anders als die dritte Gruppe geht sie aber davon aus, dass

> die Aufgabe der Auslegung dem ganzen Volk Israel anvertraut ist und sich die messianisch-jüdische Bewegung daher an dieser Stelle nicht vom Konsens der nachbiblischen rabbinischen Tradition lösen sollte. Hier werden daher in Fragen der Gesetzesauslegung die Vorgaben des orthodoxen und konservativen Judentums als verbindlich angesehen und akzeptiert.[87]

Es wird also deutlich: Selbst wenn wir das neue und ungewöhnliche Bild eines gesetzestreuen Paulus akzeptieren, sind damit längst nicht alle Fragen geklärt. Aber die Diskussion ist eröffnet und ein Gespräch über diese Fragen sollte zwischen Juden und Christen erlaubt und möglich sein.

Theorie und Praxis

Wie aber sah nun die konkrete Praxis des Paulus aus? Bisher haben wir nur solche Texte betrachtet, in denen Paulus theoretisch über das Gesetz, über Freiheit oder Knechtschaft schreibt. Und wir haben entdeckt, dass der Slogan „Freiheit vom Gesetz" sich so bei ihm nicht findet, außer in Form einer Freiheit vom Gesetz der Sünde und des Todes. Was aber nun noch aussteht, ist der Praxistest: Die verbreitete Vorstellung, Paulus habe es mit dem Gesetz nicht so genau genommen, gründet sich nämlich oft gar nicht auf das, was Paulus über das Gesetz sagt, sondern auf vermeintliche Beispiele aus der Praxis. Egal, was Paulus über das Gesetz lehrte: An seinem Leben werde doch deutlich, dass er sich nicht an die Gesetze hielt. Besonders gängig ist dabei die Vorstellung von einer Art „Chamäleon-Strategie" des Paulus: Demnach habe er sich an die jüdischen Gesetze gehalten, wenn er mit Juden zusammen war, und sie gebrochen, wenn er mit Nichtjuden zusammen war. Dies sei angeblich für seine Missionsstrategie erforderlich gewesen. Denn nur so konnte er alle erreichen. Und nicht selten wird daraus auch eine Lehre für die heutige Praxis christlicher Gemeinden abgeleitet: Wenn wir die Menschen unserer

Kultur wirklich erreichen wollen, so heißt es, müssen wir uns ihren kulturellen und moralischen Regeln anpassen. Auch wenn das an der einen oder anderen Stelle einen schmerzlichen Bruch mit biblischen Geboten erfordert. Denn Paulus habe es ja vorgemacht. Ob das aber wirklich stimmt – oder vielmehr, wie weit eine solche Anpassung gehen soll und wo sie für Paulus ihre Grenzen hat, das werden wir uns im kommenden Kapitel näher ansehen.

Kapitel 7

„Den Juden ein Jude, den Griechen ein Grieche?“

Einheit und Vielfalt in der Gemeinde

Für viele Christen zeigt sich die vermeintliche Freiheit des Paulus gegenüber dem Gesetz vor allem in den Praxisbeispielen, von denen er in seinen Briefen erzählt. Dabei wird gern der Slogan zitiert, Paulus sei „den Juden ein Jude geworden und den Griechen ein Grieche“. Dieses Zitat dient dann gleichzeitig als Begründung für eine Strategie der kulturellen Anpassung in der heutigen Welt, der zufolge Christen sich in ihrer Lebensgestaltung nicht an biblischen Geboten, sondern je nach Situation an den Maßstäben ihrer Umgebungskultur orientieren sollten. Sucht man jedoch im Neuen Testament nach dem vermeintlichen Paulus-Zitat, dann wird man nicht fündig. Paulus hat es nämlich nie gesagt. Wohl schreibt er in seinem ersten Brief an die Korinther etwas, das recht ähnlich klingt. Bei genauem Hinsehen ist das, was Paulus sagt, aber wesentlich vielschichtiger als das, was normalerweise daraus gemacht wird:

> „Den Juden bin ich wie ein Jude geworden, damit ich die Juden gewinne. Denen, die unter dem Gesetz sind, bin ich wie einer unter dem Gesetz geworden – obwohl ich selbst nicht unter dem Gesetz bin –, damit ich die, die unter dem Gesetz sind, gewinne. Denen, die ohne Gesetz sind, bin ich wie einer ohne Gesetz geworden – obwohl ich doch nicht ohne Gesetz bin vor Gott, sondern bin in dem Gesetz Christi –, damit ich die, die ohne Gesetz sind, gewinne. Den Schwachen bin ich ein Schwacher geworden, damit ich die Schwachen gewinne. Ich bin allen alles geworden, damit ich auf alle Weise einige rette.“[1]

„Den Griechen ein Grieche“ steht hier also schon einmal nicht. Aber auch abgesehen davon ist fraglich, ob diese Bibelstelle wirklich das hergibt, was in sie hineingelesen wird. Denn Paulus redet hier, im ganzen Kapitel, nicht von seiner Lebensweise. Es geht nicht um ethische Fragen, nicht um Toragehorsam und auch nicht um jüdische „Erkennungsmerkmale“ wie Beschneidung, Speisegebote oder den Sabbat. Paulus redet in diesem Kapitel davon, wie er *das Evangelium verkündigt.* Paulus spricht hier also über seine Missionsstrategie, nicht über seine Lebensweise. Es geht um Worte, nicht um Handlungen: Wenn er Juden das Evangelium erklärt, argumentiert er von der Tora her, denn nur was in der Tora begründet ist, ist für sie überzeugend. Wenn er dagegen Nichtjuden das Evangelium erklärt, macht es aber keinen Sinn, sich auf die Tora zu berufen, denn sie kennen sie ja nicht oder akzeptieren zumindest ihre Autorität nicht. Hier argumentiert er also anders, zum Beispiel aus der allgemeinen Lebenserfahrung heraus, aus der Natur oder aus dem gesunden Menschenverstand.

Situationsgerechte Predigten bei Paulus

In den Berichten der Apostelgeschichte finden wir genau dieses Vorgehen des Paulus bestätigt: Wo immer er in jüdischen Synagogen predigt, da knüpft er an Bibeltexte, an die Geschichte Israels und an messianische Verheißungen an.[2] Als er jedoch im ländlichen Lystra vor einfachen Bauern predigt, spricht er über Regen, Saat und Ernte und den Schöpfer der Welt.[3] Vor den gebildeten Zuhörern in Athen dagegen knüpft er an den griechischen Götterglauben an und zitiert sogar einen bekannten griechischen Dichter.[4] In vielen anderen Begegnungen mit Nichtjuden macht Paulus gar nicht viele Worte, sondern lässt Menschen durch Heilungen oder andere Wunder die Kraft Gottes erfahren.[5] Vor dem römischen Stadthalter Felix argumentiert er mit seiner Loyalität zur staatlichen Ordnung und erklärt die innerjüdischen Streitigkeiten allgemeinverständlich für jemanden, der „ohne Gesetz ist".[6] Vor dem jüdischen König Agrippa dagegen beruft er sich wieder auf die Schrift.[7] Paulus verstand sich also darauf, in verschiedenen Situationen jeweils den richtigen Anknüpfungspunkt zu finden. Nirgendwo wird jedoch gesagt, dass er deshalb in solchen Situationen auch seine Lebensweise änderte oder gegen jüdische Gesetze verstieß. Freunde des Paulus-Lukas-Keils weisen zwar auch hier wieder darauf hin, dass man nicht aus der Apostelgeschichte auf den „wahren Paulus" schließen dürfe. Es gibt allerdings auch in den Briefen des Paulus Hinweise auf eine solche „situative Argumentationsweise" des Paulus: So finden sich in den Thesaalonicher- und Philipperbriefen, die an vornehmlich nicht-jüdische Empfängergemeinden geschrieben wurden, wesentlich weniger Schriftbezüge als z. B. im Römerbrief, der an eine gemischte jüdisch-nichtjüdische Gemeinde geschrieben wurde. Leider sind uns keine Briefe des Paulus an jüdische Gemeinden erhalten, sonst könnten wir daran auch überprüfen, ob die Berichte der Apostelgeschichte ein zutreffendes Bild von der Strategie des Paulus zeichnen. In jedem Fall aber steht fest: In der oben zitierten Stelle aus dem ersten Korintherbrief spricht Paulus nicht über seine Lebensweise – und schon gar nicht über die Frage, ob und wann er sich an jüdische Gesetze hält. Er spricht nur darüber, wem er auf welche Weise das Evangelium erklärt. Man muss also schon an anderen Stellen der Paulusbriefe suchen, um Beispiele für die vermeintliche „Chamäleon-Strategie" des Paulus zu finden. Sehen wir uns also einmal die wichtigsten Beispiele an, die als Beleg dafür angeführt werden, dass die jüdischen Gebote für Paulus „unwichtig" geworden waren. So unwichtig, dass er sich nur dann daran hielt, wenn es ihm angemessen erschien.

Testfall 1: Jerusalem

Im Galaterbrief berichtet Paulus von einem Besuch in Jerusalem, den er von Antiochia zusammen mit seinem Mentor Barnabas und seinem Schüler Titus unternahm. Titus war ein Grieche und deshalb offensichtlich nicht beschnitten. Er war also ein Sympathisant der Gemeinde, aber nicht zum Judentum übergetreten. In Jerusalem gab es aber offenbar Juden, vermutlich Mitglieder der dortigen Gemeinde, die verlangten, dass Titus sich beschneiden ließe. Dahinter stand vermutlich die Vorstellung mancher Jesus-Anhänger, dass man, um zur Gemeinde zu gehören, nicht nur an Jesus glauben, sondern auch offiziell zum Judentum übertreten musste. Es sollte also nicht nur „der Glaube allein", sondern auch bestimmte „Werke des Gesetzes" als Einlassbedingung in die Jesus-Gemeinde gefordert werden und das nicht nur von Juden, sondern auch von Nichtjuden. Paulus aber berichtet, dass er und Barnabas dieser Forderung widerstanden. So weit, so gut. Bis hierher gibt es keinen Konflikt des Paulus mit dem Gesetz.

Nun setzen aber viele Ausleger bereits hier den Paulus-Jakobus-Keil an und behaupten, Petrus und Jakobus seien diejenigen gewesen, die die Beschneidung des Titus gefordert hätten. Hier habe sich also bereits der Streit der unterschiedlichen Positionen abgezeichnet, die die „Tübinger Schule“ später als „Paulinismus“ und „Judenchristentum“ bezeichnet. Paulus habe den Forderungen der „Jakobus-Partei“ nur mit Mühe widerstehen können und am Ende mühsam einen Kompromiss ausgehandelt, der mit Handschlag besiegelt wurde. Ein kurzer Blick in den Text zeigt jedoch, dass hier die Fantasie mit den Auslegern durchgeht: Die Forderung, Titus zu beschneiden, ging nicht von Jakobus und Petrus aus, sondern von namentlich nicht genannten „falschen Brüdern“. Petrus und Jakobus dagegen waren mit Paulus und Barnabas in dieser Frage einer Meinung. Der Handschlag am Ende besiegelte nicht einen Kompromiss in der Beschneidungsfrage, sondern eine Absprache über die Aufteilung der Missionsgebiete: Paulus sollte sich hauptsächlich Nichtjuden zuwenden, Petrus dagegen hauptsächlich Juden. Bis hierher bleibt Paulus also dem Prinzip treu: Juden bleiben Juden, Nichtjuden bleiben Nichtjuden. Beide sind eins in Christus. Komplizierter wird es allerdings in der Tat, wenn man den Bericht der Apostelgeschichte zum Vergleich heranzieht. Aber dazu gleich mehr.

Testfall 2: Lystra

Zunächst eine weitere Beschneidungsgeschichte: In Apostelgeschichte 16,1-4 wird wieder von der Beschneidung eines Reisebegleiters von Paulus berichtet: Der junge Mann heißt Timotheus, und dieses Mal beschneidet Paulus ihn eigenhändig. Das verwirrt zunächst einmal. Warum handelt Paulus hier anders als bei Titus in Jerusalem? Die neuere Auslegung erklärt das einfach mit dem Paulus-Lukas-Keil: Lukas wollte Paulus eben als gesetzestreu darstellen und habe diese Geschichte deshalb einfach erfunden. Traditionellere Bibelleser aber sind mit dieser Erklärung nicht zufrieden. Sie schreiben das Verhalten des Paulus daher lieber seinem „Chamäleon-Prinzip“ zu: Er habe sich hier einfach den Forderungen der Leute gebeugt, um keinen unnötigen Anstoß zu erregen. „Den Juden ein

Jude, den Griechen ein Grieche" eben. Aber diese Erklärung ist aus mehreren Gründen nicht schlüssig: Denn in Jerusalem war Paulus unter Juden, aber hat die geforderte Beschneidung abgelehnt. In Lystra dagegen war er unter lauter Griechen, sogar der eigene Vater des Timotheus war ein Grieche. Warum sollte er also ausgerechnet dort auf die Forderungen der wenigen Juden eingehen, die es in der Gegend gab? Paulus hätte ja dann an beiden Orten genau entgegen seinem Anpassungs-Prinzip gehandelt. Der Testfall Jerusalem hatte doch außerdem gezeigt, dass Paulus solche Entscheidungen gerade nicht nach dem Anpassungsprinzip traf, sondern aufgrund der „Wahrheit des Evangeliums"[8], zur Not auch gegen den Druck der Umgebung. Warum also hätte Paulus hier in Lystra von diesem Prinzip abweichen sollen? Nein, der Grund für sein Verhalten liegt an anderer Stelle: Paulus will einem anderen Prinzip treu bleiben, nämlich dass Juden Juden bleiben und Nichtjuden Nichtjuden. Der Fall des Timotheus stellte hier einen wichtigen Grenzfall dar: Er hatte einen griechischen Vater und eine jüdische Mutter. Nach jüdischer Tradition war er damit aber von Geburt aus Jude, denn die Religion der Mutter bestimmt die Identität. Offenbar aber war er bisher nicht beschnitten worden, entweder weil der Vater sich dem widersetzt hatte oder weil es der Mutter nicht mehr wichtig war, die jüdische Identität in einem griechischen Umfeld zu bewahren. Es stellte sich also die Frage: Soll man sich als Jude, wenn man an Jesus glaubt, an die griechische Umwelt assimilieren oder soll man die „Erkennungszeichen" der jüdischen Identität bewahren? Paulus macht deutlich: Das ist keine Frage der Beliebigkeit. Denn Juden sollen Juden bleiben, und Nichtjuden Nichtjuden. Auch in der Gemeinde Jesu. Paulus ist es deshalb ganz und gar nicht egal, ob Timotheus beschnitten ist oder nicht. Als Sohn einer jüdischen Mutter muss er beschnitten werden. Nur wenn jüdische Gemeindemitglieder weiterhin ihre Kinder beschneiden lassen, kann ihre Identität im Gegenüber zu den Nichtjuden auf Dauer gewahrt bleiben. Und nur so kann die Gemeinde auf Dauer eine Gemeinde aus Juden und

Nichtjuden bleiben. Die Beschneidung des Timotheus war also kein Kompromiss „aus Rücksicht auf die Juden in der Gegend". Sondern im Gegenteil: Es war ein wichtiges und deutliches Zeichen, gerade „gegenüber den Juden aus der Gegend": Sie sollten sehen, dass auch in der neuen Gemeinde der Jesus-Anhänger die jüdische Identität, ebenso wie die nichtjüdische, wertvoll und wichtig blieb.

Testfall 3: Antiochia

In Gal 2,11-14 wird ein Streit zwischen Petrus und Paulus berichtet, der sich in der Gemeinde von Antiochia ereignet: Antiochia war damals die wichtigste Stadt im östlichen Mittelmeerraum. Wenn Jerusalem das Altötting oder das Bad Liebenzell der damaligen Zeit war, dann war Antiochia das Berlin oder New York. Deshalb musste es dort früher oder später auch einen Ableger der neu entstehenden Jesus-Bewegung geben, die „Hauptstadtgemeinde" sozusagen. Zunächst waren es vermutlich Diaspora-Juden, die zur dortigen jüdischen Gemeinde gehörten und zum Glauben an Jesus kamen. Dann aber kamen sehr schnell auch viele Nichtjuden zum Glauben und schlossen sich der wachsenden Gemeinde an. Für die jüdischen Gemeinden Antiochias war das nicht unproblematisch. Denn sie hatten sich über die Jahre durch geschickte Diplomatie einen Sonderstatus in der heidnischen, von Römern regierten Großstadt ausgehandelt: Als jüdische Sondergruppe waren sie von den Pflichten des römischen Kaiserkults befreit und genossen andere religiöse Privilegien. Durch die typisch jüdischen „Erkennungsmerkmale" war ja auch für alle klar, wer dazugehörte und wer nicht. So genoss die jüdische Gemeinde einen mühsam erkämpften Minderheitenschutz. Die neue „Jesus-Bewegung" innerhalb der Synagoge aber sorgte nun für Probleme: Denn sie lud nun plötzlich auch jede Menge von Nichtjuden in die Gemeinde ein. Diese glaubten zwar an den Gott Israels und an den jüdischen Messias, aber dennoch machten sie nicht den entscheidenden Schritt, ganz zur jüdischen Gemeinde überzutreten, indem sie sich beschneiden ließen. Denn sie folgten dem Paulus-Prinzip: Juden sollen Juden bleiben, und Nichtjuden sollen Nichtjuden bleiben. Deshalb wurden sie von den jüdischen „Jesus-Leuten“ als vollgültige Mitglieder der Gemeinde behandelt, denn sie sagten: Durch den Glauben an den Messias gehört jeder zum Volk Gottes, egal ob Jude oder Nichtjude. Die anderen Juden jedoch, die nicht an Jesus glaubten, betrachteten die Neuen skeptisch und allenfalls als „Gäste“. So wuchs mit der Zeit eine „Grauzone“ rund um die mühsam etablierte jüdische Gemeinde. Vor allem aber lösten die klaren Grenzen sich auf. Es war umstritten, wer nun wirklich dazugehörte und wer nicht. Wenn die etablierten Grenzen der Mitgliedschaft aber dermaßen ins Schwimmen gerieten, dann drohte die Gemeinde ihren Sonderstatus in der Stadt zu verlieren. Vor diesem Hintergrund nun ereignet sich der Streit zwischen Petrus und Paulus, von dem Paulus berichtet.

Kronzeuge des Paulus-Jakobus-Keils

Der Streit in Gal 2,11-14 ist für die Bibelforschung der wichtigste Kronzeuge des „Paulus-Jakobus-Keils“. Für gewöhnlich wird er etwa so nacherzählt: In der Gemeinde von Antiochia war es wegen der paulinischen Botschaft von der „Freiheit vom Gesetz“ allgemein üblich, dass Juden und Nichtjuden zusammen aßen (was, so meint man, im Judentum ansonsten verboten war, weil Nichtjuden als unrein galten). Natürlich wurden bei solchen gemeinsamen Mahlzeiten auch verbotene Speisen wie etwa Schweinefleisch oder Garnelen gegessen (man war ja „den Griechen ein Grieche“). Selbst Petrus schloss sich, wenn er mal zu Besuch war, dieser Gewohnheit an, denn er hatte ja einige Jahre zuvor in einer Vision ausdrücklich von Gott gesagt bekommen, dass unreine Speisen ab jetzt für ihn erlaubt sind (so deutet man einen Bericht in Apostelgeschichte 10-11). In Jerusalem jedoch war man (noch) nicht so frei: Hier regierte die Partei der Judenchristen, allen voran Jakobus, der nicht nur auf der

Einhaltung von jüdischen Speisegeboten, sondern vor allem auch auf der Beschneidung von Nichtjuden bestand. Als deshalb eines Tages Kontrolleure der „Jakobus-Partei“ nach Antiochia kamen, bekam Petrus es mit der Angst zu tun: Er war nämlich in dieser Frage etwas inkonsequent. In Antiochia passte er sich zwar den freieren Bräuchen des Paulus an, in Jerusalem aber hielt er sich an die strikteren Regeln des Jakobus. Nun aber drohte sein Doppelleben aufzufliegen: Er entfernte sich daher schnell aus der Gemeinschaft der Nichtjuden und aß, wie es sich für einen Juden gehörte, nur noch mit den jüdischen Gemeindemitgliedern. Paulus jedoch rügt Petrus für sein wetterwendisches Verhalten. Denn in diesem Verhalten offenbart sich letztlich ein tiefer Riss zwischen der Paulusspartei und der Petrus-Jakobus-Partei, der nicht zu kitten ist: Beim sogenannten Apostelkonzil von Apg 15 (das man auch in Gal 2,1-10 zu erkennen glaubt) hatte man sich auf Minimalanforderungen für die nicht-jüdischen Jesusnachfolger in Antiochia geeinigt: Sie sollten nicht genötigt werden, die jüdischen Gebote einzuhalten, koscher zu essen oder sich beschneiden zu lassen. Sie sollten aber Götzendienst und Götzenopferfleisch meiden, sich an die Sexualethik der Tora halten, kein Blut vergießen und auch kein blutiges Fleisch essen. Beide Seiten waren aber (so meint man) letztlich mit diesem Kompromiss unglücklich: Für Paulus nämlich sei eigentlich „alles erlaubt“, selbst Götzenopferfleisch.[9] Jakobus und Petrus hätten eigentlich gern weiterhin an der Beschneidung und an koscherem Essen, auch für Nichtjuden, festgehalten. Die Begegnung in Antiochia war daher der erste echte Belastungstest für das mühsam abgeschlossene Abkommen, und es zeigte sich, dass es nicht funktionierte: Petrus hätte seinen „starken Glauben“ dadurch beweisen müssen, dass er – wie bisher – auch unkoscheres Essen isst. Stattdessen aber kehrte er zurück zum „schwachen Glauben“ der Jerusalemer, die sich immer noch an die Speisegebote hielten. Deshalb musste es zum endgültigen Bruch zwischen Petrus/Jakobus und Paulus kommen.

Der Paulus-Lukas-Keil

Der Konflikt wird zudem noch dadurch verschärft, dass viele Bibelausleger an dieser Stelle auf eine ganze Reihe von eklatanten Widersprüchen zwischen der Darstellung des Paulus und der Darstellung des Lukas hinweisen. Für gewöhnlich identifziert man nämlich, wie gesagt, die in Gal 2,1-10 beschriebene Begegnung zwischen Paulus, Petrus und Jakobus mit dem sogenannten „Apostelkonzil" von Apg 15. Vergleich man jedoch beide Berichte miteinander, so gibt es jede Menge Unstimmigkeiten.

Es beginnt mit dem Anlass des Treffens: Laut Gal 2,2 kam Paulus aufgrund einer göttlichen Offenbarung nach Jerusalem. Laut Apg 15 jedoch wurde die Reise aufgrund eines Streits über die Beschneidungsfrage angeordnet. Der jüdische Gelehrte Hyam Maccoby sieht hier daher den „Mythenschmied" Paulus am Werk:

> „Anstatt zuzugeben, dass er nach Jerusalem einbestellt worden ist, um sich wegen Beschwerden, die gegen ihn vorgebracht wurden, zu verantworten, behauptet Paulus, er sei aufgrund einer göttlichen Offenbarung nach Jerusalem gereist."[10]

Die Widersprüche gehen aber weiter: Paulus nämlich behauptet in Gal 1,15-24, dass er seit seiner Bekehrung und bis zum Apostelkonzil nur ein einziges Mal in Jerusalem war. In Apg 11,27-30 und 12,25 wird jedoch von einem weiteren Besuch berichtet. Ausleger erklären diesen Widerspruch entweder so, dass Paulus diesen Besuch absichtlich verschwiegen hat, um seinen inneren Abstand zu den „Judenchristen" von Jerusalem zu demonstrieren. Oder so, dass Lukas, der Harmoniemensch, diesen Besuch einfach erfunden hat, um die enge Verbundenheit zwischen Paulus und Jerusalem zu unterstreichen. Auch in der Beschreibung der Inhalte des Jerusalemtreffens gehen die Berichte weit auseinander: Nach Gal

2,1-10 ging es nicht, wie in Apg 15, um die Beschneidungsfrage allgemein, sondern nur um einen strittigen Einzelfall. Zudem sei die Beschneidung gar nicht das Hauptthema des Gesprächs gewesen, sondern die Aufteilung der Missionsgebiete. Vor allem aber verschweigt Paulus im Galaterbrief völlig das wichtigste Ergebnis des Treffens, nämlich die Beschlüsse über die „Minimalanforderungen“ für Nichtjuden, die nach Apg 15,23-29 ausdrücklich dokumentiert und in einem offiziellen Schreiben feierlich an die Gemeinde von Antiochia geschickt wurden. Paulus verschweigt das nicht nur, sondern er behauptet sogar ganz offen, die Apostel hätten ihm „nichts weiter auferlegt ..., nur dass wir an die Armen dächten.“[11] Dass das Thema der Armut bei den Beschlüssen eine Rolle spielte, davon wird wiederum in Apg 15 nichts gesagt. Bibelausleger deuten das so, dass Paulus schon in Jerusalem mit den Beschlüssen des Treffens eigentlich nicht einverstanden war und sie deshalb hier verschweigt. Denn selbst „Minimalanforderungen“ im Blick auf das jüdische Gesetz widersprachen – nach dieser Ansicht – der Lehre des Paulus von der völligen „Freiheit vom Gesetz“. Der Bericht des Paulus von seinem Streit mit Petrus zeigt, dass die Beschlüsse des Apostelkonzils von den unterschiedlichen „Parteien“ (Paulus bzw. Petrus/Jakobus) ganz verschieden gedeutet wurden: Jakobus war demnach der Meinung, dass die Minimalanforderungen sich nur auf „Heidenchristen“ bezogen, während „Judenchristen“ sich weiterhin an die Tora halten sollten. Paulus dagegen ging davon aus, dass das Gesetz auch für Judenchristen aufgehoben wurde. Petrus dagegen war sich noch unsicher, zu welcher Seite er gehörte. Für Paulus zeigte gerade der Streit von Antiochien, dass die Gegensätze unüberbrückbar waren und man von nun an getrennte Wege gehen musste. Lukas dagegen, der die Einheit betont, erwähnt diesen doch so entscheidenden Zwischenfall in der Apostelgeschichte nicht einmal.

Eine alternative Chronologie

Sieht man sich die lange Liste der Widersprüche an, die sich bei einem Vergleich zwischen Apg 15 und Gal 1-2 ergeben, dann könnte man fast auf die Idee kommen, dass Paulus und Lukas hier von zwei völlig unterschiedlichen Ereignissen reden. Und in der Tat haben viele Forscher schon in den frühen Tagen der Paulusforschung genau diese Frage gestellt: Woher stammt eigentlich die Idee, dass Paulus in Galater 2 das Apostelkonzil beschreibt? Es gibt doch kaum Ähnlichkeiten und eigentlich nur Widersprüche. Die einzige Gemeinsamkeit besteht darin, dass in beiden Texten am Anfang von einem Streit um die Beschneidung die Rede ist. Und dass beide Berichte in Jerusalem spielen. Aber das ist noch nicht viel. Es lohnt sich also, die beiden Texte noch einmal genauer miteinander zu vergleichen. Vielleicht haben wir uns ja in der Chronologie der Ereignisse verrechnet?

Geht man noch einmal zurück an den Anfangspunkt, die Bekehrung des Paulus, dann wird diese in Gal 1,15-16 und Apg 9,1-9 geschildert. Der nächste Besuch des Paulus in Jerusalem, drei Jahre nach seiner Bekehrung, wird in Gal 1,18-19 und in Apg 9,26-30 beschrieben. Der folgende Besuch in Jerusalem wird dann aber schon in Apg 11,27-30 und 12,25 berichtet.[12] Was wäre also, wenn Paulus in Gal 2,1-10 *diesen* Besuch in Jerusalem beschreibt, und nicht das Apostelkonzil von Gal 15? Dann würden sich plötzlich sehr viele Widersprüche in Luft auflösen: Tatsächlich nämlich ist der Anlass dieser Reise eine göttliche Offenbarung, nämlich eine Prophetie des Propheten Agabus (Apg 11,28 und Gal 2,2). Tatsächlich ist das Thema *dieser Reise* die Armut der Gemeinde von Jerusalem (Apg 11,29 und Gal 2,10). Tatsächlich gibt es bei *dieser Reise* keinerlei Auflagen an Paulus. Und tatsächlich ist das Ergebnis *dieser Reise* die Beauftragung des Paulus für die Heidenmission (Apg 12,25-13,3 und Gal 2,9). Der Streit zwischen Petrus und Paulus wäre dann auch von Lukas nicht vertuscht worden, sondern er wird ausdrücklich als

Anlass für das Apostelkonzil erwähnt: Apg 15,1-2 und Gal 2,11-12 stimmen hier sogar bis ins Detail darin überein, dass der „nicht geringe Streit“ ausgelöst wurde durch Besucher, die aus Judäa nach Antiochia kamen. Und nicht zuletzt hätte auch Paulus im Galaterbrief nicht, wie es ihm viele Ausleger vorwerfen, die Beschlüsse des Apostelkonzils „verschwiegen“. Denn das Konzil hatte ja noch gar nicht stattgefunden, als es zum Streit zwischen ihm und Petrus kam. Möglicherweise schrieb Paulus den Galaterbrief sogar noch vor dem Konzil und schildert deshalb darin den Streit, der sich gerade erst ereignet hatte.[13] Die oben aufgezählten Widersprüche zwischen Paulus und Lukas lösen sich also fast vollständig auf, wenn wir dieser Chronologie der Ereignisse folgen. Für manche Forscher jedoch liegt gerade in der „Harmonie“ zwischen Lukas und Paulus der Grund, diese Erklärung abzulehnen:

> „Bei einer genauen Abwägung der für die Provinzhypothese[14] vorgebrachten Argumente entsteht der Eindruck, dass sie ebenso wie die Frühdatierung des Galaterbriefs letztlich eine apologetische Funktion im Blick auf die Apostelgeschichte und ihre Paulus-‚Biografie‘ erfüllt. Ein nicht unwesentlicher Nebeneffekt der Provinzhypothese ist nämlich, dass der Galaterbrief dann die Zuverlässigkeit der Apostelgeschichte bestätigen würde, d. h. insbesondere die Historizität der ersten Missionsreise, für die sich in den Briefen des Paulus andernfalls keine Hinweise finden lassen. Dies nährt den Verdacht, dass sich die Provinzhypothese dem Wunsch nach einer Harmonisierung divergierender Angaben in den (echten) Paulusbriefen und der Apostelgeschichte und damit einem argumentativen Zirkelschluss verdankt. Deshalb plädiert die kritische Forschung bis heute sicher zu Recht mehrheitlich für die Landschaftshypothese.“[15]

Mit anderen Worten: Gerade weil dann alles zusammenpasst, muss man diese Erklärung als guter Wissenschaftler ablehnen. Ein eindrucksvolles Beispiel dafür, dass die Bibelwissenschaft immer in der Gefahr steht, über Fallen zu stolpern, die sie sich selbst gestellt hat.

Eine andere Sicht des Streits von Antiochia

Wenn aber Apostelgeschichte und Galaterbrief in ihrer Darstellung der Ereignisse gar nicht so unterschiedlich sind, dann ist der Streit zwischen Petrus und Paulus vielleicht auch gar nicht so grundlegend wie oft angenommen. Mark Nanos, jüdischer Neutestamentler an der Universität von Kansas, hat daher eine andere Deutung dieses Streites vorgeschlagen. Er stellt dabei verschiedene Grundannahmen infrage, die in der (oben vorgestellten) üblichen Auslegung vorausgesetzt werden, aber nicht im Text stehen: Die erste und wichtigste ist die Frage nach dem „koscheren Essen“: Nirgendwo ist im Bericht des Paulus davon die Rede, dass bei den gemeinsamen Mahlzeiten in Antiochia verbotene Speisen konsumiert wurden. Das wäre auch eigentlich eher überraschend: Warum sollte man bei gemeinsamen Mahlzeiten von Juden und Nichtjuden unbedingt Schweinefleisch servieren wollen? Es gibt doch genug neutrale Alternativen. Ich habe vergleichbare Situationen in den Jahren, in denen ich in Israel gelebt und gearbeitet habe, immer wieder erlebt. Wenn ich als Christ in einem jüdischen Haushalt eingeladen war, gab es selbstverständlich koscheres Essen. Aber selbst wenn wir Juden in unserem Haus zu Gast hatten, war es doch für uns kein Problem, Nudelauflauf oder Hähnchenschnitzel zu kochen. Warum sollten die ersten Christen unbedingt Schweinefleisch oder Garnelen gegessen haben? In der älteren Paulusforschung hätte man vielleicht annehmen können, dass Paulus und die ersten Christen damit bewusst provozieren und ihren Bruch mit dem Judentum demonstrieren wollten. Von dieser aggressiven Sicht der Dinge ist man aber heute abgekommen. Und der Text selbst sagt nichts über die Speisen, die auf dem Tisch standen. Man kann nur – aus Gründen der historischen Wahrscheinlichkeit – annehmen, dass es Speisen waren, die für alle Beteiligten unbedenklich waren. Denn es gab ja, in Antiochia und anderswo, schon eine lange Tradition jüdisch-christlicher Tischgemeinschaft und Gastfreundschaft, bei der sich solche Regeln der gegenseitigen Rücksichtnahme eingebürgert hatten.

War die Tischgemeinschaft mit Nichtjuden verboten?

Das bringt uns aber gleich zur zweiten Frage: Woher stammt eigentlich die Idee, dass Juden nicht mit Nichtjuden zusammen essen durften? Sie gründet sich nicht auf historische Quellen, sondern auf das weiter oben schon beschriebene Klischee vom exklusiven und ausgrenzenden Judentum: Demnach war es Juden, nicht nur aufgrund der Speisegebote, sondern auch wegen einer vermeintlichen „Unreinheit" von Nichtjuden, verboten, mit ihnen zusammen zu essen. Blicken wir jedoch in jüdische Texte, dann stellen wir fest, dass dieses Klischee nicht der historischen Wirklichkeit entspricht:[16] Schon in verschiedenen biblischen Erzählungen wird berichtet, wie Juden mit Nichtjuden Tischgemeinschaft haben: Dass sie sich dabei dennoch an die jüdischen Speisegebote halten können, wird dabei immer vorausgesetzt und auf verschiedene Weise realisiert: Der jüdische Gast konnte sein eigenes Essen mitbringen.[17] Oder der Gastgeber konnte dafür Sorge tragen, dass nur erlaubte Speisen serviert wurden.[18] In besonders strengen Fällen konnte der jüdische Gast an einem eigens für ihn gedeckten Tisch speisen[19] oder an der Tischgemeinschaft teilnehmen, ohne selbst zu essen.[20] Dagegen ist uns aus der gesamten jüdischen Literatur der Zeit Jesu nur ein einziger Text bekannt, der gemeinsames Essen ausdrücklich verbietet.[21] Dieser stammt aber, das ist allgemein anerkannt, aus der Feder eines besonders strengen jüdischen Autors, der sich – nicht nur in diesem Punkt – deutlich abhebt von dem, was sonst üblich war. Keinesfalls kann man aus diesem einen Zitat eine allgemeingültige Regel machen. In den späteren rabbinischen Schriften finden sich sehr unterschiedliche Meinungen zu diesem Thema: Für Rabbi Shimon ben Eleazar etwa war eine Tischgemeinschaft auch dann verboten, wenn der jüdische Teilnehmer sein eigenes Essen mitbrachte.[22] Der auch sonst für seine Strenge bekannte Rabbi Eliezer ben Hyrkanus (1. Jh. v. Chr.) war der Meinung:

> Jeder, der mit Heiden zusammen isst, verehrt damit automatisch ihre Götzen und opfert den Toten.[23]

In vielen anderen rabbinischen Diskussionen werden Tischgemeinschaften zwischen Juden und Nichtjuden jedoch als völlig selbstverständlich vorausgesetzt. Gegenstand der Diskussion sind dabei lediglich Einzelheiten der Gestaltung. So wird etwa geregelt, wie man bei einem solchen gemeinsamen Essen erlaubten von unerlaubtem Wein unterscheidet,[24], ob man gemeinsame Mahlzeiten nur an Wochentagen oder auch am Sabbat und an Feiertagen veranstalten darf[25] und welche Speisen bei gemeinsamen Mahlzeiten erlaubt waren.[26] Die Teilnahme an gemeinsamen Mahlzeiten wird allerdings dann ausdrücklich untersagt, wenn diese mit heidnischen Festen verknüpft waren.[27] Einem rabbinischen Ausspruch zufolge konnte bei gemeinsamen Mahlzeiten sogar ein gültiger Tischsegen von Nichtjuden gesprochen werden:

> „Wenn ein Nichtjude beim Essen den Tischsegen spricht und dabei den Namen Gottes gebraucht, dann kann man [als Jude] das abschließende Amen mitsprechen."[28]

Es gab also hier wohl, wie in vielen anderen Fragen, strengere und weniger strenge Ansichten innerhalb des Judentums. Auch innerhalb der Urgemeinde gab es offenbar Gruppen, die die Tischgemeinschaft vermieden und es sogar für unzulässig hielten, mit Nichtjuden zu essen oder ihre Häuser zu besuchen.[29] Petrus jedoch hatte ihnen klargemacht, dass es für eine solche Haltung keine Grundlage in der Tora gibt.[30]

Sind Nichtjuden unrein?

In vielen Predigten und Auslegungen hört man, dass die Tischgemeinschaft zwischen Juden und Nichtjuden deshalb ein Problem darstellte, weil Nichtjuden als unrein galten und die Juden deshalb Angst hatten, sich zu verunreinigen. Auch diese Annahme ist jedoch ein Missverständnis, und zwar gleich ein doppeltes: Denn erstens gibt es in der Tora keinen Anhaltspunkt für die Annahme, dass Nichtjuden unrein sind. Und auch für die spätere pharisäische und rabbinische Auslegung ist es keineswegs sicher, dass es eine solche Vorstellung gab. Zweitens gilt jedoch: Selbst wenn Nichtjuden, ähnlich wie Aussätzige oder Frauen während ihrer Menstruation, als unrein gegolten hätten, wäre das kein Grund gewesen, nicht mit ihnen zu essen. Denn es war im Judentum weder verboten noch verwerflich, sich zu verunreinigen. Es kam im Alltag sogar ständig vor und war eine normale Folge des zwischenmenschlichen Umgangs. Das Klischee, dass Juden den Kontakt mit unreinen Menschen meiden mussten oder diese sogar ausgrenzten, konnte nur entstehen, weil die meisten christlichen Bibelleser mit den sehr komplexen jüdischen Reinheitsgeboten nicht wirklich vertraut sind.

In meinem Buch „Jesus der Jude“ habe ich eine ausführliche Einführung in die jüdischen Reinheitsgebote gegeben, die ich hier nicht in voller Länge wiederholen kann.[31] Wichtig für den Testfall Antiochia sind aber nur zwei Einsichten. Erstens: Es gibt kein biblisches Gebot, das einen Nichtjuden prinzipiell für unrein erklärt. Die biblischen Reinheitsgebote gelten ohnehin nur für Israeliten, daher lässt sich die Kategorie „rein oder unrein“ auf Nichtjuden gar nicht anwenden. Die Idee, dass man sich durch den Kontakt mit Nichtjuden verunreinigen konnte, entstand daher erst im 1. Jahrhundert

v. Chr., als solche Kontakte häufiger wurden. So entschieden die jüdischen Weisen, dass man sich durch eine Reise in nicht jüdische Länder verunreinigte, weil dort andere Bestattungsriten als in Israel herrschten und man daher nicht sicher sein konnte, ob Straßen und Wege nicht hin und wieder auch über Friedhöfe führten. Es wurde beschlossen, dass man sich durch den Besuch eines nicht jüdischen Hauses verunreinigte, weil es in anderen Religionen durchaus üblich war, Totgeburten im eigenen Haus zu beerdigen. Dennoch bedeutete das weder, dass Juden keine Auslandsreisen unternahmen, noch, dass sie ihre nicht jüdischen Nachbarn nicht besuchten. Es bedeutete lediglich, dass sie anschließend ein Reinigungsbad nehmen mussten. Ob es über solche Einzelregelungen hinaus unter den Rabbinen die Annahme gab, Nichtjuden seien *als Personen* unrein, ist in der judaistischen Forschung umstritten. Ältere Forscher waren der Meinung, dass dieses Konzept, das sich in der Tora noch nicht findet, von den Rabbinen im 1. Jh. v. Chr. zwar theoretisch eingeführt, aber nie wirklich umgesetzt wurde.[32] Neuere Forschungen aber stellen die Existenz eines solchen Konzepts grundsätzlich infrage.[33] Echte Belege gibt es dafür in der antiken jüdischen Literatur nicht.

Der tiefere Grund des Konfliktes

Ein Blick in den Bibeltext und in die jüdischen Quellen zeigt also: Das Problem in Antiochia waren weder verbotene Speisen noch verbotene Tischgemeinschaft noch eine vermeintliche Unreinheit der nicht jüdischen Gemeindemitglieder. Warum aber verließ Petrus dann die Tischgemeinschaft mit den Nichtjuden, als die Gäste aus Jerusalem kamen? Und wovor oder vor wem hatte er Angst? Die Heftigkeit des Konflikts ist nur dann zu erklären, wenn es hier nicht einfach nur um ein gemeinsames Essen, sondern um ein Essen mit Symbolwert ging. Vermutlich ist also die Mahlgemeinschaft innerhalb der Gemeinde gemeint, die ein Symbol der Zugehörigkeit bedeutet: Durch die gemeinsamen Mahlzeiten drückten Juden und

Nichtjuden in Antiochia aus, dass alle durch den Messias als Vollmitglieder zum Gottesvolk gehörten: Juden als Juden, Nichtjuden als Nichtjuden. Durch seinen öffentlichen Rückzug stellte Petrus also die Grundsatzfrage, wer zur Gemeinde gehört. Sein Verhalten konnte von den Nichtjuden in der Gemeinde nur so gedeutet werden, dass sie als „Mitglieder zweiter Klasse" behandelt wurden, solange sie sich nicht beschneiden ließen und ebenfalls Juden wurden. Deshalb wirft Paulus dem Petrus auch vor, er zwinge sie mit seinem Verhalten dazu, „jüdisch zu werden" (*judaizein*). Hier sieht Paulus eine klare Grenze verletzt. Aber was hatte Petrus eigentlich zu seinem Verhalten bewogen? Die traditionelle Auslegung geht davon aus, dass es die „Leute des Jakobus waren", die zu Besuch kamen. Daraus wird dann meistens sogar eine „Jakobus-Partei" konstruiert, die die Forderung der Beschneidung propagiert habe. Ein Blick in die Apostelgeschichte zeigt jedoch das Gegenteil: Jakobus war in Apg 15 derjenige, der sich ausdrücklich gegen einen solchen Beschneidungszwang einsetzte. Wenn die „Leute des Jakobus" also tatsächlich in Antiochia solche Forderungen stellten, dann sicherlich nicht im Auftrag oder mit Wissen des Jakobus. Die Formulierung „Leute des Jakobus" kann auch einfach nur Bekannte oder Verwandte des Jakobus bezeichnen, die anderer Meinung waren als er. Überhaupt ist jedoch, bei einem genauen Blick in den Text, fraglich, ob es die „Leute des Jakobus" waren, die Petrus zu seinem Verhalten bewegten. Denn der Text sagt, dass Petrus aus Angst vor „denen aus der Beschneidung" handelt, was bei Paulus einfach nur eine Umschreibung ist für „die Juden". Gemeint sein könnten also auch einfach Juden aus Antiochia, vielleicht sogar jüdische Gäste der Gemeinde, die gar nicht an Jesus glaubten. Dann wäre folgendes Szenario denkbar:

Normalerweise waren in der Gemeinde von Antiochia die gemeinsamen Mahlfeiern ein Zeichen der endzeitlichen messianischen Einheit von Juden und Nichtjuden durch den Glauben an Jesus. Der Besuch einer hochrangigen Delegation aus Jerusalem (Vertraute des

Gemeindeleiters und Jesus-Bruders Jakobus) war Anlass dazu, ein großes Fest zu feiern, zu dem auch viele jüdische Gäste aus der Nachbarschaft eingeladen wurden. Nun fürchteten Petrus und Barnabas sich, dass es mit den anderen Juden zu Auseinandersetzungen kommen könnte wegen der ungewöhnlichen „messianischen" Praxis der Jesus-Nachfolger. Sie hielten sich daher an die in anderen jüdischen Gemeinden übliche Regel, dass die anwesenden Nichtjuden bei der Mahlfeier nur als „Zaungäste" an eigenen Tischen teilnehmen durften. Paulus jedoch, ganz und gar nicht Vertreter einer „Chamäleon-Taktik", setzte sich dafür ein, auch öffentlich zu der neuen Mahlpraxis zu stehen. Das würde die Schärfe des Streites erklären.

Vermutlich werden wir die Einzelheiten nie vollständig rekonstruieren können. Wie auch immer aber das genaue Szenario in Antiochia tatsächlich aussah: Von einem Bruch mit jüdischen Speisegeboten oder anderen jüdischen Gesetzen ist im gesamten Text nicht die Rede. Auch nicht von einer Meinungsverschiedenheit darüber, ob man jüdische Gesetze einhalten sollte oder nicht. Es geht darum, ob Juden und Nichtjuden zusammen öffentlich Mahlzeiten feiern dürfen, die ihre Einheit in Jesus demonstrieren. Oder ob Nichtjuden erst dann Vollmitglieder der Mahlgemeinschaft sind, wenn sie sich beschneiden lassen. Hier gab es offenbar Klärungsbedarf, der dann dazu führte, dass wenig später beim Apostelkonzil endgültig über diese Frage entschieden wurde. Das Apostelkonzil macht jedoch deutlich, dass Paulus und Jakobus in dieser Frage nicht etwa auf unterschiedlichen Seiten stehen, sondern einer Meinung sind. Und Petrus, der noch in Antiochia unsicher war, hat sich inzwischen auch ihrer Ansicht angeschlossen. Der Streit in Antiochia zeigt aber jedenfalls eines ganz deutlich: Paulus verfolgte ganz und gar keine Chamäleon-Strategie. Wie schon beim „Testfall Jerusalem" setzt er gerade dort seine Meinung durch, wo seine Umgebung anderer Meinung ist. Er richtet sich nicht danach, was die anderen denken. Sondern danach, was für ihn „die Wahrheit des Evangeliums" ist.[34]

Testfall 4: Cäsaräa

Die Episode von der Bekehrung des römischen Hauptmanns Kornelius in Cäsaräa (Apg 10-11) gehört eigentlich nicht hierher, denn Paulus kommt darin gar nicht vor. Dennoch wird sie oft von Auslegern an dieser Stelle ins Spiel gebracht. Vor allem dann, wenn man den Antiochia-Streit eben doch so deutet, dass Petrus hier seine „Freiheit vom Gesetz" demonstrieren sollte, indem er unkoscheres Essen isst. Die Cäsaräa-Episode verdient daher eigentlich eine eigene, ausführliche Betrachtung, für die hier aber nicht der Raum ist. Denn die Episode erstreckt sich über mehrere Kapitel. Nur kurz sei daher so viel gesagt: Die übliche Erklärung, dass hier die jüdischen Speisegebote durch göttlichen Befehl für ungültig erklärt werden, gründet auch an dieser Stelle auf mehreren Missverständnissen. Zum einen wird Petrus hier von Gott nicht zum Essen unreiner Tiere aufgefordert: In einem Tuch, das ihm in einer Vision gezeigt wird, befinden sich nämlich sowohl reine als auch unreine Tiere. Petrus wird nicht aufgefordert, „alles zu essen", sondern „zu essen". Als guter Jude soll er also unterscheiden zwischen dem, was rein ist und dem, was unrein ist. Petrus dagegen weigert sich und erklärt pauschal alle ihm angebotenen Speisen für unrein. Hier genau liegt aber sein Fehler, für den er auch prompt von Gott zurechtgewiesen wird: Denn er erklärt das für unrein, was Gott (in der Tora) für rein erklärt hat. Diese Korrektur einer falschen Pauschalverurteilung wird nun in den folgenden Kapiteln aber gerade nicht auf den Umgang mit Speisegeboten übertragen, sondern auf den Umgang mit Nichtjuden. Diese werden nämlich auch von manchen Juden pauschal für „unrein" erklärt und deshalb gemieden, obwohl es dafür in der Tora überhaupt keine Grundlage gibt. Petrus lernt, dass es bei Menschen, anders als bei Tieren, in der Tora keinen Unterschied gibt zwischen „reinen Juden" und „unreinen Heiden". Auch in dieser Episode geht es also nicht um den Bruch mit Reinheitsgeboten oder mit der Tora, sondern nur um ihre richtige Anwendung: Nichtjuden sind nicht unrein und waren es nie. Es gibt also von der Tora her keinen Grund, sie nicht aufzunehmen in die neu entstehende Jesus-Gemeinde.

Testfall 5: Galatien

Nun kommen wir zu einem weiteren Testfall aus dem Leben des Paulus: die Gemeinden von Galatien. Hier gab es offenbar, ähnlich wie in Antiochia, Menschen, die die Beschneidung für nichtjüdische Mitglieder der Gemeinde forderten: Nur wer die „Werke des Gesetzes", und zwar die speziellen „Identitätskennzeichen" des Judentums, tut, kann wirklich zur Gemeinde gehören.[35] Die Galater waren verunsichert, ob sie sich dieser Forderung beugen sollten. Sie fragten bei Paulus nach, und sein ganzer Antwortbrief enthält nur eine einzige Botschaft: Lasst euch auf keinen Fall beschneiden! Es wäre ein Irrtum anzunehmen, dass euch die Beschneidung zu „etwas besseren" Christen macht oder zu „vollständigeren" Mitgliedern der Gemeinde. Denn zur Gemeinde gehört ihr allein durch euren Glauben an Jesus. Und auch gerettet werdet ihr allein durch den Tod Jesu am Kreuz. Paulus geht aber sogar noch etwas weiter: Die Beschneidung wäre für die Galater nicht nur unnütz und überflüssig, sondern sie wäre sogar falsch und schädlich. Denn sie würde letztlich leugnen, dass der Tod Jesu genügt, und damit rückgängig machen, was Gott bereits in ihrem Leben getan hat. Damit würden die Galater also ihr Heil wieder verlieren, wenn sie sich beschneiden lassen würden.[36] Paulus bleibt auch hier seiner Linie treu: Es ist wichtig, dass in der Gemeinde Juden Juden bleiben und Nichtjuden Nichtjuden bleiben. Denn nur so wird deutlich: Beschnittene und Unbeschnittene sind für Gott gleich wichtig, und es gibt zwischen ihnen keinen Unterschied. Keiner muss so werden wie der andere, um Gott näher zu sein. Sondern wir dürfen (und sollen) das bleiben, was wir sind.

Testfall 6: Rom

Ein letzter Text, der für die vermeintliche These vom „Chamäleon-Prinzip" des Paulus herangezogen wird, ist der Römerbrief: Hier geht es im 14. Kapitel um die Frage, ob in der Gemeinde bestimmte jüdische Speisegebote eingehalten werden sollen. Hier ist die verbreitete Auslegung die: Es gab in Rom Christen mit einem „starken Glauben", für sie galten die jüdischen Speisegebote als abgeschafft. Es gab aber auch die mit dem „schwachen Glauben", die sich immer noch an diese Gebote hielten, weil sie ihre Freiheit in Christus noch nicht ganz verstanden hatten. Paulus bittet nun die Starken darum, Rücksicht zu nehmen auf die Schwachen und deshalb ihnen zuliebe, oder zumindest in ihrem Beisein, auf verbotene Speisen zu verzichten.

Aber stimmt diese Deutung wirklich? Es gibt verschiedene Gründe, daran zu zweifeln: (1) Weiter oben haben wir schon gesehen, dass die Aussage „dass nichts unrein ist an sich selbst"[37] keine grundsätzliche Absage an jüdische Reinheitsgebote ist, sondern nur die verbreitete jüdische Überzeugung widerspiegelt, dass unreine Speisen nur für Juden, nicht aber für Nichtjuden unrein sind. Denn Reinheit liegt nicht in der Natur der Speisen selbst, sondern im Verbot, das Gott (den Juden) ausgesprochen hat. (2) Ungewöhnlich wäre auch – angesichts aller bisher betrachteten Bibelstellen –, dass Paulus den Bruch mit der Tora als besondere „Glaubensstärke" bezeichnen und damit Juden dazu auffordern würde, als Zeichen geistlicher Reife auf dieses „Erkennungszeichen" jüdischer Identität zu verzichten. Ist Paulus hier etwa doch von seinem sonstigen Prinzip abgewichen? Wenn wir dem Begriff der „Schwachen" bei Paulus einmal nachgehen, dann sehen wir, dass die Übersetzung irreführt: Denn eigentlich bezeichnet das Wort Krankheit, körperliche Behinderung und Einschränkung. Im Römerbrief taucht es in Röm 4,19 für mangelnden Glauben und in Röm 5,6 für den ungläubigen Menschen vor seiner Bekehrung auf. An drei weiteren Stellen bezeichnet es die Behinderung des göttlichen Wirkens durch das menschliche „Fleisch“, also seine ichzentrierte Natur.[38] Der Begriff drückt also im Römerbrief nicht einfach einen weniger festen Glauben aus, sondern viel grundsätzlicher eine Trennung von Gott bzw. eine eingeschränkte Beziehung zu Gott. Kann man so wirklich über Gemeindemitglieder sprechen, die zu Jesus gehören – nur weil sie sich weiterhin an jüdische Gesetze halten? (3) Zuletzt ist auch Luthers Übersetzung „woran sich dein Bruder stößt“[39] viel zu blass, so als ginge es hier nur um ein missgünstiges Naserümpfen: Das griechische Wort *proskoptei,* das in diesem Text zweimal verwendet wird,[40] bedeutet eigentlich „zu Fall kommen“, „vom Glauben abfallen“. Diese Ernsthaftigkeit wird auch dadurch unterstrichen, dass Paulus fürchtet, durch solche Stolpersteine könne „Gottes Werk zerstört“ (Vers 20) und jemand „ins Verderben gebracht“ werden (Vers 15). Kann es wirklich sein, dass Paulus hier von Mitchristen redet, die einfach nur ein wenig „gesetzlicher“ glauben und sich deshalb über andere ärgern?

Aufgrund dieser und anderer Fragen schlägt der jüdische Neutestamentler Mark Nanos eine andere Auslegung der Stelle vor, die auch konsequent zu der Linie passen würde, die wir bisher in den Paulusbriefen beobachtet haben. Demnach geht es hier nicht um „starkgläubige“ und „schwachgläubige“ Christen, sondern um jüdische Glaubensgeschwister, die (noch) nicht an Jesus glauben. Es geht, ähnlich wie in Antiochia, um die Frage, wie das „versöhnte Miteinander“ der Juden und Nichtjuden in der neu entstehenden Jesus-Gemeinde auf Außenstehende wirkt. Denn auch in Rom war die Jesus-Gemeinde, wie in Antiochia, aus der jüdischen Gemeinde heraus entstanden und stand vermutlich noch in engem Kontakt zu ihr. Nach Ansicht von Nanos sind hier mit den „Kranken“ also nicht die jüdischen Mitglieder der Gemeinde gemeint, sondern die jüdischen Nachbarn, die (noch) nicht an Jesus glauben. Ihr Blick ist – aus der Sicht des Paulus – noch eingeschränkt, ihre Beziehung zu Gott geschwächt, weil sie den Messias nicht kennen oder sogar ablehnen. Das wird ganz deutlich in den Kapiteln 9–11 des Römerbriefs, wo Paulus sie als „gestrauchelt", „gefallen", „abgeknickt", „betäubt" und mit eingeschränkter Fähigkeit zu hören und zu sehen beschreibt,[41] also zwar als „eingeschränkt", aber nicht als verworfen oder verloren. In diesem Kontext und (außer in Röm 14 nur noch hier) erscheint im Römerbrief auch das Wort *proskoptein*: Es bezeichnet diejenigen Juden, die nicht an Jesus glauben, sondern an ihm, dem Stolperstein, „zu Fall gekommen" sind.[42]

Paulus drückt also in Röm 14 seine Befürchtung aus, dass diese nicht jesusgläubigen Juden durch das Verhalten der Jesus-Nachfolger endgültig „zu Fall gebracht werden", dass sie „ins Verderben gebracht" würden und dadurch „Gottes Werk zerstört" werde. Worum geht es? Wenn unsere bisherigen Beobachtungen stimmen, dann war es üblich, dass die jüdischen Mitglieder sich weiterhin an die jüdischen Speisegebote hielten, die nicht jüdischen Mitglieder aber nicht. In dieser Verschiedenheit feierten sie offenbar versöhnte, messianische Tischgemeinschaften, bei denen die Juden koscher aßen, die Nichtjuden dagegen nicht. Außenstehenden Juden musste das ein Dorn im Auge sein, der sie davon abhielt, an den Versammlungen der Gemeinde teilzunehmen und überhaupt ihre Botschaft unvoreingenommen zu hören. Das aber ist ein Anstoß, der nach der Ansicht des Paulus vermieden werden kann: nicht, indem man die Tischgemeinschaft aufhebt (wie es Petrus in Antiochia tat), sondern indem die nicht jüdischen Geschwister bei den gemeinsamen Mahlzeiten auf unkoscheres Essen verzichten. Das tut ihnen keinen Abbruch, sie werden dadurch auch keine Juden. Und es gibt, wie schon gesehen, viele Möglichkeiten, koscher und trotzdem lecker zu essen. Schweinefleisch ist für Nichtjuden nicht heilsentscheidend, denn „das Reich Gottes ist nicht Essen und Trinken, sondern Gerechtigkeit und Friede und Freude in dem Heiligen Geist"[43]. So verstanden, bleibt Paulus also auch hier seinem Grundprinzip treu: Juden bleiben Juden. Nichtjuden bleiben Nichtjuden. Zusammen gehören sie zur Gemeinde des Messias. Einen Hinweis darauf, dass jüdische Gemeindemitglieder in Rom sich von den Speisegeboten verabschieden sollen oder das schon taten, finden wir dagegen im Text nicht.

Einheit und Vielfalt als Zeichen der Versöhnung

Die Annahme, dass es Paulus einerlei gewesen sei, ob Juden weiterhin die jüdischen Gebote halten oder nicht, lässt sich aus seinen Briefen nicht begründen. Ebenso wenig finden sich Beispiele dafür, dass Paulus selbst jüdische Gebote gebrochen oder andere dazu ermutigt hätte. Das Gegenteil ist eher der Fall: Es ist durchaus möglich, die Apostelgeschichte und die Paulusbriefe – entgegen einer langen christlichen Auslegungstradition – so zu verstehen, dass Paulus zeit seines Lebens als gesetzestreuer Jude lebte und sich an der Tora orientierte. Ohne Zweifel war das für ihn keine Frage der Rechtfertigung oder des ewigen Heils: Denn das gab es allein durch den Glauben an Jesus. Paulus aber machte es zum Grundprinzip seiner Mission, den alten jüdischen Glauben bekannt zu machen in einer veränderten Kultur. Dafür war es wichtig, beides ernst zu nehmen. Den alten Glauben und die veränderte Kultur: Die nichtjüdischen Völker waren nun eingeladen, sich dem Bund Gottes mit dem jüdischen Volk anzuschließen und so ein Teil des erwählten und erneuerten Gottesvolkes zu werden. Wenn das alte jüdische Glaubensbekenntnis „Der Herr unser Gott ist einer" wirklich stimmte, dann war dieser „eine Gott" derselbe Gott über Juden wie über Nichtjuden. Und diese Wahrheit sollte verdeutlicht werden in einer versöhnten Gemeinde von Juden und Nichtjuden, die durch ihren Glauben an den Messias Jesus eins wurden. Damit diese Botschaft aber wirklich erkennbar blieb, mussten zwei Irrwege unbedingt vermieden werden: der Irrweg, dass nun alle Nichtjuden Juden werden, also durch Beschneidung zum Gottesvolk übertreten müssen. Und der Irrweg, dass alle Juden Nichtjuden werden müssen, also ihre jüdische Identität und alle damit verbundenen „Grenzmarkierungen" aufgeben, einschließlich des Toragehorsams. Für Paulus war es fundamental wichtig, dass beide erkennbar das blieben, was sie waren – und so gerade in ihrer Unterschiedlichkeit die versöhnte Einheit widerspiegeln, die Gott der Welt durch Jesus bringen wollte.

Kapitel 8

„Alles erlaubt?"

Jüdische Ethik in einer heidnischen Kultur

Die Frage nach der bleibenden Relevanz der Tora stellte sich aber nicht nur da, wo Juden und Nichtjuden zusammen in einer Gemeinde waren. Für Paulus, den Juden mit einer Mission für die Völker der Welt, stellte sich die Frage noch in einem viel umfassenderen Sinn: Welche Bedeutung hatte die alte Tora Israels im neuen Kontext der nichtjüdischen Welt? Ganz klar war es für Paulus, dass sie von den nichtjüdischen Jesus-Nachfolgern nicht einfach eins zu eins übernommen werden konnte und durfte. Aber zeigte die Tora nicht doch, auch über ihre Bedeutung für Israel hinaus, eine Grundrichtung des Lebens an, die auch für die anderen Völker von Bedeutung sein konnte? Wenn Paulus den Glauben an den Gott Israels zu den anderen Völkern brachte, sollten diese Völker dann nicht auch danach fragen, was denn Gottes Wille und Weisung für ihr Leben, in einer veränderten Kultur, sein könnte? Hier stellt sich die Frage nach der Kontextualisierung, der Übertragung der Tora und des Evangeliums in eine neue und veränderte Kultur: Hat der alte biblische

Glaube die Kraft, in einer neuen Kultur Veränderung zu bringen? Diese Fragen stellte sich Paulus, dem Juden, überall auf seiner Mission in der nichtjüdischen Welt:

Einerseits wollte er mit seiner Botschaft Menschen erreichen, die in einer völlig fremden Kultur lebten. Andererseits wollte er diesen Menschen nicht irgendeine neu erfundene Botschaft bringen, sondern die alte Botschaft der Bibel, bereichert durch die gute Nachricht, dass alle Verheißungen und Zukunftshoffnungen der Bibel sich jetzt, in Jesus, zu erfüllen begannen. Er wollte Menschen für den Glauben an den Gott Israels gewinnen, aber gleichzeitig wollte er nicht, dass diese deshalb ganz zum Judentum übertreten. Nein, er warb für eine Gemeinde des jüdischen Messias, zu der alle Völker der Welt gehören sollten: Juden ebenso wie Nichtjuden.

Diese Vision mochte in der Theorie sehr attraktiv erscheinen. Die Probleme traten jedoch da auf, wo die neuen Gläubigen sich daranmachten, ihren Glauben in den Alltag umzusetzen: Plötzlich stellten sich Fragen, über die sie vorher nie nachgedacht hatten. Was bedeutete es denn, in einer von griechischen Göttern und griechischer Lebensweise geprägten Welt nach den Maßstäben der Bibel zu leben? Wie sollte man hier Jesus nachfolgen – in einer Umgebung, die sich so sehr unterschied von den Hügeln Galiläas und den Straßen Jerusalems, in denen Jesus gepredigt hatte? Jesus hatte über viele Alltagsfragen, die sich hier stellten, nie etwas gesagt. Hieß das, dass er dazu auch nichts zu sagen hatte? War es ihm vielleicht ganz egal, wie man angesichts dieser neuen Fragen und Herausforderungen sein Leben gestaltet?

Der Wunsch nach einer Gebrauchsanweisung

Man kann sich vorstellen, dass die Gläubigen in den griechischen Städten und Gemeinden hier in zwei unterschiedliche Richtungen dachten, ganz so wie das bis heute auch in unseren eigenen Städten und Gemeinden geschieht: Die einen wünschten sich, Jesus hätte ein Regelbuch hinterlassen, in dem zu jeder wichtigen Frage des Lebens, auch zu denen, die sich erst in ferner Zukunft stellen würden, eine Verhaltensregel aufgeschrieben ist. In diesem Regelbuch würden wir dann ganz konkrete Anweisungen finden, was Jesus zum Thema Gentechnik, Atomwaffen, Homosexualität, globaler Armut, Klimawandel oder Pornografie sagt. Dann bräuchte man im Zweifelsfall nur nachzuschlagen und würde die richtigen Antworten von Jesus finden. Leider aber hat Jesus das nicht getan. Oder vielleicht auch zum Glück. Denn zum einen würden wir heute vermutlich viele solcher Regeln gar nicht oder zumindest falsch verstehen, weil sie in einer Zeit und einer Kultur entstanden, die nicht unsere ist. Zum anderen aber würden wir nie lernen, uns über solche Fragen unsere eigenen Gedanken zu machen und eigene Antworten zu finden, die sich an den Worten Jesu und dem Reden Gottes in der Schrift orientieren, auch da, wo sich zu einem konkreten Thema überhaupt keine ausdrücklichen Aussagen finden.

Alles erlaubt?

Manche Christen, damals wie heute, gehen daher einen anderen Weg. Sie folgen dem Grundprinzip: Alles, was in der Bibel nicht ausdrücklich verboten ist, ist erlaubt. Wenn Jesus also zu einer bestimmten Frage nichts gesagt hat, dann kann ich prinzipiell machen, was ich will. Denn es war ja für ihn offensichtlich unwichtig. Natürlich soll man auf andere Rücksicht nehmen und auch nicht tun, was uns selbst und einem anderen schadet. Aber was das im Einzelnen bedeutet, das ist unserem eigenen Urteil und unserer freien Gewissensentscheidung überlassen. Vor allem da, wo es sich vermeintlich um unwichtige Nebenschauplätze handelt. Um Fragen, wo man als Christ auch mal verschiedener Meinung sein kann. Die antiken griechischen Philosophen hatten für solche Fragen sogar ein eigenes Fremdwort: „Adiaphora“ – das heißt so viel wie „nicht zu unterscheiden“, also Fragen, in denen man nicht zwischen Richtig und Falsch, zwischen Gut und Böse unterscheiden kann – und es auch nicht braucht. In solchen Fragen also gilt das Prinzip: Der eine hält es so, der andere anders. Beides ist okay. „Ich bin okay, du bist okay, wir sind okay“, wie es ein moderner Beziehungsberater formuliert. Die Hauptsache ist, man lässt sich gegenseitig stehen.

Testfall 7: Korinth, Schmelztiegel der Kulturen

Viele Bibelausleger führen diese zweite Strategie direkt auf Paulus zurück. In seinen Briefen an die Christen von Korinth geht Paulus nämlich in der Tat sehr konkret auf solche Fragen der kulturellen Auseinandersetzung ein. Korinth war eine der bedeutendsten Hafenstädte im Mittelmeerraum und daher eine schrille und multikulturelle Metropole. Menschen aus aller Herren Länder und den verschiedensten Religionen und Kulturen gingen hier ein und aus oder hatten sich hier angesiedelt. Und mittendrin eine kleine, wachsende christliche Gemeinde. Menschen, die bisher noch nach völlig anderen Maßstäben gelebt hatten, waren plötzlich herausgefordert, ihr Leben neu zu ordnen. Und herauszufinden, wie ein vom Evangelium geprägtes Leben aussieht. Das musste zwangsläufig zu Auseinandersetzungen und Fragen führen. Einige davon beantwortet Paulus in seinen Briefen, vor allem im ersten Korintherbrief:

> „Darf man ein Verhältnis mit seiner eigenen Stiefmutter haben?“[1] „Darf man einen Mitchristen vor einem weltlichen Gericht verklagen?“[2] „Darf man als Mann Sex haben mit einer Frau, die nicht die eigene ist?“[3] „Darf man sich scheiden lassen, wenn der Partner nicht gläubig ist?“[4] „Darf man an heidnischen Festmählern im Tempel teilnehmen?“[5] „Darf man Fleisch essen, das vorher fremden Göttern geopfert wurde?“[6]

Heikle Fragen für eine junge und unerfahrene Gemeinde. Woran sollten sie sich orientieren? Wenn die Christen ihre Nachbarn und Freunde fragten oder sich an der öffentlichen Meinung orientierten, dann lautete die Antwort auf alle diese Fragen: „Ja klar, alles ist erlaubt!“ Diese Antwort wird daher von Paulus auch gleich mehrmals zitiert. [7] Die Metropole Korinth war tolerant und plural geprägt. Eine Beziehung mit der eigenen Stiefmutter war zwar selbst hier verpönt, aber nicht, wie etwa in Rom, gesetzlich verboten. Alles legal also. Alles erlaubt. Auch die anderen Fragen waren nach gültigem Recht und allgemeiner Auffassung eigentlich kein besonderes Problem. Aber wie war das nun, wenn man sich entschieden hatte, dem Messias Jesus nachzufolgen? Und nach den Weisungen der Bibel zu leben? Was sagte die Bibel überhaupt zu all diesen Fragen?

Die Bibel in neuem Kontext lesen

Das Problem, das die korinthischen Christen hatten, kennen wir heute auch: Die Bibel (damals gab es nur das Alte Testament) stammte aus einer Zeit und einer Kultur, die sich völlig von der Welt der Korinther unterschied. Auf die meisten ihrer Fragen gab es daher in der Bibel gar keine klare Antwort, einfach weil die Kultur zu verschieden war. Nur auf die Stiefmutterfrage fand sich schon in der Bibel eine eindeutige Antwort.[8] Die übrigen Fragen ergaben sich alle erst aus einer Situation, die das Alte Testament so nicht kannte: nämlich einer Situation, in der Juden (oder jetzt die ersten Christen) in einem Umfeld lebten, das nicht von jüdischem Gesetz geprägt war. Erst hier konnte sich die Frage nach den weltlichen Gerichten stellen, denn in Israel gab es nur jüdische Gerichte. Die Frage nach der Scheidung von einem andersgläubigen Partner stellte sich erst hier, denn in Israel wäre eine solche Ehe gar nicht erst möglich gewesen. Dass Sex nur innerhalb der (eigenen) Ehe erlaubt ist, war in Israel so selbstverständlich, dass es dazu nicht einmal ein eigenes Gesetz gab. Auch Götzenopfer waren in Israel selbstverständlich verboten. Deshalb stellte sich die Frage nicht, ob man solches Opferfleisch anschließend essen durfte. Alle diese Fragen wurden erst relevant, als der Glaube an den Gott Israels sich einem neuen und veränderten Umfeld stellen musste, in dem vieles nicht mehr selbstverständlich war, was in Israel zum allgemeinen Konsens gehörte.

Die schwierige Suche nach Antworten

Woher nimmt Paulus also seine Antworten auf alle diese Fragen? Viele Ausleger gehen davon aus, dass Paulus hier mehr oder weniger aus dem hohlen Bauch heraus argumentiert. Er orientiere sich, so nimmt man an, ganz allgemein an Prinzipien der Nächstenliebe, der Rücksichtnahme, der Gewissensfreiheit und des gesunden Menschenverstandes. Kurzum: an den Grundprinzipien der europäischen Aufklärungszeit. Und dann schlage er einfach vor, was er für das Beste hält. Schaut man jedoch genauer hin, dann zeigt sich: Die Antworten, die Paulus gibt, entsprechen ziemlich genau den Antworten, die auch die jüdischen Rabbinen der Antike ihren Gemeinden in ähnlichen Situationen gaben. Vermutlich waren es die Antworten, die Paulus schon bei seinem Lehrer Gamaliel und anderen jüdischen Lehrern gelernt hatte. Für die Juden des ersten Jahrhunderts stellten sich nämlich genau dieselben Fragen schon seit einigen Generationen: Schließlich gab es große jüdische Gemeinden in Rom, in Athen, in Alexandria und auch in Korinth. Und viele Fragen, mit denen sich die Christen in Korinth herumschlugen, wurden in diesen Gemeinden schon länger eifrig diskutiert. Hier und dort hatten die Rabbinen auch schon Antworten vorgeschlagen, in manchen Fragen gab es aber auch noch Streit zwischen ihnen. Vergleicht man die Antworten des Paulus mit den Antworten der jüdischen Rabbinen, dann entdeckt man: Er argumentiert ganz und gar nicht aus dem hohlen Bauch heraus. Sondern er versucht Schritt für Schritt die Antworten, die die jüdischen Lehrer aus der

Tora heraus entwickelt hatten, auf die neue Situation der Gemeinde in Korinth anzuwenden.

Jüdische Ethik in heidnischem Kontext

Als Erstes geht Paulus auf die Frage nach der Beziehung zwischen Stiefmutter und Stiefsohn ein. An diesem Punkt wurde der Zusammenprall der Wertesysteme besonders deutlich: Nach griechischem Recht war gegen eine solche Beziehung nichts einzuwenden. Moralisch war es zwar auch unter Griechen verpönt – und in Rom sogar gesetzlich verboten. In Korinth war es aber, im Gegensatz zu Rom, legal. Die Devise „Alles ist erlaubt" galt also auch in diesem Fall. Ganz anders aber war es in der jüdischen Tradition. Hier zählte eine solche Beziehung zu den „verbotenen Beziehungen" (*gilui arayot*) und damit zu den drei schwerwiegendsten Sünden, die ein Jude begehen konnte:

> „Unsere Rabbis beschlossen: Für alle Verbote der Tora gilt: Wenn man gezwungen wird, sie zu übertreten oder zu sterben, dann soll man sie lieber übertreten, als zu sterben. Das gilt jedoch nicht für die Verehrung fremder Götter (*avodah zara*), für unschuldiges Blutvergießen (*schefichut dam*) und für verbotene sexuelle Beziehungen (*gilui arayot*). In solchen Fällen soll man lieber sterben, als diese Gebote zu brechen."[9]

Als die Rabbinen in späterer Zeit die „sieben Gebote des Noah" formulierten, also einen ethischen Mindeststandard, der auch für Nichtjuden verbindlich sein sollte, bildeten diese drei Sünden den Kernbestand, weil sie für das Judentum so zentral waren. Paulus kannte zwar diese spätere Tradition von den Geboten des Noah noch nicht, aber er tut hier im Grunde dasselbe: Er wendet die überlieferte jüdische Regelung auf die nicht jüdische christliche Gemeinde an. Unter den jüdischen Rabbinen war es zwar zur Zeit des Paulus umstritten, in welchem Umfang das Gesetz über *gilui arayot* auch für Nichtjuden gelten sollte, die zum Judentum übergetreten waren (sie kamen ja oft noch aus solchen „verbotenen“ Beziehungen). Insbesondere im Blick auf die Ehe mit Stiefgeschwistern waren hier der strenge Rabbi Eliezer und der liberalere Rabbi Akiba unterschiedlicher Meinung. Im Blick auf eine Beziehung zur Stiefmutter allerdings war selbst Akiba mit der strengen Richtung Eliezers einig. Das Urteil des Paulus reflektiert hier also einen breiten Grundkonsens der jüdischen Rabbinen.

Die Schwere des Vergehens erklärt dabei vermutlich auch die Schärfe der Worte, die Paulus hier gebraucht: Die Gemeinde soll diese Person „dem Satan übergeben“ und „den Bösen aus ihrer Mitte verstoßen“[10]. Das erscheint uns heute als sehr starker Tobak. Viele Ausleger führen diese Strenge auf einen entsprechend eckigen und engstirnigen Charakter des Apostels zurück und zeichnen einen starken Kontrast zwischen dem „hartherzigen“ Paulus und dem „barmherzigeren“ Jesus. Dabei entgeht ihnen aber oft, dass Paulus gerade hier auf ein Gleichnis von Jesus zurückgreift: das Bild von einem Kampf zwischen dem Königreich Gottes und dem Königreich des Satans, bei dem es kein Sowohl-als-auch, sondern nur ein Entweder-oder geben kann.[11] Dieses Bild ist zudem auch in anderen jüdischen Texten weitverbreitet.[12] Es ist also keine besondere Spezialität von Paulus.

Den Schuldigen bestrafen oder das Urteil Gott überlassen?

Auch die Formulierung „Verstoßt den Bösen aus eurer Mitte“[13] ist bei näherem Hinsehen anders gemeint, als sie klingt. In Luthers Übersetzung hört sie sich an wie eine direkte Handlungsanweisung für den Umgang mit der betroffenen Person in der Gemeinde. In Wirklichkeit zitiert Paulus aber hier einen hebräischen Grundsatz aus dem Alten Testament. Dort klingt er, auch in der Lutherübersetzung, allerdings ganz anders: „Du sollst das Böse aus deiner Mitte wegtun!“[14] Es geht also hier nicht darum, eine Person zu verstoßen. Sondern darum, eine falsche Haltung zu meiden und zu verändern. Die Bibeltexte, in denen diese Formel verwendet wird, fordern zwar in ihrem ursprünglichen Kontext die Todesstrafe für entsprechende Fälle. Diese wurde aber in der jüdischen Welt des ersten Jahrhunderts de facto nicht mehr oder nur noch selten praktiziert. [15] Der hebräische Begriff *karet*, der wörtlich so viel bedeutet wie „abschneiden“ oder „trennen“, wurde stattdessen in der jüdischen Auslegung als eine Art „göttliches Urteil“ gedeutet, das an die Stelle einer menschlichen Bestrafung treten sollte. So blieb dem Verurteilten die Möglichkeit umzukehren, sodass am Ende „seine Seele gerettet würde“ (vgl. die sehr ähnliche Formulierung des Paulus in 1. Kor 5,5).

> „Rabbi Hananjah ben Gamaliel pflegte zu sagen: Wenn jemand durch ein schweres Vergehen sein Leben (wörtlich ‚seine Seele‘) in Gefahr bringen kann, wie viel mehr sollte er dann durch eine gute Tat sein Leben (wörtlich ‚seine Seele‘) retten können. Rabbi Simeon fügte hinzu: Es steht ja auch geschrieben: Das Gesetz ist euch gegeben, damit ihr dadurch leben sollt!“[16]

In der jüdischen Tradition nennt man dieses Prinzip das „Gericht durch die Hand Gottes“.[17] Mit anderen Worten: Man überlässt den Betroffenen dem Urteil Gottes, anstatt ihn selbst mit einer menschlichen Strafe zu belegen. Liest man die Worte des Paulus vor diesem Hintergrund, dann wird deutlich, dass er hier dieser jüdischen Tradition folgt: Zwar soll die verbotene Beziehung innerhalb der Gemeinde nicht geduldet werden. Aber sie soll auch nicht bestraft werden, denn für das Richten ist nicht die Gemeinde, sondern Gott zuständig. Was also auf den ersten Blick so wirkt wie die hartherzige

Marotte eines engstirnigen Paulus, stellt sich ganz anders dar, wenn man den jüdischen Kontext berücksichtigt.

Der schmale Grat zwischen Eindeutigkeit und Toleranz

Für Paulus ist einerseits klar: Wer nicht bereit ist, die Herrschaft Gottes anzunehmen, der bleibt letztlich unter der Herrschaft des Teufels. Hier gilt wieder das Prinzip der „zwei Herren" oder der „zwei Joche", das wir schon im vorletzten Kapitel kennengelernt haben. Die Gemeinde muss das, wenn auch schweren Herzens, akzeptieren und muss diesen Menschen loslassen können, damit er seinen selbst gewählten Weg geht. Es macht keinen Sinn, aus falsch verstandener Liebe die Augen vor der schmerzhaften Wahrheit zu verschließen. Man spürt den Worten des Paulus aber ab, dass er eine solche Entscheidung nicht leichtfertig, sondern „traurig" trifft.[18]

Gleichzeitig macht er aber auch deutlich: Die Annahme des Reiches Gottes ist immer eine freiwillige Entscheidung. Man kann und sollte nicht versuchen, sie auch denen aufzuzwingen, die außerhalb der Gemeinde sind. Dass Menschen außerhalb ihrer Gemeinde, von denen ja viele ihre direkten Nachbarn, Freunde und Kollegen waren, nach anderen Wertmaßstäben leben, das sollen die Christen in Korinth akzeptieren. „Sonst müsstet ihr ja die ganze Welt räumen", fügt Paulus ironisch hinzu.[19] Über die Menschen außerhalb der Gemeinde sollen wir nicht vorschnell richten. Und wir müssen das auch gar nicht. Das können wir getrost Gott überlassen. Er ist nämlich oft ein barmherzigerer Richter, als wir es sind:

> „Denn was gehen mich die draußen an, dass ich sie richten sollte? Habt ihr nicht die zu richten, die drinnen sind?"[20]

Problematisch wird es für Paulus nur da, wo die Grenzen verwischt werden. Wenn etwa jemand einerseits zu denen gehören möchte, die „drinnen" sind, aber andererseits nicht nach den Maßstäben des Reiches Gottes leben will. Hier zieht Paulus eine klare Linie der Abgrenzung. „Mit so einem sollt ihr auch nicht essen." Gemeint ist damit vermutlich nicht jede Art von Essen, sondern die Tischgemeinschaft innerhalb der Gemeinde, die gleichzeitig die Zugehörigkeit signalisierte.

Zwischen den beiden Polen einer völligen Beliebigkeit und einer engstirnigen Hartherzigkeit schlägt Paulus in diesem heiklen Fall also einen vermittelnden Weg vor. Zum einen wirbt er für eine Eindeutigkeit innerhalb der christlichen Gemeinde: Hier geht es um die Entscheidung zwischen den widerstreitenden Königreichen, über die schon Jesus sprach. Und für Jesus wie auch für Paulus ist hier eine klare Entscheidung nötig, die sich an den Maßstäben der Bibel orientiert. Im Blick auf Menschen, die diese Entscheidung nicht treffen wollen oder können, die also außerhalb der Gemeinde bleiben, sollen sich die Christen aber andererseits nicht als Richter oder Polizisten aufspielen. Hier können sie Gott getrost das Urteilen überlassen. Auch hier orientiert sich Paulus vermutlich an Worten Jesu, der in einem ähnlichen Fall davon redet, dass man solche Personen „wie Zöllner oder Heiden" behandeln soll.[21] Also einladend, zuvorkommend und freundlich. Aber man sollte nicht so tun, als wären sie Mitglieder der Gemeinde. Eine weise Strategie des Paulus, die uns auch heute helfen könnte, auf dem schmalen Grat zwischen biblischen Maßstäben und entchristlichter Alltagskultur einen klaren, aber dennoch nicht überheblichen Kurs zu finden.

Christen und die weltlichen Gerichte

Im nächsten Kapitel wendet sich Paulus einer Frage zu, die sich auf den ersten Blick gar nicht so eindeutig beantworten lässt: Darf man als Christ einen anderen Christen vor einem säkularen Gericht verklagen?[22] Auch das ist wieder etwas, das für die Christen vor ihrer

Bekehrung völlig normal und in jedem Fall legal war. Also auch hier: „Alles ist erlaubt.“[23] Man könnte auch so übersetzen: „Das ist mein gutes Recht.“ Doch hier steht dem Recht der griechischen Kultur erneut eine jüdische Ethik entgegen, die ganz anders ist.

In der jüdischen Tradition gilt zwar der Grundsatz: „Das Gesetz des Landes, in dem man lebt, ist immer gültiges Gesetz“ (*dina demalkuta dina*).[24] Das heißt, man soll sich an die Gesetze des Landes halten, in dem man lebt. Man soll keine Parallelgesellschaften bilden. Kommt es aber zu internen Rechtsstreitigkeiten unter Juden, dann soll man sie nicht vor den staatlichen Gerichten, sondern im direkten Gespräch austragen:

> „Rabbi Tarfon pflegte zu sagen: Wenn man in einer Stadt wohnt, wo es nur heidnische Gerichtshöfe gibt, dann soll man sie nicht anrufen, selbst dann nicht, wenn sie nach demselben Recht verfahren wie die Israeliten. Denn es steht geschrieben: ‚Du sollst deine Rechtsstreitigkeiten vor ihnen austragen‘ (Ex 21,2). ‚Vor ihnen‘, damit sind nur die Gerichte der Israeliten gemeint, nicht die Gerichtshöfe der anderen Völker.“[25]

Paulus wendet diesen Grundsatz, der eigentlich für jüdische Gemeinden in einem heidnischen Umfeld galt, nun auch auf die Christen in Korinth an: Obwohl sie ja keine Juden waren, gehörten sie nun durch ihren Glauben an den jüdischen Messias mit zum Volk Gottes. Das heißt, auch sie sollten ihre internen Streitigkeiten untereinander, und nicht mehr vor staatlichen Gerichten austragen, die nach ganz anderen Maßstäben urteilten. Auch hier greift Paulus vermutlich auf ein Wort von Jesus zurück, der seinen Jüngern in Mt 18,15-17 und Mt 5,23-24 das Gleiche nahelegte.

Ehe und Ehescheidung

Im 7. Kapitel des 1. Korintherbriefs widmet sich Paulus mehreren Fragen aus dem Bereich Ehe und Ehescheidung. Der Platz reicht hier nicht aus, um auf alle Einzelheiten dieses Textes einzugehen. Für das Thema dieses Buches genügt es, darauf hinzuweisen, dass Paulus auch hier auf Antworten aus der jüdischen Tradition zurückgreift. In seiner Präferenz für ein eheloses Leben[26] unterscheidet er sich dabei zwar von den jüdischen Lehrern der pharisäischen und sadduzäischen Tradition. Aber er kann sich auch hier auf Jesus berufen, der ebenfalls unverheiratet blieb. In dieser Hinsicht stehen sowohl Jesus als auch Paulus der Überzeugung der Essener vom Toten Meer näher, die ja auch in einer ehelosen Gemeinschaft lebten, um sich noch ausschließlich auf Gebet und Torastudium konzentrieren zu können.

Auch was die Frage nach der Ehescheidung angeht, standen Jesus und Paulus den Essenern näher als den rabbinischen Lehrern: Unter den beiden bekanntesten Lehrern der Zeit Jesu, Hillel und Schammai, gab es einen Disput darüber, was ein ausreichender Grund für eine Ehescheidung sei. Die Tora erlaubt die Scheidung für den Fall, dass der Mann „etwas Schändliches" (*ervah davar*) bei seiner Frau findet.[27] Schammai legte das so aus, dass „etwas Schändliches" nur Ehebruch sein könnte. Hillel aber war der Meinung, dass „etwas" und „Schändliches" zwei verschiedene Gründe bezeichnen kann:

> „Das Haus Schammais sagte: Man darf sich von seiner Frau nur wegen ‚Schändlichem' scheiden lassen, also wegen Ehebruchs. Das Haus Hillel sagte: Man darf sich aber auch wegen ‚etwas' scheiden lassen. Das kann ‚irgendetwas' sein, also sogar ein angebranntes Essen."[28]

War Hillel ein herzloser Chauvinist?

Diese Passage wird in christlichen Predigten recht oft zitiert, um die vermeintliche Leichtfertigkeit der jüdischen Rabbinen im Blick auf die Ehescheidung herauszustellen. Es könnte aber sein, dass damit die eigentliche Absicht Hillels missverstanden wird: Denn zum einen sind viele Diskussionen der Rabbinen nur theoretischer Art und würden in der Praxis nie so angewandt. Hillel wählt hier also ganz bewusst ein extremes Beispiel. Zum Zweiten aber könnte es hier viel mehr um den Schutz der Frau gehen als um die Willkür des Mannes. Denn ohne Zweifel kam es immer wieder vor, dass sich Männer ohne jeden Grund und ohne Rücksicht auf die Bestimmungen der Tora von ihrer Frau scheiden ließen. Wäre es nach der Auslegung des Schammai gegangen, dann stünden solche Frauen nach der Trennung rechtlos da: Sie hätten nämlich keine legale Scheidungsurkunde in der Hand und könnten daher nicht erneut heiraten. Die liberalere Auslegung des Hillel erlaubte es aber nun, solchen Frauen einen ordentlichen Scheidebrief auszustellen und ihnen damit das Recht auf eine neue Ehe zuzusprechen. Die Auslegung des Hillel ist also, obwohl sie auf den ersten Blick leichtfertig klingt, in Wirklichkeit für die betroffenen Frauen die bessere Lösung. Es war eine Regelung, die zwar das Unrecht nicht vermeiden konnte, aber versuchte, wenigstens die Folgen des Unrechts zu minimieren.

Jesus und die Ehescheidung

Als die Pharisäer Jesus die Frage nach der Scheidung stellten, fragten sie möglicherweise ganz konkret nach dieser Auslegung des Hauses Hillel. Darauf könnte zumindest der Ausdruck „irgendein Grund“ hindeuten:

> „Da traten Pharisäer zu ihm und versuchten ihn und sprachen: Ist es erlaubt, dass sich ein Mann aus ‚irgendeinem Grund' von seiner Frau scheidet?"[29]

In seiner Antwort richtet Jesus den Blick nicht auf die pragmatischste Lösung, sondern auf die Wurzel des Problems: Eine Ehescheidung sollte, wenn es nach Gottes Willen ginge, gar nicht erst stattfinden. Sie ist ohnehin nur eine Behelfslösung, die, so möglich, ganz vermieden werden sollte. Jesus, Schammai und Hillel sind sich in der Sache vermutlich recht einig: Scheidung ist von Gott nicht gewollt. Aber sie konzentrieren sich jeweils auf einen anderen Aspekt des Problems: Jesus betont den ursprünglichen Willen Gottes, benennt aber auch die Scheidung als ausdrücklich in der Tora erlaubten Ausnahmefall. Schammai regelt den Ausnahmefall, versucht aber durch seine Auslegung wenigstens die Anzahl solcher Ausnahmefälle auf ein Minimum zu beschränken. Und Hillel versucht, die Folgen solcher Ausnahmefälle so erträglich wie möglich zu gestalten, auch dann, wenn sie von den Männern übermäßig freizügig gehandhabt werden. Entgegen verbreiteter Auslegung hebt Jesus also hier die Regelungen der Tora zur Ehescheidung nicht auf: Er macht nur deutlich, dass nicht alles, was in der Tora erlaubt ist, deshalb auch gut und richtig ist. Manches bleibt eben nur Behelfslösung: Es macht das Falsche nicht richtig. Aber es regelt wenigstens die Folgen und versucht Schlimmeres zu vermeiden.

Ehescheidung in Korinth

Für Paulus jedoch stellt sich die Frage noch komplizierter dar: Denn die Christen von Korinth leben in einem Umfeld, in dem Ehescheidung nicht nach jüdischem, sondern nach griechischem Recht geschieht. Die brennende Frage, die die Gemeinde in Korinth bewegte, war wieder eine von den Fragen, die sich in Israel niemals stellten. Sie wurde erst hier aktuell, wo der alte Glaube Israels auf eine veränderte Kultur stieß: Was sollte man tun, wenn ein Ehepartner zum Glauben an Jesus kam, der andere aber nicht? Sollte sich dann der gläubige Partner wegen des Unglaubens seines Partners scheiden lassen? Das wäre ja, nach Hillels Definition, eine Scheidung aus „irgendeinem Grund", nämlich nicht aufgrund von Ehebruch. Und was ist, wenn sich der ungläubige Ehemann von seiner Frau scheiden lässt, weil diese nun zur verrückten Gruppe der Christen gehört? Auch das wäre eine Scheidung aus „irgendeinem Grund". Die Antwort des Paulus folgt hier ganz der Auslegung des Hauses Schammai: Der Unglaube des Ehepartners ist kein ausreichender Grund, sich von ihm scheiden zu lassen.[30] Verlangt jedoch der ungläubige Partner die Scheidung, dann soll man einwilligen, aber nicht erneut heiraten. Hier steht Paulus der strikten Linie nahe, die wir auch bei Jesus gesehen haben. Aber dennoch unterscheidet Paulus – wie Jesus – zwischen der Rechtslage („Der Bruder oder die Schwester sind nicht gebunden"[31], könnten also wieder heiraten) und seinem seelsorgerlichen Rat („Sie soll ohne Ehe bleiben oder sich mit ihrem Mann versöhnen"[32]). Auch in Kapitel 7 des 1. Korintherbriefes folgt Paulus also weiterhin seiner Strategie: Er wendet die gültige Gesetzesauslegung *(halacha)*, die für Juden in der Diaspora galt, auf die neu entstandene christliche Gemeinde und ihre aktuellen Fragen an.

Das Essen von Opferfleisch

In den Kapiteln 8 und 10 des 1. Korintherbriefs antwortet Paulus auf eine Frage, die heute auf den ersten Blick kaum noch von Bedeutung zu sein scheint: Darf man als Christ Fleisch essen, das vorher den heidnischen Göttern geweiht wurde? Auf den zweiten Blick aber enthalten gerade diese beiden Kapitel brisanten Sprengstoff für heutige Diskussionen unter Christen: Denn viele Christen sehen in dieser Frage ein wichtiges Modell für den Umgang mit sogenannten ethischen „Mitteldingen" oder, wie es die griechischen Philosophen nannten, „Adiaphora" (Unentschiedenes). Sie beziehen diese Kapitel daher auf aktuelle ethische Fragen, über die es unter Christen teilweise sehr unterschiedliche Überzeugungen gibt: etwa Fragen des Umgangs mit Alkohol, Fragen der Kleiderordnung, des Musikstils oder der Sexualethik. Ein genauerer Blick auf diese zwei Kapitel lohnt sich also.

Worum es geht

Paulus wendet sich in den Kapiteln 8 und 10 seines Briefes zwei Fragen zu, die zwar eng miteinander zusammenhängen, aber doch unterschiedlich sind: In Kapitel 8 geht es um die Frage, ob Christen an Mahlzeiten teilnehmen dürfen, die öffentlich „im Götzentempel" stattfanden (Vers 10) und bei denen das Fleisch serviert wurde, das vorher in Opfern den heidnischen Göttern geweiht wurde. Einige Christen sahen darin offenbar kein Problem, denn sie waren ja zu der Überzeugung gekommen, dass es die heidnischen Götter gar nicht gibt. Andere Christen aber waren unsicher, ob es wirklich gut sei, an solchen Mahlzeiten teilzunehmen, und baten Paulus daher um einen Rat. In Kapitel 10 geht es dann um eine andere Frage: nämlich ob man Fleisch, das auf dem Markt gekauft wurde, ohne Bedenken essen darf. Die Frage konnte sich sowohl am heimischen Herd (Vers 25) als auch bei Einladungen in nicht christliche Haushalte (Vers 27) stellen. Denn man konnte ja nie wissen, ob das Fleisch nicht vorher den Göttern geweiht wurde. Es war nämlich üblich, dass solches Opferfleisch nach der Darbringung im Tempel in den ganz normalen Handel kam.

Für den einen erlaubt – für den anderen verboten?

Nach einer weitverbreiteten Auslegung der Kapitel 8 und 10 des ersten Korintherbriefes lautet die Antwort des Paulus auf diese Frage etwa so: Für Christen, die einen starken Glauben haben, ist es erlaubt, solches Fleisch zu essen. Denn sie wissen ja, dass Jesus sie „frei vom Gesetz" macht und müssen sich deshalb nicht ängstlich an allzu enge ethische Vorschriften halten. Andere Christen aber, die noch schwach im Glauben sind und die Freiheit noch nicht ganz verstanden haben, die Jesus ihnen bringt, haben Skrupel: Sie sind unsicher, ob es erlaubt ist, solches Fleisch zu essen. Denn sie haben Angst, durch das Essen wieder zum Götzendienst verleitet zu werden, so wie ein trockener Alkoholiker durch einen Schluck Alkohol wieder in seine Sucht zurückfällt. Der verbreiteten Auslegung zufolge ist solches Fleisch deshalb für diese Leute, die Skrupel haben, tatsächlich verboten, denn sie würden ja sonst gegen ihr eigenes Gewissen handeln oder unnötig in Versuchung geraten. Erst wenn ihr Glaube stark genug ist und sie das Fleisch wirklich bedenkenlos essen können, ist es auch für sie erlaubt, so wie für ihre „starken" Geschwister. Kurzum: In manchen ethischen Fragen hängt das, was erlaubt ist und was nicht, eher von der Stärke des eigenen Glaubens ab als von allgemein gültigen Regeln. Wer viel glaubt, hat weniger Skrupel und gerät weniger leicht in Versuchung. Ihm ist deshalb mehr erlaubt als anderen. Wer dagegen wenig glaubt, hat schneller Gewissensbisse und gerät leichter in Versuchung. Er sollte daher auch strengere Regeln einhalten. Entscheidend ist aber letztlich, dass man immer seinem eigenen Gewissen folgt.

Rücksicht als ethische Richtschnur?

Die Freiheit der Glaubensstarken hat allerdings, auch nach dieser Auslegung, ihre Grenzen: nämlich da, wo der glaubensschwache Bruder durch die Freiheit seines Mitchristen irritiert oder sogar zur Sünde verleitet wird. Im Beispiel gesprochen: Ein Christ, der genügend Glaubensfreiheit hat, dem Alkohol hin und wieder übermäßig zuzusprechen, kann das zwar vor seinem eigenen Gewissen und damit auch vor Gott rechtfertigen. Der schwache Bruder aber, der noch nicht die gleiche Freiheit hat, nimmt daran Anstoß. Oder noch schlimmer: Er wird dazu verleitet, es seinem Bruder nachzutun, obwohl für ihn ja eine Sünde wäre, was für seinen Bruder erlaubt ist. Beides aber möchte der starke Christ natürlich vermeiden. Deshalb verzichtet er auf zu viel Alkohol, zumindest in Gegenwart seines schwächeren Bruders. Man könnte diese unter Christen weitverbreitete Auslegung des Paulus also auf zwei Grundsätze zusammenfassen: zum einen die „Ethik der Glaubensstärke", die besagt, dass dem einen erlaubt sein kann, was dem anderen verboten ist, je nachdem wie groß der Glaube und die dadurch gewonnene innere Freiheit ist. Und die „Ethik der Unanstößigkeit", die besagt, dass das, was eigentlich erlaubt ist, dann verboten ist, wenn es den Nachbarn stört oder irritiert.

Ein missverstandener Paulus?

Schaut man sich diese Auslegung des Paulus einmal in Ruhe und mit etwas Abstand an, dann muss man sich allerdings ernsthaft fragen: Kann Paulus das wirklich so gemeint haben? Es gibt eine ganze Reihe von Beobachtungen, die eine solche Auslegung, auch wenn sie sehr verbreitet ist, höchst unwahrscheinlich machen:

Erstens: Kann es wirklich sein, dass es von der Stärke meines Glaubens abhängt, ob mein Verhalten in einer bestimmten Frage richtig oder falsch ist? Das wäre zudem umso erstaunlicher, weil das Wort „stark" in beiden Kapiteln gar nicht vorkommt.

Zweitens: Kann es wirklich sein, dass Glaubensstärke daran abzulesen ist, wie viele Skrupel ich in ethischen Fragen habe? Dann wäre ja völlige Skrupellosigkeit ein Zeichen von vollkommenem Glauben.

Drittens: Kann es wirklich sein, dass etwas, was eigentlich erlaubt ist, für mich zur Sünde wird, wenn ich ein schlechtes Gewissen dabei habe? Und umgekehrt, dass mir etwas deshalb erlaubt ist, weil ich kein schlechtes Gewissen dabei habe? Wie viele Christen gibt es, die ihre Ehe brechen, ohne dabei ein schlechtes Gewissen zu haben, weil sie sich sagen: „Diese Ehe war ja sowieso schon am Ende“ oder „Der Herr macht in unserem Fall bestimmt eine Ausnahme“. Und wie viele Christen gibt es, die zu Unrecht ein schlechtes Gewissen haben, weil ihnen ihre Tradition oder ihre Gemeinde etwas verbietet, was in der Bibel überhaupt nicht verboten ist?

Viertens: Kann es wirklich sein, dass ein „gesetzlicher“ Mitchrist ein schlechtes Gewissen bekommt, weil ich etwas tue, das er für verboten hält? Dass er Anstoß daran nimmt, ist nachvollziehbar. Aber warum sollte sein Gewissen belastet werden? Er hat doch nichts Falsches getan. Er würde sich vielleicht für mich „fremdschämen“, aber doch selbst kein schlechtes Gewissen haben müssen.

Fünftens: Kann es wirklich sein, dass ein Mitchrist „zugrunde geht“ (dieses starke Wort steht in 1. Kor 8,11), nur weil er sich über mein allzu freizügiges Verhalten ärgert?

Sechstens: Kann es wirklich sein, dass die Engstirnigen am Ende das Maß des Erlaubten bestimmen? Wenn all das verboten ist, woran ein Mitbruder oder eine Mitschwester Anstoß nimmt, dann führt das in eine Tyrannei der Bedenkenträger und Unfreien.

Vertraute Worte, gegen den Strich gelesen

Kurzum: Es legt sich der Verdacht nahe, dass wir Paulus an dieser Stelle sehr missverstehen.

Möglicherweise müssen wir daher manche seiner Aussagen ganz anders lesen, als wir es bisher getan haben. So hat der Tübinger Neutestamentler Hans-Joachim Eckstein in einer gründlichen Untersuchung der biblischen Texte nachgewiesen, dass Paulus das Wort „Gewissen“ grundsätzlich anders verwendet als wir das heute tun.[33] Seit der Aufklärungszeit verstehen wir das menschliche Gewissen als ein „Wissen um Gut und Böse“, also die Fähigkeit, Richtiges und Falsches zu unterscheiden. Tun wir etwas Falsches, plagt uns deshalb das „schlechte Gewissen“. Paulus jedoch, geprägt durch jüdische Tradition und griechische Kultur, verwendet den Begriff ganz anders: Für ihn ist das Gewissen keine unabhängige moralische Instanz, sondern eher so etwas wie ein „innerer Kompass“, der dem Menschen hilft, sich an Gottes Geboten auszurichten. Die Maßstäbe für Gut und Böse werden also nicht vom Gewissen selbst gesetzt, sondern sie sind außerhalb des Menschen vorgegeben. Das Gewissen hilft dem Menschen dabei, sein eigenes Verhalten an diesen Maßstäben zu messen und zu beurteilen.

„Schlechtes Gewissen“ oder „krankes Gewissen“?

Hinzu kommt noch eine weitere Beobachtung: Paulus redet nämlich nicht, wie wir, von einem „guten“ und einem „schlechten“ Gewissen, sondern von einem „schwachen“ Gewissen. Wörtlich übersetzt hieße es sogar: ein „krankes“ oder „gestörtes“ Gewissen. Hier geht es also nicht darum, dass jemand „Gewissensbisse“ in unserem modernen Sinn hat. Sondern dass sein Gewissen nicht funktioniert, wie es sollte. Der innere Kompass ist falsch eingestellt, was dazu führt, dass ein Mensch nicht nach Gottes Geboten lebt. Die Geschwister mit dem „schwachen Gewissen“ sind also gerade nicht die Überstrengen, die sich zu eng am Gesetz orientieren. Sondern es sind die, die kein inneres Gespür haben für Gottes Gebote. Ihr Gewissen ist nicht etwa „belastet“, sondern es ist „verunreinigt“ (1. Kor 8,7). Paulus beschreibt diese Geschwister im gleichen Vers als Leute, die „bis jetzt immer noch den Götzendienst pflegen“ und die das Fleisch deshalb „als ein Opfer für die Götzen“ essen. Luther übersetzt hier zwar mit der Vergangenheitsform („weil sie bisher an die Götzen gewöhnt waren“), aber im Urtext gibt es diese Vergangenheitsform nicht. Es ist also viel wahrscheinlicher, dass Paulus hier nicht von engstirnigen christlichen Geschwistern redet, sondern im Gegenteil von den noch ungläubigen Nachbarn, die mit den Christen zusammen im Tempel vom Götzenopfer essen und für die dieses Essen nach wie vor ein Dienst für die Götter ist. Diese Menschen haben also gerade keine Skrupel, von solchem Fleisch zu essen: Für sie ist es kein Problem, denn sie haben es immer schon getan. Und auch in Kapitel 10 geht es nicht um das schlechte Gewissen von „glaubensschwachen“ Christen, sondern um das fehlgeleitete Gewissen der „Ungläubigen“ (V. 27), die erst noch „gerettet werden“ müssen (V. 33).

„Starke“ und „Schwache“?

Nach der gängigen Auslegung dieser Kapitel werden die „Schwachen“ mit engstirnigen Christen gleichgesetzt, die sich möglicherweise noch an jüdische Speisegebote halten, obwohl Jesus sie doch davon befreit hat. Die „Starken“ dagegen sind diejenigen, die wissen, dass sie „frei sind vom Gesetz“ und daher auch frei, Götzenfleisch zu essen. Eine nähere Untersuchung des Textes zeigt jedoch, dass genau das Gegenteil der Fall ist: „Schwach“ bzw. „krank“ sind diejenigen, die sich nicht an die biblischen Gebote halten und stattdessen am Götzendienst festhalten. „Starke“ gibt es in diesen beiden Kapiteln gar nicht. Die gibt es nur in dem weiter oben schon besprochenen Kapitel 14 des Römerbriefs. Dort geht es aber um eine ganz andere Situation, nämlich um die Frage der Gültigkeit jüdischer Speisegebote innerhalb der Gemeinde. Hier aber geht es um Götzenopferfleisch, das ist ein anderes Thema. Hier geht es auch nicht um das Gegenüber von „Starken“ und „Schwachen“, wohl aber um das Gegenüber von „Schwachen“ und „Wissenden“: Das sind für Paulus diejenigen, die erkannt haben, dass es nur einen Gott gibt und dass die übrigen Götzen nicht existieren. Es sind also diejenigen, die sich zum Gott Israels bekehrt haben. Entweder, indem sie Juden wurden, oder indem sie Christus nachfolgten. Die Verse 1 bis 6 in Kapitel 8 sprechen vom Glauben an den *einen Gott* und Herrn und außerdem von der *Liebe* zu Gott. Beides erinnert an das jüdische Grundbekenntnis „Höre Israel“ aus 5. Mose 6. Hinzu kommt das Bekenntnis zu Jesus Christus, das besondere Merkmal der neu entstandenen jüdischen „Sekte“ der ersten Christen. Sie haben nicht nur Erkenntnis, sondern auch Freiheit.

Freiheit vom Gesetz oder Freiheit vom Götzendienst?

Aber ihre Freiheit besteht nicht darin, dass sie sich nicht mehr an biblische Gebote halten. Sondern es ist eine Freiheit vom Götzendienst: Als sie noch an die griechischen Götter glaubten, mussten sie die Strafe der Götter befürchten, wenn sie nicht an den Opfermahlzeiten im Tempel teilnahmen. Andererseits durften sie auf die Gunst der Götter hoffen, wenn sie vom Götzenfleisch aßen. Nun aber wissen sie: „Weder werden wir bestraft, wenn wir nicht mitessen. Noch werden wir gesegnet, wenn wir mitessen.“[34] Diese Erkenntnis macht frei. Aber es ist, wie wir im vorletzten Kapitel gesehen haben, nicht die „Freiheit vom Gesetz“, sondern die „Freiheit von der Macht der Götzen“, die wir dann finden, wenn wir uns dem Gesetz Gottes unterordnen.

„Anstoß nehmen“ oder „zu Fall bringen“?

In 1. Kor 8,9 warnt Paulus die Korinther davor, dass diese Freiheit den „Schwachen zum Anstoß wird“. Das ist aber, wie wir auch schon im Blick auf Römer 14 gesehen haben, eine sehr beschönigende Übersetzung. Das griechische Wort, das Paulus auch hier wieder verwendet, stammt aus dem Alten Testament und bezeichnet dort den „Fallstrick“ des Götzendienstes, und zwar gerade in solchen Texten, die das Zusammenleben mit heidnischen Völkern regeln.[35] Auch das griechische Wort, das Paulus in 1. Kor 8,13 verwendet, steht im Alten Testament fast immer für den Abfall vom Glauben oder das Fallen in Sünde, aber nicht für ein Naserümpfen oder „Fremdschämen“ des skrupelhaften Bruders, der das Verhalten seines Mitchristen als „anstößig“ empfindet. Berücksichtigt man darüber hinaus, dass das

Wort „schwach“ hier eigentlich „Kranke“ oder „Körperbehinderte“ bezeichnet, klingt außerdem noch die alttestamentliche Warnung an, „dem Blinden kein Hindernis (wörtlich: ‚Stolperstein, Stein des Anstoßes‘) in den Weg zu legen“, damit er nicht zu Fall kommt.[36]

Paulus und seine jüdische Tradition

Paulus gründet sich also in seiner Antwort ganz auf Grundlinien alttestamentlicher Ethik. Um seine Antwort aber vollends zu verstehen, muss man darüber hinaus auch danach fragen, wie die alttestamentlichen Gebote von jüdischen Lehrern zur Zeit des Paulus angewendet und umgesetzt wurden. Denn gerade in neutestamentlicher Zeit geschah es immer häufiger, dass Juden in einem nicht jüdischen, oft griechisch-römisch geprägten Umfeld, lebten. Das alttestamentliche Gebot, sich von allem Götzendienst fernzuhalten, brauchte daher konkrete Anwendungshilfen: Ansatzpunkt der jüdischen Rabbinen ist dabei die Grundeinsicht, dass es nur einen Gott gibt: Die Götter der Heiden sind also nur Einbildung und keine realen Götter. Dennoch achten die jüdischen Lehrer streng darauf, sich in ihrem Verhalten deutlich gegenüber jeder Form des Götzendienstes abzugrenzen. Dabei behielt man verschiedene Prinzipien im Auge:

Erstens: das Prinzip des Augenscheins (hebr. *mar'it ayin*). Bei diesem Prinzip ging es darum, Handlungen zu vermeiden, die bei anderen den Anschein erwecken könnten, man breche ein Gebot, obwohl dies in Wirklichkeit nicht der Fall war. So war es z. B. für einen Juden erlaubt, eine Straße zu benutzen, die zu einem heidnischen Festplatz führt. Handelte es sich aber um eine Sackgasse, die *nur* zu diesem Festplatz führt, durfte man sie nicht benutzen. Warum? Beobachter mussten daraus unweigerlich schließen, man sei auf dem Weg zu dem Fest, auch wenn das gar nicht stimmte.[37] Wenn man vor einem Götzenbild Geld verliert, soll man sich nicht bücken, um es aufzuheben. Denn es könnte danach aussehen, als ob man sich vor dem Götzenbild verneigt. Auch aus einem Brunnen, auf dem eine Götterstatue steht, soll man nicht trinken. Denn es könnte so aussehen, als ob man sich vor der Statue verneigt.[38] Das Prinzip ist also klar: Weder die Straße noch das Geld noch das Wasser sind für Juden an sich verboten: Nach dem Gesetz ist das „alles erlaubt". Dennoch sind alle drei für Juden verboten, wenn sie bei anderen den Anschein des Götzendienstes erwecken könnten. Selbst dann, wenn man allein in einem Zimmer ist und nicht beobachtet wird.

Zweitens: das Prinzip der Zweckbestimmung zum Götzendienst (*leshem avoda zara*). Die jüdischen Lehrer unterschieden sorgfältig zwischen Gegenständen oder Handlungen, die ausdrücklich dem Zweck des Götzendienstes zugutekamen, und solchen, die nur zufällig mit Götzendienst zu tun hatten. Wurde etwa ein Haus ausdrücklich als Götzentempel gebaut, durfte es später nicht von einem Juden gekauft und anderweitig genutzt werden. Wurde es aber zunächst als normales Wohnhaus erbaut und erst danach als Götzentempel verwendet, konnte es später auch wieder von einem Juden genutzt werden.[39] Juden durften mit Nichtjuden jederzeit Handel treiben. Wenn der Handelspartner sich aber ausdrücklich auf einer Pilgerreise befand, die der Verehrung von Götzen diente, war es verboten, mit ihm Handel zu treiben.[40] Berühmt ist eine Episode aus dem Leben des Rabbi Gamaliel, der eine öffentliche Toilette benutzte, in der ein Standbild der Aphrodite aufgestellt war. Als ein Nichtjude ihn darauf ansprach, antwortete er: „Wurde die Toilette als Dekoration für die Göttin errichtet oder dient die Göttin als Dekoration der Toilette?"[41] Da die Toilette nicht ausdrücklich der Götzenverehrung diente, war es erlaubt, sie zu benutzen. Ob etwas als Götzendienst gilt oder nicht, ist also auch hier nicht von der Sache selbst abhängig,[42] sondern von der Zweckbestimmung, die der Benutzer ihr verleiht.

Drittens: das Prinzip der ausdrücklichen Kennzeichnung (*perushin*). Die Zweckbestimmung gilt erst dann als götzendienerisch, wenn sie ausdrücklich erklärt wird. So ist es einem jüdischen Händler prinzipiell erlaubt, Kleintiere an einen Nichtjuden zu verkaufen. Es sei denn, er erklärt ausdrücklich, dass sie für ein Götzenopfer verwendet werden sollen.[43] Ist ein Jude bei einem Nichtjuden zu Gast, dann darf er dessen Wein ohne Bedenken trinken. Aber nur so lange, bis ausdrücklich ein Weihespruch für die Götter darüber gesprochen wurde. Danach ist er für den jüdischen Gast verboten.[44] Erst wenn die götzendienerische Zweckbestimmung ausdrücklich beim Namen genannt wird und damit dem jüdischen Gast bekannt ist, gilt das Essen als verboten.

Nicht Speisegebote, sondern Götzendienst

Liest man die Kapitel 8 und 10 vor dem Hintergrund dieser jüdischen Traditionen, dann wird deutlich, dass Paulus genau diese Prinzipien auf die Situation in Korinth anwendet: Für ihn geht es hier keineswegs um nebensächliche Speisevorschriften, die man enger oder freiheitlicher auslegen könnte. Was für Paulus auf dem Spiel steht, ist die Frage des Götzendienstes. Und hier ist er zu keinem Kompromiss bereit: In Kapitel 8 erklärt er den Korinthern, dass das öffentliche Essen des Götzenfleisches von den „schwachen" Ungläubigen ganz selbstverständlich als Zustimmung zum Götzendienst missverstanden werden müsse und deshalb für Christen nicht infrage kommt. Hier greift also das Prinzip des Augenscheins: Es wäre eine schwere Sünde, die denjenigen, dessen „innerer Kompass" defekt ist, noch darin ermutigt, seinen Götzendienst fortzusetzen (V. 10). Er würde nämlich „aufgrund der Besserwisserei" seines christlichen Bruders verloren gehen, obwohl doch Christus auch für ihn gestorben ist (V. 11). Damit würde man auf den ohnehin „kränkelnden" nun noch zusätzlich „einschlagen" und sich damit an Christus selbst versündigen (V. 12). Es steht den Christen von Korinth also keinesfalls frei, hier frei nach ihrem (modern verstandenen) „Gewissen" zu entscheiden. Im Gegenteil: Die Antwort des Paulus ist klar.

Fleisch unbekannter Herkunft

Auch in Kapitel 10 gründet sich Paulus ganz auf die Prinzipien seiner jüdischen Tradition: Speisen vom Markt und Speisen in fremden Häusern gelten grundsätzlich als erlaubt, solange ihre Herkunft unbekannt ist. Sobald ihre Zweckbestimmung (*leshem avoda zara*) aber ausdrücklich benannt wird (*perushin*), sind sie für Christen verboten (V. 28). Und zwar nicht, weil es „das eigene Gewissen beschwert" oder weil der Gastgeber ein „schlechtes Gewissen" bekommen könnte, wie es manche Übersetzungen nahelegen. Im Urtext steht nichts vom „Belasten" des Gewissens, sondern nur: „Fragt nicht weiter nach wegen des Gewissens." Gemeint ist auch hier stets der „defekte innere Kompass" des anderen: Denn der ungläubige Verkäufer auf dem Markt oder auch der ungläubige Gastgeber würde es ja als Zustimmung zum Götzendienst deuten, wenn man das Fleisch trotzdem isst, obwohl er ausdrücklich darauf hingewiesen hat, dass es sich um Götzenfleisch handelt. Deshalb rät Paulus mehrmals: „Stellt nicht die Gewissensfrage", sondern esst unbedenklich, aber nur solange die Herkunft des Fleisches euch unbekannt ist. Ist euch die Herkunft erst einmal bekannt – und handelt es sich tatsächlich um Götzenopferfleisch –, dann ist solches Fleisch für euch selbstverständlich verboten. Auch hier gibt es für Christen keine „freie Gewissensentscheidung", sondern eine klare ethische Weisung.

Nicht die Freiheit des Gewissens, sondern die Treue zum Gesetz

Liest man die Kapitel 8 und 10 des ersten Korintherbriefs durch die Brille des antiken Judentums und nicht durch die Brille der Aufklärungszeit, dann geht es hier weder um Glaubensstärke noch um Engstirnigkeit oder Gewissensfreiheit. Es geht auch nicht um ethische Nebensächlichkeiten oder unwichtige Graubereiche, in denen jeder seinem eigenen Gewissen folgen kann. Für Paulus geht es um die Wahl zwischen Gehorsam und Götzendienst: Christen sollen sich von Götzenfleisch unbedingt fernhalten. Nicht, weil das Fleisch an sich verboten wäre. Und auch nicht, weil es wirklich irgendwelche Götzen gäbe. Sondern weil die nicht christlichen Nachbarn, für die Jesus doch auch gestorben ist, durch ein vermeintlich „freiheitliches" Verhalten der Christen dazu verleitet werden, an ihrem Götzendienst festzuhalten und deshalb letzten Endes verloren gehen. Für Paulus geht es also um alles oder nichts, um Leben und Tod. Und das ist alles andere als nebensächlich.

Die Kapitel vom „Götzenopferfleisch" sind also kein gutes Beispiel für das moderne Prinzip der freien Gewissensentscheidung in ethischen Grauzonen. Im Gegenteil. Sie sind ein eindrucksvoller Beleg dafür, dass es für Paulus nur eine Richtschnur gab, die sein Handeln bestimmte: Gottes Gebote, allem voran das Gebot der Liebe zum Mitmenschen, für den Jesus sein Leben gab.

Alter Glaube in einer veränderten Kultur

Der Brief des Paulus an die Gemeinde in Korinth ist für uns ein eindrucksvolles Beispiel dafür, wie der Jude Paulus darum bemüht ist, den alten Glauben an den Gott Israels in einem neuen kulturellen Umfeld ins praktische Leben zu übersetzen. Er sucht dabei nach einem angemessenen Weg zwischen den beiden Extremen: einerseits die Bibel als ein Regelbuch zu verwenden, dessen Vorschriften man eins zu eins in die eigene Zeit übersetzt, ohne danach zu fragen, aus welcher Zeit und Kultur sie stammen und ob sie sich wirklich auf unsere Situation übertragen lassen. Oder andererseits die Bibel ganz grundsätzlich für unbrauchbar zu erklären und dem „Alles ist erlaubt"-Prinzip zu folgen, das nur auf das eigene Bauchgefühl hört – oder auf das, was den anderen stört. Für viele Christen, egal ob sie dem einen oder dem anderen Extrem folgen, ist dabei das Prinzip bestimmend, das ein Freund von mir das „Pullover-Prinzip" nennt. Das „Pullover-Prinzip" besagt: Wenn du erst mal anfängst, an einem Faden des Pullovers zu zupfen, dann löst sich früher oder später der ganze Pullover auf. Ängstliche Christen sagen deshalb: Wenn wir irgendein Gebot der Bibel für „kulturbedingt" erklären, und sei es das Tragen von Kopftüchern im Gottesdienst, dann stellen wir damit automatisch alle anderen Weisungen der Bibel infrage. Deshalb kann und darf es in der Bibel keine „kulturbedingten" Aussagen geben, und wir müssen unbedingt jede Vorschrift, die wir in der Bibel finden, eins zu eins wörtlich umsetzen. Die weitherzigen Christen aber argumentieren oft mit dem gleichen Pullover-Prinzip: Wer Meeresfrüchte isst, die ja in der Bibel verboten sind, der ist inkonsequent, wenn er sich in anderen ethischen Fragen noch auf die Bibel beruft. Wenn wir erst einmal ein einziges Gebot der Bibel als kulturbedingt entlarvt haben, dann verlieren damit alle anderen Gebote also automatisch ihre Gültigkeit. Und uns bleibt nur eine Ethik des Bauchgefühls und der Rücksicht auf das, was den anderen stört.

Paulus dagegen widersetzt sich dem „Pullover-Prinzip". Er folgt damit dem Vorbild der jüdischen Rabbinen, die schon vor ihm jedes einzelne Gebot der Tora für auslegungsbedürftig und anpassungsfähig hielten. Aber das bedeutete für sie keinen grundsätzlichen Abschied von der Tora. Im Gegenteil, mit viel Mühe und Sorgfalt musste im Einzelfall überlegt und diskutiert werden, ob und wie die Gebote auch in unserer Zeit noch Anwendung finden können und sollen. Welchen Auslegungsregeln und Prinzipien man dabei folgte, das war Verhandlungssache. Und das ist es auch bei Paulus: Manche biblischen Gebote setzt er ganz selbstverständlich auch für die nicht jüdischen Christen als verbindlich voraus. Andere sind für ihn ebenso selbstverständlich für Nichtjuden nicht gültig. Wie er die einen von den anderen unterscheidet, verrät er uns nicht. Vermutlich ist er selbst noch auf dem Weg, das herauszufinden. Einige Fragen, die uns helfen könnten, bleibend gültige und zeitbedingte Aussagen des Paulus voneinander zu unterscheiden, könnten lauten: An welchen Stellen unterscheidet Paulus selbst zwischen seiner eigenen Meinung und biblischen Weisungen? Wie begründet er seine Anweisungen, und gelten die Voraussetzungen für diese Begründungen auch heute noch? Handelt es sich um ethische Grundüberzeugungen, die sich für Paulus aus dem Wesen Gottes und dem Wesen des Menschen ableiten? Oder geht es um praktische Fragen, z. B. der Gemeindeordnung, die sich an den kulturellen Gegebenheiten der jeweiligen Umgebung orientieren? Geht es darum, dass ein bestimmtes Verhalten für Paulus „Sünde" ist – also die Beziehung zu Gott beeinträchtigt? Solches Verhalten würde Paulus vermutlich auch heute ablehnen. Oder geht es darum, dass es aus gesellschaftlicher Sicht unangebracht oder unpassend ist – also nur die Beziehung zu anderen Menschen beeinträchtigt? Dann könnte es gut sein, dass Paulus heute gerade das Gegenteil für „unangebracht" hielte. Gibt es im Kontext eines Pauluswortes Hinweise darauf, ob er dieses nur im Blick auf eine bestimmte Person, Situation oder Gruppe sagt oder ob es allgemein für jeden gilt, der an Jesus glaubt? Hier werden wir als Christen nicht umhinkommen, über unterschiedliche Auslegungen zu streiten und darum zu ringen, Paulus so gut wie möglich zu verstehen. Grundlage eines solchen Ringens sollte jedoch immer die gemeinsame Bindung an die Schrift sein. Und das redliche Bemühen, die ursprüngliche Aussage eines Schriftwortes zu erschließen – aber dieses dann auch ernst zu nehmen. Keinesfalls jedoch sollten wir uns von dem „Pullover-Prinzip" – in der einen oder anderen Ausprägung – bestimmen lassen, das uns letztlich nur an einem vernünftigen und differenzierten Nachdenken hindert. Das wäre zu einfach, und auch zu billig im Blick auf den hohen Wert, den die Schrift für uns hat.

„Prüft alles, und behaltet das Gute": die „Paulusbrille" aufsetzen

Ein besseres Prinzip des Umgangs mit der Schrift ist daher das, was ein anderer Freund von mir die „Paulusbrille" nennt: Sie findet sich, knapp formuliert, in den folgenden Versen:

> „Prüft aber alles und das Gute behaltet. Meidet das Böse in jeder Gestalt."[45]

Das kostet ein wenig Mühe. Aber es ist die Sache wert. Nicht pauschale Urteile helfen, sondern ein ehrliches Bemühen, im Einzelfall die Wahrheit zu finden. Allerdings besteht auch hier die Gefahr eines Missverständnisses. Viele Christen nämlich verstehen die „Paulusbrille" im Sinne der Postmoderne. Dann würde sie bedeuten: „Prüft alles, und behaltet das, was euch gut gefällt." Oder: „Prüft alles, und behaltet das, was für euch gut funktioniert." Oder: „Prüft alles, und behaltet das, was andere gut finden." Oder: „Prüft alles, und behaltet das, was euch gut zu tun scheint". Das ist aber natürlich bei Paulus nicht gemeint. Wir haben eben schon vom „inneren Kompass" des Paulus gehört, dem Gewissen. Der Kompass ist aber nicht dafür da, die Richtung vorzugeben. Sondern er richtet sich nach einem Nordpol, der außerhalb seiner selbst ist. Ein gut funktionierender Kompass weist daher in die richtige Richtung, aber er bestimmt sie nicht.

„Das Gute" ist für Paulus, den Juden, natürlich nicht einfach das, was „mir gut gefällt". Sondern das Gute findet sich in der Schrift. Die Paulusbrille also sieht genau hin und prüft alles anhand der Schrift. Hier ist für Paulus die Orientierung zu finden, nach der ein Leben gelingen kann. Und zwar für Juden ebenso wie für Nichtjuden. Was das im Einzelfall bedeutet, das wird zu diskutieren und zu verhandeln sein. Ausgangspunkt für solche Verhandlungen ist für Paulus aber immer sein Glaube an den Gott Israels – und sein Vertrauen darauf, dass die Tora „heilig und gut" ist, weil sie im Messias Jesus „ihr Ziel findet".[46]

Kapitel 9

„Eine Decke vor den Augen?"

Paulus und das jüdische Volk

Obwohl Paulus eine Mission zu den anderen Völkern hatte, blieb er doch seinem eigenen Volk, dem jüdischen Volk, zeit seines Lebens eng verbunden. Die Überzeugung, dass das Evangelium „zuerst den Juden und ebenso auch den Völkern" (Röm 1,16) gilt, hat er nie aufgegeben. Ebenso wenig wie den festen Glauben, dass „ganz Israel gerettet wird" (Röm 11,26). In der langen Geschichte der Kirche haben Christen oft entweder den einen oder den anderen dieser beiden Sätze besonders betont – und darüber den jeweils anderen vergessen: So gab es Zeiten, in denen man zwar den Juden das Evangelium nahebringen wollte, aber gleichzeitig davon überzeugt war, dass sie von Gott verworfen sind. Und es gab Zeiten, in denen man darauf vertraute, dass ganz Israel gerettet wird, und deshalb aufhörte, Juden das Evangelium zu sagen. Und dann gab es die ganz düsteren Zeiten, in denen man gleich alle beide Sätze vergaß: Lange Zeit war es eine christliche Überzeugung, dass Gott sein Volk verstoßen und es zu dem Schicksal verdammt hat, ewig heimatlos und verfolgt auf der

Erde wandern zu müssen, um anderen eine Mahnung zu sein, was geschieht, wenn man Christus ablehnt. Die Folge war eine jahrhundertelange Geschichte der Diskriminierung, Verfolgung und Ermordung von Juden durch Christen – und meistens sogar im Namen des Christentums.

Ein gescheitertes Beispielvolk?

Erste Ansätze einer solchen christlichen Überheblichkeit gegenüber dem jüdischen Volk begegnen uns schon im Neuen Testament: Offenbar gab es unter den Christen in Rom die Ansicht, dass Gott das jüdische Volk zwar ursprünglich einmal erwählt hatte, um sein Beispielvolk für die Welt zu sein: Er schenkte ihnen die Freiheit, das Gesetz, den Bund, das Land, den Tempel und sogar einen König, damit sie in der Welt zeigen könnten, wie ein Leben mit Gott aussieht. Und wie eine Welt aussehen könnte, die sich nach Gottes Maßstäben richtet. Israel aber hatte als Beispielvolk versagt: Anstatt sich nach Gottes Geboten zu richten, waren sie immer wieder ungehorsam. Anstatt Gerechtigkeit und Frieden vorzuleben, beuteten sie die Armen aus und führten ungerechte Kriege. Anstatt ein „Licht für die Völker zu sein", war Israel Teil der Dunkelheit geworden. Die Mission, Gottes Beispielvolk zu sein, war also gescheitert. Deshalb beschloss Gott einen neuen Anlauf: In Jesus kam er selbst in die Welt, um ein neues Beispielvolk zu sammeln, seine Gemeinde. Dieses neue Beispielvolk, so glaubten die Christen in Rom, würde nun das alte ersetzen und Gottes Plan endlich zu seinem Ziel bringen. Was das alte Beispielvolk nicht geschafft hatte, würde nun dem neuen gelingen. Das Volk Israel hatte seinen berechtigten Platz in der Heilsgeschichte gehabt, aber nun hatte es seine besondere Bedeutung verloren.

Keinesfalls!

Paulus jedoch stellt sich im Römerbrief mit aller Deutlichkeit dieser Ansicht entgegen. Manche Ausleger gehen sogar davon aus, dass der gesamte Römerbrief vor allem zu dem Zweck geschrieben wurde, diese Sichtweise der Heilsgeschichte zu widerlegen. Zu diesem Zweck erklärt Paulus den Römern zunächst in den ersten Kapiteln seines Briefes, dass es bei der Unterscheidung zwischen Juden und Nichtjuden nicht um ein „Besser" oder „Schlechter" geht: Weder sind die Juden besser als die Nichtjuden, noch sind die Nichtjuden besser als die Juden: Alle beide sind Sünder (Röm 1-2), und alle beide sind von Gott angenommen durch die Gnade und den Glauben an Jesus (Röm 3-6). Alle beide kämpfen nach wie vor mit ihren menschlichen Schwächen und ihrer Unerlöstheit. Und alle beide hoffen auf die endgültige Erlösung (Röm 7-8). So weit, so gut. Aber nun, in den Kapiteln 9-11 des Römerbriefs, kommt Paulus zum eigentlichen Kern seines Briefes: nämlich zu der Frage, ob Gott sein Volk verworfen hat. Die Antwort ist ein deutliches „Keinesfalls!":

> „Hat denn Gott sein Volk verstoßen? Das sei ferne! Denn ich bin auch ein Israelit, vom Geschlecht Abrahams, aus dem Stamm Benjamin. Gott hat sein Volk nicht verstoßen, das er zuvor erwählt hat."[1]

Gottes Geschichte mit seinem Beispielvolk ist noch lange nicht zu Ende. Davon ist Paulus überzeugt. Deshalb gibt es auch kein neues Beispielvolk. Die Mission des Paulus ist eine andere: Er lädt Menschen aus allen Völkern ein, Teil des alten Beispielvolks zu werden. So, wie es die Propheten vorausgesagt hatten.[2] Der Messias ist gekommen, um die Schuld seines Volkes zu sühnen, und zugleich die Schuld der ganzen Welt. Ein neuer Anfang ist möglich, der alte Bund wird in Jesus erneuert. Denn wenn Jesus und Paulus vom

„Neuen Bund“ sprechen, dann zitieren sie damit eine Verheißung aus dem Propheten Jeremia:

> „Siehe, es kommt die Zeit, spricht der Herr, da will ich *mit dem Hause Israel und mit dem Hause Juda* einen neuen Bund schließen.“[3]

Der „Neue Bund“, oder wie man auch übersetzen kann, das „Neue Testament“, ist also kein Bund mit einem neuen Volk, sondern ein Bund mit Israel. Aber ein Bund, der offen steht für alle Völker. Es gibt deshalb keinen Grund für die Nichtjuden, überheblich zu werden oder auf die Juden herabzuschauen, weil diese mit ihrer Mission gescheitert wären. Das Gegenteil ist der Fall: Israel ist gerade durch seine gebrochene und verworrene Geschichte zum Beispielvolk für alle Völker geworden: nicht, indem es perfekt und fehlerlos war. Sondern indem es erfahren und gezeigt hat, wie Gott selbst in den tiefsten Tiefen der Sünde, des Ungehorsams und der Untreue immer noch treu bleibt.

> „Dass aber einige nicht treu waren, was liegt daran? Sollte ihre Untreue Gottes Treue aufheben? Keinesfalls!“[4]

Genau so ist Israel also tatsächlich zum „Licht der Völker“ geworden und hat seine Mission als Beispielvolk erfüllt: Denn der Messias, der sein Leben für die Schuld gab und so die Treue Gottes zu seinem Volk bewies, kam aus der Mitte Israels. Und der Apostel, der das Evangelium zu den Völkern brachte, kam auch aus der Mitte Israels. So wurde die alte Verheißung an Abraham erfüllt, dass durch Abraham und seine Nachkommen alle Völker gesegnet würden.Das ist nicht Gottes „Plan B“, sondern der Plan, den er von Anfang an mit seinem Volk und seiner ganzen Schöpfung verfolgt hat.

Ein merk-würdiges Bild

Der bekannteste Abschnitt aus den Kapiteln 9-11 des Römerbriefs ist wohl das Bild vom Olivenbaum.[5] Pinchas Lapide fasst es so zusammen:

> „Fest steht für den Apostel, dass die Kirche ihre jüdische Wurzel genauso wenig entbehren kann, wie jeder gesunde Ölbaum, der, getrennt von seinen Wurzeln, verdorren und verwelken muss. Um seinen Lesern in Rom reinen Wein einzuschenken, betont er ganz unzweideutig, dass sie nur ‚Hinzugekommene' seien, aus reiner unverdienter Gnade adoptiert und in den edlen Ölbaum eingepfropft worden seien – aber auch wieder ausgehackt werden könnten."[6]

Dabei stellt Paulus vermutlich absichtlich ein Bild aus dem Gartenbau völlig auf den Kopf oder, wie er selbst sagt, „gegen die Natur": Denn üblich ist es, dass man einen edlen Zweig in einen wilden Baum einpfropft und dieser dann dadurch veredelt wird. So ähnlich stellten es sich ja auch manche Christen in Rom vor: Israel hatte als Beispielvolk versagt, war von Gott abgefallen und war nun ein nutzloser Stumpf geworden. Aber weil Gott mit den „edlen" Heidenvölkern einen neuen Anfang machte, konnte der Stumpf des Heilsplanes Gottes vielleicht doch wieder veredelt werden. Aber Paulus stellt diese falsche Vorstellung vom Kopf wieder auf die Füße: Denn nicht die Heidenvölker, sondern Israel ist der edle Baum, und anders als in der Natur werden die wilden Zweige durch das Einpfropfen veredelt. Einen Grund, überheblich zu sein, gibt es also für sie nicht.

Abgehauene Äste?

Das Bild vom Olivenbaum enthält jedoch auch einen schmerzhaften Aspekt. Und diesen Schmerz hatte Paulus bereits am Anfang des

9. Kapitels benannt: Es ist der Schmerz darüber, dass nicht alle seine Glaubensgeschwister, ja in der Tat nur ein kleiner Bruchteil, das Evangelium angenommen haben, das er verkündigt.[7] Im Bild gesprochen: Damit die wilden Zweige in den Baum eingesetzt werden können, werden einige der edlen Zweige „abgeknickt“ oder „ausgehackt“.[8] Luther übersetzt an dieser Stelle „ausgebrochen“, was nach einem endgültigen Abhacken und Wegwerfen klingt. Aber Paulus verwendet hier bewusst ein anderes Wort als dort, wo er vom „Abhauen“ redet: Die Nichtjuden wurden nämlich tatsächlich vom wilden Baum des Götzendienstes „abgehauen“ und in den edlen Baum verpflanzt. Das „Ausbrechen“ oder „Abknicken“ der edlen Zweige bedeutet aber im Gegensatz dazu vermutlich etwas anderes: Es wird eine Kerbe geschlagen zwischen diesen Zweig und den Stamm, der Zweig wird „ausgehackt“ oder „abgeknickt“, sodass der wilde Zweig in die entstehende Kerbe hineingesetzt werden kann. Es geht also auch hier nicht um ein endgültiges „Verwerfen“ oder „Abhauen“ der Juden, sondern um den schmerzhaften Prozess einer temporären teilweisen Ablösung, um Platz zu schaffen für Neues. Nur so kann sich Paulus nämlich die Tatsache erklären, dass ein (großer) Teil Israels sich der Botschaft vom Messias verschließt: Es steht ein höherer, göttlicher Plan dahinter. Denn Paulus hatte es erlebt, dass gerade durch die Ablehnung vieler Juden – und die damit verbundene Vertreibung der ersten Jesus-Nachfolger aus Jerusalem – nun erst recht viele Nichtjuden aus anderen Völkern zum Glauben kamen.[9] Und immer wieder hatte er es erlebt, dass seine Botschaft zwar in der Synagoge abgelehnt wurde, dafür aber von nicht jüdischen Hörern dankbar aufgenommen wurde.[10] Paulus erkannte hier also, bei allem Schmerz, einen tieferen Sinn:

> „Durch ihren Fall ist den Heiden das Heil widerfahren, damit Israel ihnen nacheifern sollte.“[11]

Vielleicht knüpft Paulus hier an eine alte biblische Erfahrung an, dass Gott auch aus dem Schlechtesten etwas Gutes machen kann. Das jedenfalls ist das Fazit am Ende der alttestamentlichen Josephsgeschichte:

> „Ihr gedachtet es böse mit mir zu machen, aber Gott gedachte es gut zu machen, um zu tun, was jetzt am Tage ist, nämlich am Leben zu erhalten ein großes Volk."[12]

In der Tat gibt es eine Reihe von Parallelen zwischen der Josephsgeschichte und der Jesusgeschichte: Der besonders geliebte Sohn des Vaters wird von seinen Brüdern abgelehnt – zumindest dem Anschein nach – umgebracht und in eine Grube geworfen. Die Ablehnung durch die Brüder führt aber dazu, dass er zunächst in einem fremden Volk, bei den Ägyptern, Anerkennung findet und ihnen Segen und Leben bringt. Er wird sogar so sehr ein Teil der Ägypter, dass seine eigenen Brüder ihn zunächst gar nicht wiedererkennen, als sie ihm nach langer Zeit begegnen. Erst als er sich ihnen zu erkennen gibt, verstehen sie, dass es ihr Bruder ist. Und dass er sie vom drohenden Tod erretten will, obwohl sie sich gegen ihn versündigt hatten. So steht am Ende der Geschichte die Versöhnung Josephs mit seinen Brüdern. Möglicherweise ist es diese Geschichte, die Paulus im Blick hat, wenn er, nach der typisch rabbinischen Auslegungsmethode *qal wachomer* („vom Kleineren aufs Größere") schließt:

> „Wenn schon ihre Ablehnung der Welt Versöhnung bringt, wie viel mehr wird ihre Annahme dann Leben aus den Toten bringen?"[13]

Doch verworfen?

Luthers Übersetzung ist an dieser Stelle missverständlich. Bei ihm heißt es: „Wenn ihre Verwerfung die Versöhnung der Welt ist ..."

Das könnte so klingen, als habe Gott sein Volk doch verworfen, im Widerspruch zu dem, was Paulus noch kurz vorher gesagt hatte. Aber „ihre Verwerfung", oder besser „ihre Ablehnung", bezeichnet hier nicht die Ablehnung der Juden durch Gott, sondern die eigene Ablehnung der Juden gegenüber Jesus. Diese nämlich hat letztlich, auf eine geheimnisvolle Weise, den Völkern der Welt Segen gebracht. Und Paulus hofft fest darauf, dass es am Ende auch, wie in der Josephsgeschichte, eine Versöhnung zwischen Jesus, dem jüdischen Messias, und seinen jüdischen Geschwistern gibt:

> „Ich will euch, liebe Brüder, dieses Geheimnis nicht verhehlen, damit ihr euch nicht selbst für klug haltet: Verstockung ist einem Teil Israels widerfahren so lange, bis die Fülle der Heiden zum Heil gelangt ist; und so wird ganz Israel gerettet werden, wie geschrieben steht: ‚Es wird kommen aus Zion der Erlöser, der abwenden wird alle Gottlosigkeit von Jakob. Und dies ist mein Bund mit ihnen, wenn ich ihre Sünden wegnehmen werde.'"[14]

In der Geschichte der Paulusforschung ist dieser Satz ganz unterschiedlich ausgelegt worden. Augustinus und Luther verstanden ihn so, dass hier nicht das physische Volk Israel gemeint ist, sondern das „geistliche Israel", also die christliche Kirche. Andere Ausleger, wie etwa der pietistische Theologe Johann Albrecht Bengel, deutete „ganz Israel" als den jesusgläubigen Teil Israels, der als „repräsentativer Rest" gerettet wird. Viele neuere Ausleger deuten den Vers so, dass es für Israel einen eigenen Heilsweg gibt, der ganz unabhängig ist vom Glauben an Jesus. Der gesamte Kontext von Röm 9-11, aber auch die übrigen Briefe des Paulus, deuten jedoch in eine andere Richtung: Mit „ganz Israel" ist hier sicher nicht die Kirche, sondern das jüdische Volk gemeint. Paulus greift hier vielleicht sogar bewusst ein Schlagwort auf, das auch in der rabbinischen Überlieferung eine wichtige Rolle spielt und vielleicht schon zur Zeit des Paulus allgemein bekannt war:

„Ganz Israel hat einen Anteil an der kommenden Welt."[15]

In der jüdischen Mischna ist dieser Satz eine zentrale Grundüberzeugung. Und dennoch werden gleich anschließend einige Einschränkungen gemacht. So ist der Glaube an die Auferstehung, aber auch an die göttliche Autorität der Tora, eine Bedingung für die Aufnahme in die kommende Welt. Es war also offenbar im Judentum durchaus möglich, an die bleibende Erwählung ganz Israels zu glauben und trotzdem klare Einlassbedingungen für die kommende Welt zu formulieren.

Ähnliches sehen wir auch bei Paulus: Ganz deutlich wird aus dem Kontext, dass für ihn Errettung nicht an Jesus vorbei geschieht, sondern gerade durch die Annahme Jesu. Das ist sicher ein Absolutheitsanspruch, der von Juden – damals wie heute – als anstößig empfunden werden muss und ganz bestimmt nicht unseren heutigen Vorstellungen von interreligiöser Toleranz entspricht. Aber man sollte hier auch nicht moderne Vorstellungen in das Denken des Paulus hineinlesen. Es ist aus allen seinen Briefen heraus klar, dass für ihn Jesus nicht nur der Messias der Nichtjuden, sondern auch – und gerade – der Messias des jüdischen Volkes ist. So verstehen deshalb auch heute noch viele Ausleger die Bemerkung des Paulus, auch wenn sie ihn für diese „exklusive" Sicht der Dinge kritisieren:

> „Hier erhebt er sich schließlich zum Richter über die Rechtgläubigkeit seiner jüdischen Brüder. (...) Bei allem Verständnis für seinen Glaubenseifer hätte dieser kluge Mann sich der Tragweite seiner Worte wohl bewusst sein müssen."[16]

Im christlich-jüdischen Gespräch werden wir wohl nicht immer an den Punkt kommen, dass wir allen Aussagen des Paulus gemeinsam zustimmen können. Insbesondere sein unerschütterlicher Glaube an Jesus, den Messias der Juden und Nichtjuden, wird seine trennende Bedeutung in diesem Gespräch wohl auf absehbare Zeit behalten. Es gibt keinen Grund, diese Einsicht verschämt zu verbergen. Ehrlicher ist es, wenn wir an dieser Stelle unterschiedliche Überzeugungen wahrnehmen und respektieren lernen. In der jüdischen Erklärung „Dabru Emet" (Redet Wahrheit), einem wegweisenden Dokument des christlich-jüdischen Dialogs aus dem Jahr 2000, heißt es dazu:

> „Juden können die Loyalität von Christen ihrer Offenbarung gegenüber achten – genauso wie wir von Christen die Achtung unserer Loyalität gegenüber unserer Offenbarung erwarten."[17]

Eine Decke vor den Augen?

Zur gegenseitigen Achtung gehört jedoch auch, dass wir da, wo es möglich ist, unnötige Vorurteile oder Missverständnisse ausräumen und uns von Bildern verabschieden, die den anderen herabsetzen oder beleidigen. Zu diesen Bildern gehört etwa die Rede von der „Decke vor den Augen der Juden": Viele Christen benutzen dieses Bild, wenn es um das Judentum und den Glauben an Jesus geht. In der kirchlichen Kunst ist es oft so aufgenommen worden, dass man über Kirchenportalen Standbilder von zwei weiblichen Figuren einander gegenübergestellt hat: Auf der einen Seite eine strahlende Königin mit Krone und Zepter als Bild für die siegreiche Kirche. Und auf der anderen Seite eine Sklavin mit zerbrochener Lanze und verbundenen Augen als Sinnbild für die blinde und besiegte jüdische Synagoge. Woher aber stammt dieses Bild? Man meint es in einem Text des Paulus zu finden: Im 3. Kapitel des 2. Korintherbriefs erzählt er die Geschichte von Moses, dessen Gesicht nach seinen Begegnungen mit Gott in der Stiftshütte so hell strahlte, dass er anschließend, wenn er vor das Volk trat, eine Decke vor sein Gesicht hängen musste, damit die Israeliten nicht geblendet wurden vom göttlichen Glanz.[18] Paulus vergleich nun den „Glanz des Alten Bundes" mit dem ungleich helleren „Glanz des Neuen Bundes" (das

Griechische und das Hebräische benutzen für „Glanz“ und „Herrlichkeit“ dasselbe Wort) und sagt:

> „Weil wir nun solche Hoffnung haben, sind wir voll großer Zuversicht und tun nicht wie Mose, der eine Decke vor sein Angesicht hängte, damit die Israeliten nicht sehen konnten das Ende der Herrlichkeit, die aufhört. Aber ihre Sinne wurden verstockt. Denn bis auf den heutigen Tag bleibt diese Decke unaufgedeckt über dem Alten Testament, wenn sie es lesen, weil sie nur in Christus abgetan wird. Aber bis auf den heutigen Tag, wenn Mose gelesen wird, hängt die Decke vor ihrem Herzen. Wenn Israel aber sich bekehrt zu dem Herrn, so wird die Decke abgetan.“[19]

Haben wir hier also doch wieder ein Beispiel für den „Paulus-Moses-Keil“? Sind Moses und das Alte Testament schlecht, Jesus und das Neue Testament dagegen gut? Sind die Juden mit Blindheit geschlagen, weil sie eine „Decke vor den Augen“ haben? Wenn wir den Text aufmerksam lesen und ihn mit der Geschichte des Moses vergleichen, dann merken wir: Auch hier hat die christliche Tradition einen Text des Paulus fast in sein Gegenteil gewendet. Denn die Decke, um die es hier geht, ist ja keine Augenbinde: Moses hängte sich keine Decke vor das Gesicht, um selbst nichts mehr sehen zu können. Sondern die Decke diente dazu, den Glanz auf seinem Gesicht vor den Augen der draußen Stehenden zu verbergen. Weil sie noch nicht bereit waren für die Herrlichkeit Gottes. Moses war also nicht blind, sondern er strahlte Gottes Herrlichkeit aus!

Überträgt man dieses Bild nun auf das, was Paulus sagt, dann entdeckt man: Hier steht nicht, dass den Juden die Augen verbunden sind. Sondern „das Herz Israels“, das „Alte Testament“, ist verhüllt durch eine Decke, sodass die Herrlichkeit, die darin enthalten ist, für den Leser verborgen bleibt, wenn daraus vorgelesen wird. Es sei denn, diese Decke wird durch den Messias gelüftet: Es geht in diesem Bild also nicht um die Blindheit Israels, sondern um die verborgene Herrlichkeit der Tora bzw. des Alten Bundes. Es geht um den göttlichen Widerschein, der sich im Herzen Israels und in seiner Schrift widerspiegelt wie seinerzeit auf dem Angesicht des Moses. Das ist keine Abwertung, sondern eine Aufwertung. Zwar ist der Glanz des Alten Bundes zeitlich begrenzt und wird eines Tages vergehen. Der Glanz des erneuerten Bundes dagegen bleibt ewig. Das ist aber kein Gegensatz, sondern lediglich eine Steigerung. Noch aber bleibt dieser verborgene Glanz des Alten Bundes dem Blick verhüllt. Er wird für die erkennbar, die den Messias annehmen. Und wenn Israel sich in seiner Gesamtheit dem Messias zuwendet, dann wird diese Herrlichkeit, die jetzt noch verborgen ist, vollständig sichtbar werden. Das ist die Hoffnung, die Paulus in seinem Herzen trägt. Und das ist die Zukunft, auf die er wartet und auf die er mit seinem ganzen Leben hinarbeitet.

Den verborgenen Reichtum entdecken

Wenn also in diesem Bild jemand blind ist, dann sind das wir alle, die wir außen stehen und auf das blicken, was unter der Decke verborgen ist: das Herz Israels und das Alte Testament, die Geschichte Gottes mit seinem Volk. In Jesus jedoch wird für uns diese Decke gelüftet. Und wir entdecken voll Staunen, was sich darunter verbirgt. Wir entdecken die rote Linie des Segens und des Heils, die sich durchzieht von Abraham bis Moses über David bis hin zu Jesus. Eine rote Linie, die uns nicht vom Volk der Juden trennt, sondern mit ihm verbindet. Und die uns mit hineinnimmt in die große Geschichte Gottes mit seinem Volk und mit dieser Welt. Paulus fasst dieses Staunen mit den Worten zusammen:

> „O welch eine Tiefe des Reichtums, beides, der Weisheit und der Erkenntnis Gottes! Wie unbegreiflich sind seine Gerich-

> te und unerforschlich seine Wege! Denn ‚wer hat des Herrn Sinn erkannt, oder wer ist sein Ratgeber gewesen'? Oder ‚wer hat ihm etwas zuvor gegeben, dass Gott es ihm vergelten müsste'? Denn von ihm und durch ihn und zu ihm sind alle Dinge. Ihm sei Ehre in Ewigkeit! Amen."[20]

Ich selbst habe in den zurückliegenden Jahren – durch meine Begegnung mit dem Volk Israel, aber auch in der Arbeit an diesem Buch – viele neue spannende Entdeckungen im Leben des Paulus und in seinen Briefen gemacht. Ich habe gelernt, meine Bibel an vielen Stellen neu zu lesen. Ich habe gelernt, auf die Stimmen meiner jüdischen Freunde und Kollegen zu hören, die vieles in der Bibel anders lesen und hören, als ich es bisher gewohnt war. Manches davon hat mich gefreut, manches auch geärgert oder verstört. Aber das ist ja letztlich auch kein Wunder angesichts der Tiefe des Reichtums, die uns hier begegnet. Immer wieder aber hatte ich den Eindruck, dass für mich die Decke ein Stück weit gelüftet wird und Jesus mich etwas sehen lässt von der Herrlichkeit, die sich darunter verbirgt. Mehr und mehr. Und mit Paulus hoffe ich darauf, dass die Decke eines Tages ganz gelüftet wird. Was wird das wohl für eine Herrlichkeit sein – und wie viele Überraschungen warten wohl noch auf uns?

Ich hoffe, Sie mit diesem Buch mitgenommen zu haben auf eine Entdeckungsreise, die vielleicht jetzt erst richtig losgeht: Denn ob ich mit dem, was ich hier an Gedanken, Ideen und Beobachtungen zusammengetragen habe, immer recht habe, das weiß ich nicht. Und es ist vielleicht auch nicht entscheidend. Ich muss ja auch noch dazulernen können. Wichtiger ist daher, dass Sie selbst ihre Bibel in die Hand nehmen und anfangen neu, aufmerksam und neugierig zu lesen, zu prüfen und zu entdecken. Vielleicht machen Sie andere Entdeckungen als ich. Das ist nur gut. Ich wünsche Ihnen dabei viel Freude und Mut!

Mir war es wichtig, Ihnen in diesem Buch einen neuen Blick zu öffnen auf eine Person, die uns scheinbar so altbekannt und vertraut scheint. Eine Person, die oft zu Unrecht verschmäht, gemieden und gescholten wird. Eine Person, die mir in den letzten Jahren wieder neu ans Herz gewachsen ist, weil ich ganz neue Seiten an ihr entdeckt habe: Paulus, den Juden, der bewegt war von einer Mission für die Welt: das Evangelium von Jesus, dem Juden, bekannt zu machen. Menschen aus allen Völkern einzuladen in die neue Familie des alten Gottesvolkes. Mit einer Botschaft der Versöhnung zwischen Gott und Menschen. Aber auch zwischen Menschen und Menschen. Und nicht zuletzt zwischen Juden und Nichtjuden. Möge Gott es schenken, dass dieses Buch dazu beiträgt, diese Vision des Paulus in die Herzen von Menschen weiterzutragen.

Anmerkungen

Kapitel 1: Paulus: Alte und neue Perspektiven

1 Siehe dazu die Vorschläge zum Weiterlesen im Anhang. In meinem Jesusbuch (Seite 24) habe ich bereits ausführlicher auf die große Schwierigkeit verwiesen, die sich ergibt, wenn man komplizierte Sachverhalte aus der wissenschaftlichen Fachwelt allgemein verständlich darstellen möchte: Es geht nicht, ohne dass man an manchen Stellen auch über die persönliche Schmerzgrenze hinaus reduziert, verallgemeinert oder vereinfacht und manches auch bewusst pointiert formuliert. Ich bitte daher alle meine Fachkollegen, und auch theologisch gebildete Leser an dieser Stelle um Nachsicht und Barmherzigkeit.

2 Julius Wellhausen, Einleitung in die drei ersten Evangelien, Berlin 1905, S. 113.

3 Ebenda, S. 114.

4 Ebenda, S. 113–114.

5 Heinrich Graetz, Geschichte der Juden, Band 3 (vierte Auflage 1888), Seite 414, 419–420.

6 Kaufmann Kohler verfasste den Artikel über Paulus im damals wichtigsten jüdischen Lexikon, der „Jewish Encyclopaedia" (Bd. IX, New York 1905, S. 79–87), und später dann ein

Buch mit dem Titel „The Origins of the Synagogue and the Church“ (New York 1929); Claude G. Montefiore, Judaism and St. Paul. Two Essays, London 1914.

7 Siehe dazu unten S. 67-70.

8 Joseph Klausner, Von Jesus zu Paulus, Jerusalem 1939 (deutsche Übersetzung Jerusalem 1950), S. 543.

9 Martin Buber, Zwei Glaubensweisen, Zürich 1950.

10 Leo Baeck, Judentum in der Kirche (1925), in: Aus drei Jahrtausenden, Berlin 1938, S. 121–140, hier: 124.

11 Hyam Maccoby, The Mythmaker (1986). Dt. Fassung: Der Mythenschmied: Paulus und die Erfindung des Christentums, Freiburg 2007.

12 Schalom ben Chorin, Paulus. Der Völkerapostel aus jüdischer Sicht, 1. Auflage München 1970. Hier: Neuauflage München 1981, S. 10-11.

13 Schoeps, Paulus. Die Theologie des Apostels im Lichte der jüdischen Religionswissenschaft (1959), S. 314.

14 Zu den wichtigsten gehören: Samuel Sandmel, The Genius of Paul, New York 1958. David Flusser, Paul of Tarsus, Encyclopaedia Judaica XIII, Jerusalem 1971. David Flusser, Judaism and the Origins of Christianity, Jerusalem 1988. Michael Wyschogrod, The Law, Jews and Gentiles: A Jewish Perspective. LuthQ 21 (1969), 405-414. Michael Wyschogrod, Abrahams Promise: Judaism and Christian-Jewish Relations, Grand Rapids 2004. Daniel Boyarin, A Radical Jew: Paul and the Politics of Identity, Berkeley 1994. Hinzu kommen in neuerer Zeit die Vertreter einer „Radical New Perspective“. Siehe dazu unten S. 165.

15 Pinchas Lapide, Paulus zwischen Damaskus und Qumran, Gütersloh 1993 (4. Auflage 2001).

16 William Wrede, Paulus (Religionskundliche Volksbücher I/5-8), Tübingen 1904, S. 95.

17 Ebenda, S. 101.

18 Rudolf Bultmann, Theologie des Neuen Testaments, Tübingen 1948 (9. Auflage 1984), S. 190.

19 Gerd Lüdemann, Paulus, der Gründer des Christentums, Springe 2001, 2. Auflage 2014, S. 244-245.

20 Peter Stuhlmacher, Adolf Schlatter als Paulusausleger – ein Versuch, in: Martin Hengel u. a., Paulus und das antike Judentum, Tübingen 1991, 409-424 (hier: 413).

21 Siehe dazu unten S. 120-131.

22 Schon im 2. Jahrhundert glaubte der berühmte Rabbi Akiba, dass Simon Bar Kochba, der Anführer eines jüdischen Widerstandskrieges gegen die Römer, der Messias sei. Akiba wäre aber nicht auf die Idee gekommen, dass er damit den jüdischen Glauben verließe oder aufhörte, ein Jude zu ein. Auch in der modernen Bewegung der „Lubavitcher" Chassiden (im Hebräischen oft mit der Abkürzung *chabad* benannt) wird der 1994 verstorbene letzte Rabbi Menachem Mendel Schneerson von vielen Anhängern als Messias verehrt. Manche glauben sogar, er sei noch lebendig oder sogar von den Toten auferstanden. Diese Überzeugungen gehen interessanterweise, ähnlich wie beim frühen Christentum, mit einem starken missionarischen Eifer einher, der sich allerdings nur an Juden richtet.

23 Vgl. dazu unten S. 162-165

24 William Wrede, Paulus (siehe oben Anm. 16), 101-102.

25 Vgl. dazu unten Kapitel 7 (Seite 225ff.)

26 Vgl. Röm 2,16; 16,25; 2. Kor 4,3; und 2 Thess 2,14. In 1. Thess. 1,5 übersetzt Luther zwar „unsere Predigt des Evangeliums", im Urtext steht jedoch nur „unser Evangelium".

27 Hubertus Halbfas, Religionsunterricht nach dem Glaubensverlust. Eine Fundamentalkritik, Patmos Verlag, Ostfildern 2012, S. 31.

28 Brian McLaren, A New Kind of Christianity, New York 2010, 138-139 (eigene Übersetzung).

29 Apg 15,5.

Kapitel 2: Was können wir von Paulus wissen?

1 So formuliert der neutestamentliche Autor Lukas in der Einleitung seines geschichtlichen Doppelwerks (Lukasevangelium und Apostelgeschichte) das Ziel, mit dem er seine Berichte aufschreibt. Das griechische Wort für „festen Grund und Boden", das er hier verwendet, lautet *asphaleia* – und erinnert nicht ohne Grund an soliden Asphalt.

2 2. Tim 3,16.

3 Man kann es daraus schließen, dass Paulus z. B. in Gal 6,11 vor den letzten Zeilen des Briefes bemerkt: „Seht, mit wie großen Buchstaben ich euch schreibe mit eigener Hand!" Der Brief wurde also von einem Helfer geschrieben und Paulus hat nur die letzten Zeilen eigenhändig hinzugefügt.

4 So weisen etwa die Briefe an Timotheus und Titus sprachliche und inhaltliche Merkmale auf, die einerseits mit der Apostelgeschichte nahe verwandt sind und andererseits mit essenischen jüdischen Texten, wie sie eher im Umfeld der Urgemeinde von Jerusalem verbreitet gewesen sein könnten. Einige Forscher schließen daraus, dass diese Briefe möglicherweise nach dem Tod des Paulus von Lukas herausgegeben wurden und dass Lukas dabei auch auf alte Überlieferungen und Formulierungen zurückgriff, die er in der Gemeinde von Jerusalem erlernt hatte. Vgl. dazu Rainer Riesner, „Apostelgeschichte, Pastoralbriefe, 1. Clemens-Brief und die Martyrien der Apostel in Rom", in: Petrus und Paulus in Rom. Eine interdisziplinäre Debatte. Freiburg: Herder Verlag 2011; außerdem Rainer Riesner, „Once More: Luke-Acts and the Pastoral Epistles", in: History and Exegesis. New Testament Essays in Honor of Dr. E. Earle Ellis for His 80th Birthday, London: T&T Clark 2006, S. 239-258.

5 Vgl. dazu die ausführliche Untersuchung von Armin D. Baum: Pseudepigraphie und literarische Fälschung im frühen Christentum, Tübingen 2001.

6 N.T. Wright, Paul and the Faithfulness of God (siehe unten S. 333), 57-58.

7 Für eine Echtheit des Epheserbriefs plädieren z. B. die Kommentare von Klyne Snodgrass (NIV Application Commentary, Grand Rapids 1996), Peter O'Brien (Pillar New Testament Commentary, Grand Rapids 1999), Clinton Arnold (Zondervan Exegetical Commentary, Grand Rapids 2010), Markus Barth (Anchor Bible, New Haven 1974) sowie der ältere deutsche Kommentar von Heinrich Schlier (Düsseldorf 1957). Zum Kolosserbrief vgl. z. B. die Kommentare von Ben Witherington (Grand Rapids 2007), Douglas J. Moo (Grand Rapids 2008) und Peter O'Brien (Word Biblical Commentary, Waco 1982). Zu den „Pastoralbriefen" (Titus und Timotheus) vgl. die Artikel von Rainer Riesner in Anmerkung 4 sowie die neueren Kommentare von Heinz-Werner Neudorfer (Historisch-Theologische Auslegung, Witten 2004 und 2012), Luke Timothy Johnson (Anchor Bible, New York 2001) und Philipp Towner (New International Commentary, Grand Rapids 2006). Außerdem vgl. N. T. Wright (Fußnote 6).

8 Die wichtigsten sind: Gal 1,13-Gal 2,14; Phil 3,4-6.

9 So z. B. in 1. Kor 4,10-13; 2. Kor 4,7-10; 2. Kor 2,12-13 und 7,5-8; 2. Kor 11,23-33; 2. Kor 12,7-9. Vermutlich spricht Paulus auch in 2. Kor 12,2-5 von sich selbst, wenn auch in der dritten Person.

10 Zum Beispiel in Röm 15,22ff; 1. Kor 16,5ff.

11 Siehe unten Seite 50-54 und 236-238

12 Z. B. Apg 22,3-21.

13 Irenäus von Lyon, Gegen die Häretiker, III 1,1.

14 Apg. 16,8-10.

15 Vgl. dazu die ausführliche Untersuchung von Randall Buth, Distinguishing Hebrew from Aramaic in Semitized Greek Texts, with an Application for the Gospels and Pseudepigrapha, in: Randall Buth / Steven Notley, The Language Envi-

ronment of First Century Judaea, Leiden 2014, S. 247-319.

16 David Trobisch, Die narrative Welt der Apostelgeschichte, Zeitschrift für Neues Testament 18/2006, S. 9-14 (hier: 9-10 und 12). Vgl. dazu jedoch die Antwort von Rainer Riesner im gleichen Heft: Die historische Zuverlässigkeit der Apostelgeschichte, ZNT 18 (2006) 38-43.

17 Vgl. z. B. Colin Hemer, The Book of Acts in the Setting of Hellenistic History, Tübingen 1989. Außerdem der Artikel von Rainer Riesner in der vorherigen Anmerkung.

18 Luk 1,1-4.

19 Vgl. dazu unten Seite 50-54 und 234-238.

20 Rainer Riesner, Die Frühzeit des Apostels Paulus. Studien zur Chronologie, Missionsstrategie und Theologie (WUNT I/71). Tübingen 1994, S. 367.

21 Siehe unten, Seite 99-102.

22 Apostelgeschichte 9,22-28.

23 Galater 1,15-19.

24 2. Petrus 3,15-16.

25 Vgl. Friedrich Avemarie, Der Jakobusbrief als Dokument einer frühen Paulus-Rezeption. A Very Old Perspective on Paul, Zeitschrift für Theologie und Kirche 98, 2001, S. 282-309.

26 Siehe unten S. 135-136.

27 Als „neutestamentliche Apokryphen“ bezeichnet man eine ganze Anzahl von frühen christlichen Schriften aus den ersten Jahrhunderten, die nicht in das Neue Testament aufgenommen wurden. Entgegen verbreiteten Vorstellungen wurden diese Schriften nie „von der Kirche aus der Bibel entfernt“ und auch nicht „geheim gehalten“. Sie sind vielmehr von den ersten Christen von Anfang an als nicht zuverlässig oder als unecht bewertet worden und sind daher nie Teil des Neuen Testaments geworden. Die meisten Apokryphen stammen ohnehin aus viel späterer Zeit als die Schriften des Neuen Testaments. „Geheim“ sind sie nie gewesen, allerdings waren sie

auch nicht so weit verbreitet wie die biblischen Schriften. Die meisten Apokryphen sind heute im Internet frei verfügbar (eine Auswahl habe ich auf meiner Seite www.bibelentdeckungen.de zusammengestellt). Die übrigen sind in unterschiedlichen wissenschaftlichen Veröffentlichungen nachzulesen. Die „neutestamentlichen Apokryphen" sind aber zu unterscheiden von den „alttestamentlichen Apokryphen", die bis heute in vielen Bibeln enthalten sind. Diese gehörten schon zur Zeit der ersten Christen zur Bibel, allerdings nur zu den griechischen Bibelfassungen. Diese wurden aber z. B. von Paulus ganz selbstverständlich verwendet.

28 Akten des Paulus und der Thekla, 3.

29 Vgl. Klaus Haacker, Paulus der Apostel. Wie er wurde, was er war, Katholisches Bibelwerk, Stuttgart 2008, S. 123 Anm. 29.

30 Manche Forscher schließen aus diesem Text, dass die Apostelgeschichte nach dem Tod des Paulus verfasst wurde und hier bereits auf seinen Tod zurückblickt. Aber dafür bleibt der Ausblick des Paulus doch recht allgemein, sodass diese Annahme nicht zwingend ist. Auffällig ist, dass die Formulierung aus Apg 20,24 („ich vollende meinen Lauf") fast wörtlich in 2. Tim 4,7 auftaucht („ich habe den Lauf vollendet"). Das könnte ein Hinweis darauf sein, dass der 2. Timotheusbrief kurz vor dem Tod des Paulus entstand oder auch nach seinem Tod von einem Schüler herausgegeben wurde. Vgl. dazu oben Anmerkung 4.

31 Eusebius, Kirchengeschichte II 22 und 25.

32 1. Klemensbrief 5,1.5-7. Auch bei diesem Brief ist die Entstehungszeit und die Echtheit umstritten. Traditionell gilt der Brief als ein Schreiben des Bischofs Klemens von Rom, der Petrus und Paulus noch persönlich gekannt hat (Origenes, Gegen die Häretiker, III 3,3). Die meisten Forscher datieren ihn heute etwa in das Jahr 96 n. Chr. Manche gehen von einer späten Fälschung aus, die erst ca. 125 n. Chr. entstand. Eine ganze Reihe von Forschern ist aber umgekehrt der Ansicht, dass der

Brief in Wirklichkeit noch früher entstand als bisher angenommen, nämlich schon in den 70er-Jahren des ersten Jahrhunderts. Vgl. dazu R. Riesner, Apostelgeschichte, Pastoralbriefe, 1. Clemens-Brief und die Martyrien der Apostel in Rom, in: S. Heid, Petrus und Paulus in Rom. Eine interdisziplinäre Debatte, Freiburg 2011, 153-179, s. o. Anm. 4. Für dieses frühe Datum sprächen auch die Formulierungen „in jüngster Zeit" und „unsere Generation".

33 Kanon Muratori I 38-39; Petrusakten II 1-3 (W. Schneemelcher, Neutestamentliche Apokryphen, Band II, Tübingen 1997, S. 258-261). Die Petrusakten erzählen ausführlich von den letzten Tagen des Paulus in Rom, vor seiner Abreise nach Spanien. Auch wenn hier sicher vieles eine romanhafte Erfindung ist, bezeugt der Text doch zumindest in seinem Kern noch das hohe Alter einer Überlieferung, die von einer Spanienreise des Paulus weiß.

34 Im oben zitierten ersten Klemensbrief (6,1) wird dies zwar nicht ausdrücklich gesagt, aber wohl doch vorausgesetzt. Bereits im 2. Timotheusbrief rechnet der Autor fest mit dem bevorstehenden Tod (2. Tim 4,6-7.18). Wenn es zutrifft, dass dieser Brief nach dem tatsächlichen Tod des Paulus von Lukas oder einem anderen Begleiter des Paulus herausgegeben wurde, dann ist das sogar nicht nur eine vage Ahnung, sondern eine Tatsache, die sich inzwischen ereignet hat. Die Gräber der beiden Apostel Petrus und Paulus wurden in Rom bereits gegen Ende des ersten Jahrhunderts verehrt (Ignatius von Antiochien, Brief an die Römer 2,1-5,1; Eusebius, Kirchengeschichte II 25,6). Weitere Notizen über das Lebensende des Paulus finden sich bei Eusebius, Kirchengeschichte II 22,2; 25,5; Eusebius, Erweis des Evangeliums III 5,65; Tertullian, Heilmittel gegen die Häretiker 36,3; Heilmittel gegen den Skorpionstich 15,3; Origenes (zitiert in der Kirchengeschichte des Eusebius, II 1,3); Laktanz, Von den Todesarten der Verfolger 2 und Göttli-

che Unterweisungen IV,21; Klemens von Alexandria, Webteppiche VII 106,3; Paulusakten 11,3.5.

35 Schalom Ben Chorin, Paulus (siehe oben S. 298), S. 161. Die Stelle, die gemeint ist, steht im Babylonischen Talmud, Schabbat 30b. Gamaliel streitet hier mit seinem Schüler darüber, ob es in der messianischen Zeit bzw. in der „kommenden Welt" (hebr. *olam ha-bah*) auch Essen und Trinken geben wird. Der Schüler bestreitet das, aber Gamaliel beweist es anhand von Schriftversen. Klausner und Ben Chorin sehen in Röm 14,17 („Das Reich Gottes ist nicht Essen oder Trinken") die Gegenposition des Paulus formuliert.

36 Harris Hirschberg: „Allusions to the Apostle Paul in the Talmud", Journal of Biblical Literature 62/1943, S. 73-87. Hirschberg führt die folgenden Passagen an: „Wer die Bücher der Minim (Abweichler) liest, zum Beispiel das Buch Jesus Sirach oder die Schriften des Ben La'anah, hat keinen Anteil an der kommenden Welt" Sanhedrin 10,13 (28a); „Wer die Bücher von Jesus Sirach oder die Schriften von Bar Tigla in sein Haus holt, holt sich damit Verwirrung ins Haus" (Midrasch Kohelet Rabbah zu Prediger 11,2). „Man brachte ihn (den Hohepriester) in die ‚Kammer des Parva' im Tempel. (...) Wer ist Parva? Parva war ein Zauberer" (Babylonischer Talmud, Joma, 34b-35a) Hirschberg sieht in den Namen Ben La'anah, Ben Tigla und Parva versteckte Hinweise auf Paulus. Seine Begründungen sind allerdings sehr weit hergeholt und komplex.

Kapitel 3: Ein „Ex-Pharisäer?"

1 Phil 3,5-6.
2 2. Kor 11,22.
3 Gal 1,13-14.
4 Apg 22,3.
5 Apg 26,4-5.
6 Apg 23,6.
7 Babylonischer Talmud, Pesachim 87b.
8 Babylonischer Talmud, Jebamot 47b.
9 Apg 21,39; Apg 22,3; Apg 9,11.
10 Apg 9,11.
11 Er selbst erwähnt Jerusalem (9x; z. B. Röm 15,19 oder Gal 2,1), Judäa (4x; z. B. Röm 15,31 oder 2. Kor 1,16), Damaskus (2x; 2. Kor 11,32; Gal 1,17), Antiochia (1x; Gal 2,11) und Arabien (1x; Gal1,17).
12 Hieronymus, Kommentar zu Philemon 23 (Patrologia Latina 26, Sp. 617).
13 Hieronymus, De viris illustribus 5 (Patrologia Latina 23, Sp. 615).
14 Strabo, Geografie, 14.5.13.
15 Joseph Klausner, „Mi-Jeshu ad Paulos“ (hebräisches Original), Jerusalem 1939, deutsche Übersetzung: „Von Jesus zu Paulus“, Jerusalem 1950, S. 433.
16 Schalom Ben Chorin (siehe oben S. 298), Paulus, S. 37.
17 Schalom Ben Chorin, Paulus, S. 69.
18 Schalom Ben Chorin, Paulus, S. 12.
19 Vgl. die Aussagen des berühmten Bibelforschers Julius Wellhausen weiter oben, S. 11-12.
20 Hans-Joachim Schoeps, Paulus: Die Theologie des Apostels im Lichte der jüdischen Religionsgeschichte, Tübingen 1959, S. 5-6.
21 Babylonischer Talmud, Joma 69a; Sanhedrin 91a; Tamid 31b-32a.

22 Babylonischer Talmud, Sanhedrin 90b-91a.
23 Babylonischer Talmud, Sanhedrin 90b.
24 1. Kor 15,33. Das Sprichwort stammt ursprünglich von Menander.
25 1. Mose 17,11. Vgl. dazu auch ausführlicher mein Buch „Jesus der Jude“, S. 27-32.
26 Röm 9,11-13 (eigene Übersetzung).
27 Apg 22,3.
28 Jerusalemer Talmud, Megilla 3,1 (73d).
29 Jesus Sirach 51,23 (Luther-Übersetzung: 51,31).
30 Jerusalemer Talmud, Sanhedrin 1,7 (19c); Tosefta, Sanhedrin 7,1; Seder Eliahu Rabba S. 10 (F. 49 und 51); S. 16 (F. 80); 21 (F. 122).
31 Babylonischer Talmud, Joma 35b.
32 Midrasch Schir-Ha-Schirim Rabba zu Hohelied 1,3.
33 Mischna, Sprüche der Väter (Pirke Avot) 1,4.
34 Apg 23,16.
35 Apg 23,6.
36 Martin Hengel, Der vorchristliche Paulus, in: Martin Hengel/Ulrich Heckel (Hg.), Paulus und das antike Judentum, Tübingen 1991, S. 177-293 (hier: 232-239).
37 Theodotus-Inschrift. Corpus Inscriptionum Iudaeae/Palaestinae (CIIP) 9.
38 Apg 6,9.
39 Apg 6,1.
40 Apg. 21,27-40. Manche Bibelübersetzungen übersetzen hier „aramäisch“ statt „hebräisch“, weil die ältere Forschung davon ausging, dass die hebräische Sprache zur Zeit Jesu ausgestorben war. Neuere archäologische Funde, Papyri und Inschriften haben aber gezeigt, dass die hebräische Sprache neben dem Aramäischen und Griechischen im ersten Jahrhundert weiterhin als lebendige Umgangssprache in Gebrauch war und insbesondere dann genutzt wurde, wenn es um Themen von nationa-

ler oder religiöser Bedeutung ging. Vgl. dazu z. B. mein Buch „Hebräisches Evangelium und Synoptische Überlieferung", Tübingen 2012, S. 85-149.

41 Mischna, Sprüche der Väter (Pirke Avot) 5,21. Zur Frage der historischen Zuverlässigkeit dieser Tradition und zur Entstehung des jüdischen Schulwesens vgl. mein Buch „Jesus der Jude", 2. Kapitel.

42 Apostelgeschichte 5,38-39, Das Buch.

43 Babylonischer Talmud, Schabbat 31a.

44 Mischna Sota 15,18.

45 Tosefta, Avoda Zara 3,10.

46 Mischna, Gittin 4,2. Vgl. dazu auch meinen Artikel „Tikkun Ha-Olam", in: Faix, Tobias / Künkler, Tobias: Die verändernde Kraft des Evangeliums, Marburg, Francke 2012, S. 96-212.

47 Entsprechende Notizen finden sich in den Klementinischen Recogintionen (1,65-66) aus dem 2. oder 3. Jh. sowie in einer Erzählung des Kirchenvaters Eustratius von Konstantinopel aus dem 6. Jh. (Photius von Alexandrien, Myriobiblion 171).

48 Flavius Josephus, Jüdischer Krieg IV 3,6 (§ 149); Vita 190-196; 216; 309.

49 Apg 26,5.

50 Flavius Josephus, Vita, 191.

51 Apg 5,34.

52 Siehe oben Anmerkung 50.

53 Ich habe die verschiedenen jüdischen Schriften (Mischna, Talmud, Midrasch) in meinem Jesus-Buch ausführlicher vorgestellt und gehe dort auch auf die Frage ein, ob und wieweit wir diese Texte als Quelle für die Zeit des Neuen Testaments verwenden dürfen.

54 Roland Deines, Die Pharisäer (Tübingen 1997); Jüdische Steingefäße und pharisäische Frömmigkeit (Tübingen 1993); The Social Profile of the Pharisees (in: Raimund Bieringer, The New Testament and Rabbinic Literature, Leiden 2009, S. 111-132).

55 Jüdische Altertümer XIII 5,9 (§ 171-173); 10,5 (§ 288.297); XVIII 1,2-6 (§11-25); Jüdischer Krieg II 8, 2-7.9-11.14 (§ 119-122.124.127-133.135-140.145f.152-154.156.162-166).

56 Jüdische Altertümer XIII 10,5f. (§ 288.297f.)

57 Jüdische Altertümer XVIII 1,3 (§ 15).

58 Josephus nennt zwar eine sehr kleine Zahl von 6000 Pharisäern. Aber es ist nicht ganz klar, wer damit genau gemeint ist. Es könnte sich um solche Pharisäer handeln, die formal Mitglied in einer pharisäischen Bruderschaft (*chavura*) waren. Manche Pharisäer hatten sich in solchen Verbänden zusammengeschlossen, um damit besser erkennbar und auch offiziell „zertifziert" zu sein. Vergleichbar wäre das vielleicht heute mit der Mitgliedschaft in einer Partei, einem christlichen Jugendverband oder auch in einem zertifizierten „Fair Trade"-Verband: Die Zahl der offiziellen Sympathisanten und das Maß der „gefühlten Zugehörigkeit" ist in solchen Fällen immer um ein Vielfaches höher als die Zahl der offiziell registrierten Mitglieder.

59 Roland Deines, Pharisäer, S. 554.

60 „Pharisäer" (hebr. *perushim*) bedeutet zwar „abgesondert", aber gemeint ist damit nicht die Absonderung vom Rest des Volkes, sondern die Absonderung eines geheiligten Lebens für Gott durch einen durch die Tora geprägten Lebensstil. Oder auch die Abgrenzung einer „Gruppe" von der anderen.

61 Roland Deines, Pharisäer, S. 534 und 554.

62 Nahum-Kommentar (4QHa) 10,17 und 10,34; 4Q169 fr. 3; 4Q163 fr. 23 u. ö.

63 Mt 23,3.

64 Jerusalemer Talmud, Berachot 9,5 (14b).

65 Vgl. etwa Joachim Jeremias, Paulus als Hillelit, in: E. E. Ellis/M. Black: Neotestamentica et Semitica, Edinburg 1969, S. 88-94.

66 N.T. Wright, Paul and the Faithfulness of God (siehe unten S. 333), S. 86.

67 Vgl. die Übersicht bei N.T. Wright, Paul and the Faithfulness of God (siehe unten S. 333), S. 80-90.

68 Vgl. Mischna Pesachim 8,8 und Röm 6,3-4.

69 Vgl. Babylonischer Talmud, Schabbat 31b mit Röm 13,9 und Gal 5,14.

70 Vgl. Babylonischer Talmud, Keritot 9a; Jebamot 46a und 1. Kor 10,2.

71 Z.B. das Prinzip *gesera shawah*: Zwei Bibelstellen, die das gleiche Wort enthalten, werden miteinander verknüpft und legen sich gegenseitig aus (in Gal 3,6-14 gleich mehrfach angewendet; außerdem Röm 4,3-8); oder das Prinzip *kal wachomer*, der Schluss vom Kleineren aufs Größere (z. B. Röm 5,15; 2. Kor 3,7-11).

72 Vgl. z. B. 1. Kor 7,10-16.

73 Flavius Josephus, Jüdischer Krieg II 22,1 (§ 651).

74 Luk 6,15 und Apg 1,13.

75 Apg 22,3, Gal 1,14; Phil 3,6.

76 Gal 1,13-14 und Phil 3,6.

77 4. Mose 25,1-13.

78 Mischna Sanhedrin 9,6; ähnlich auch Babylonischer Talmud, Avoda Zara 36b; Sanhedrin 82a.

79 Philo, Über die Einzelheiten der Gesetze 1,55.

80 Philo, Über die Einzelheiten der Gesetze 1,315-318.

81 Jerusalemer Talmud, Sanhedrin (27b).

82 Sifre Bamidbar § 131 zu Num 25,10, ed. Kuhn S. 525; Babylonischer Talmud, Sanhedrin 82b.

83 Flavius Josephus, Jüdische Altertümer III 7,1 (§ 151). Die Stelle ist in der Auslegung unklar. Manche deuten den von Josephus verwendeten Begriff als eine aramäisierte Form des hebräischen Priestertitels (*kahanaia*).

84 Mk 3,18; Mt 10,4.

85 Luk 6,15 und Apg 1,13.

86 Gal 1,13-14.

Kapitel 4: „Vom Saulus zum Paulus?"

1 Apg 13,9.

2 Röm 11,1; Phil 3,5.

3 Nach den in der Forschung üblichen Bezeichnungen handelt es sich um folgende Inschriften: Jaffa: CIJ Nr. 953; Touba: CIJ Nr. 1208; Kirjat Tiv'on: Rahmani Nr. 425.

4 Z. B. Avot de Rabbi Nathan A29; Sifre Devarim § 185 zu Dt 19,9; Babylonischer Talmud, Ketubot 87a; Midrasch Bereschit Rabba 94,3 zu Gen 45,27 und öfter.

5 Ein Verwandter des Königs Agrippa (Jüdischer Krieg II 17,5 (§ 418), II 20,1 (§ 556.558); Jüdische Altertümer XX 9,4 (§ 214) sowie ein nicht weiter bekannter Jude aus Bet Schean (Jüdischer Krieg II 18,4 (§ 469).

6 Vgl. Röm 1,1 und Phil 1,1.

7 Apg 9,4 und dann noch einmal Apg 9,17; 22,7; 22,13 und 26,14.

8 Pinchas Lapide, Paulus zwischen Damaskus und Qumran (siehe oben S. 298), S. 8-9.

9 Klaus Haacker, Paulus (siehe oben S. 303), S. 96.

10 1. Sam 24, 8-10.15.

11 1. Sam 26,18.

12 1. Sam 26,21.

13 1. Sam 24,17-21.

14 Siehe dazu unten S. 125-128 und 137-148.

15 1. Kor 15,3-9.

16 Gal 1,13-17.

17 Heinrich Graetz, Geschichte des jüdischen Volkes (siehe oben S. 297), S. 415.

18 Joseph Klausner, Von Jesus zu Paulus (siehe oben S. 306), S. 312.

19 Pinchas Lapide, Paulus zwischen Damaskus und Qumran (siehe oben S. 298), S. 126.

20 Schalom ben Chorin, Paulus (siehe oben S. 298), S. 31.
21 Ebenda, S. 57-58 und 65.
22 Ebenda, S. 21.
23 Hyam Maccoby, Der Mythenschmied (siehe oben S. 298), S. 112.
24 Gal 1,16.
25 1. Kor 15,14-19.
26 Eine der wenigen Ausnahmen stellt Gerd Lüdemann dar, der im Blick auf 1. Kor 15,19 frei heraus formuliert: „Auch dies richtet sich gegen Paulus selbst. Sein Glaube ist nichtig, denn Jesus wurde körperlich gar nicht von den Toten auferweckt. Fällt aber diese Voraussetzung, so kann man nach Paulus nur in diesem Leben auf Christus hoffen und gehört zu den Elendsten aller Menschen. Wie man es auch wenden mag: Paulus verfiel einer Selbsttäuschung." Gerd Lüdemann, Paulus (siehe oben S. 298), S. 229.
27 Klaus Haacker, Paulus, der Apostel (siehe oben S. 303), S. 90.
28 Mk 1,15; ähnlich auch Mt 4,17.
29 Luk 5,32.
30 Mk 6,12.
31 Apg 2,38; Apg 3,19.
32 Apg 20,21; 26,20.
33 Röm 2,4 und öfter.
34 Das Verhältnis der griechischen und hebräischen Worte ist dabei allerdings kompliziert: Das hebräische Wort *schuv,* von dem auch *tschuvah* abgeleitet ist, wird in der griechischen Übersetzung des Alten Testaments vor allem mit *epistrepho* (362x), *apostrepho* (266x) oder *anastrepho (*66x) übersetzt. Das Wort *tschuvah* selbst ist dagegen noch recht selten (8x) und wird nicht, wie im späteren Judentum, im Sinne von menschlicher „Umkehr" verwendet. Das griechische *metanoein* dagegen wird vor allem dort verwendet, wo Gott etwas „bereut" (oder eben nicht). Das Neue Testament ist dagegen wohl schon vom

neueren hebräischen Sprachgebrauch geprägt: *metanoein* wird hier im Sinne von *tschuvah* verwendet, aber auch *epistrepho* und *anastrepho* sind gebräuchlich.

35 Mischna, Sprüche der Väter (Pirke Avot) 2,10.

36 Grußwort zum Neujahrsfest (Rosch Ha-Schanah) 2006, in: Die Zukunft 6 Nr. 9, S. 2.

37 Zu einer sachlich fundierten Information über die Bewegung des „messianischen Judentums" vgl. die beiden Studien von Hanna Rucks, Messianische Juden: Geschichte und Theologie der Bewegung in Israel, Neukirchen 2014, sowie Stefanie Pfister, Messianische Juden in Deutschland, Münster 2008.
Die Evangelische Kirche in Deutschland (EKD) hat im Jahr 2017 erstmalig eine Stellungnahme zu ihrem Verhältnis zum „messianischen Judentum" veröffentlicht: „Judenchristen – jüdische Christen – ‚Messianische Juden': Eine Positionsbestimmung des Gemeinsamen Ausschusses ‚Kirche und Judentum' im Auftrag des Rates der EKD" (Hannover 2017). Diese Broschüre soll nach dem Wunsch der EKD „zu einem theologisch verantworteten Austausch von Positionen im Gespräch mit ‚messianischen Juden'" beitragen (S. 7).

Kapitel 5: „Alles Mist?"

1 Phil 3,7-8.

2 „Ein feste Burg ist unser Gott", Evangelisches Gesangbuch, Nr. 362.

3 Röm 3,28; ähnlich Gal 2,16.

4 Schalom ben Chorin, Paulus (siehe oben S. 298), S. 58-59.

5 Einen kompakten Überblick bietet neuerdings Michael Bachmann, „The New Perspective on Paul" und „The New View of Paul", in: Friedrich-Wilhelm Horn, Paulus-Handbuch, Tübingen 2013, 30-38.

6 Krister Stendahl, Paulus und das introspektive Gewissen des Westens, in: Kirche und Israel 11/1 (1996), S. 19-33 (deutsche Übersetzung des schwedischen Originals von1960).

7 Phil 3,6 und Gal 1,14.

8 Schalom ben Chorin, Paulus (siehe oben S. 298), S. 63.

9 5. Mose 7,7-8.

10 2. Mose 32,34 (eigene Übersetzung).

11 2. Mose 34,6-7.

12 Psalm 103,8-13.

13 Midrasch Bereschit Rabba 12,15 zu Gen 2,4 (Theodor/Albeck 1:112–113).

14 Deutsche Ausgabe: Ed. P. Sanders, Paulus und das palästinische Judentum, Göttingen 1985.

15 Röm 3,28; ähnlich Gal 2,16.

16 Gemeint ist der sogenannte „Brief des Lehrers der Gerechtigkeit", abgekürzt auch 4QMMT (nach der Höhle 4, in der er gefunden wurde, und dem zentralen hebräischen Begriff *Miqzat Ma'ase ha-Torah*, „etwas über die Werke des Gesetzes"). Der Brief ist in sechs verschiedenen Kopien erhalten (4Q394-4Q399).

17 Schon Albert Schweitzer, auf den Sanders und Dunn sich berufen, hatte die Rechtfertigungslehre einige Jahrzehnte vorher

einen „Nebenkrater" der paulinischen Theologie genannt: Albert Schweitzer, Die Mystik des Apostels Paulus, Tübingen 1930 (Nachdruck 1981), S. 220.

18 N. T. Wright, Was Paulus wirklich wollte, Gießen 2010, S. 142.

19 N. T. Wright, Paul and the Faithfulness of God, (siehe unten S. 303), S. 985-986; 1125; 1260; 1428-1429.

20 Gal 3,28; ähnlich auch Kol 3,11.

21 Gal 6,15; ähnlich Gal 5,6 und 1. Kor 7,18.

22 Friedrich Avemarie, Tora und Leben, Tübingen 1996.

23 siehe oben S. 71-72.

24 Mekhilta Bachodesch 5 zu Ex 20,2 (ed. Horovitz 219).

25 Sifre Devarim § 41 zu Dt 11,13 (ed. Finkelstein 87).

26 Sifre Devarim § 32 zu Dt 6,5 (ed. Finkelstein 54).

27 Mischna, Sprüche der Väter (Pirke Avot) 1,3 (ed. Kaufmann 337).

28 Mischna, Sprüche der Väter (Pirke Avot) 4,5 (ed. Kaufmann 342).

29 Mekhilta Bachodesch 2 zu Ex. 19,9 (ed. Horovitz 210).

30 Sifre Bamidbar § 119 zu Num 18,20 (ed. Horovitz 143f.).

31 Sifre Devarim § 336 zu Dt 32,47 (ed. Finkelstein 385f.).

32 Midrasch Schemot Rabba 31,1 zu Ex 22,24 (ed. Mirkin 1974, 60).

33 Babylonischer Talmud, Rosh Hashana 16b-17a.

34 Mischna, Sprüche der Väter (Pirke Avot) 3,15.

35 Röm 3,24; Gal 2,16; Eph 2,8-9; 2. Tim 1,9 und öfter.

36 Mt 7,17-21; Mt 25,31-36; Röm 2,5-10; Offb 22,12.

37 Mt 6,1-2; Mt 20,8; Lk 6,35.

38 Gal 5,6.

39 Röm 3,28.

40 Jak 2,14-26.

41 Siehe unten S. 213-241.

42 Hab 2,4; vgl. Röm 1,17; Gal 3,11.

43 In dieser Einschätzung sind sich sogar manche Befürworter der „neuen Perspektive" mit den Kritikern einig. Vgl. dazu Peter Stuhlmacher, Revisiting Pauls Doctrine of Justification, Downers Grove 2001 (als ein Kritiker der „neuen Paulusperspektive"), und N. T. Wright, Was Paulus wirklich wollte, Gießen 2010, S. 140-146 (als ein Vertreter der „neuen Perspektive).

44 Sifre Devarim §26 zu Dtn 3,23 (ed. Finkelstein 38, dt. Bietenhard 57); Pesikta de Rav Kahana 27,7 (ed. Mandelbaum 412); Midrasch Wajikra Rabba 30,7 zu Lev 23,40 (ed. Margulies 4:704–705); Midrasch Tanhuma *emor* zu Lev 23,40 (ed. Buber Bd. 2,101-102); Pesikta Rabbati 51,8 §27–30 (ed. Ulmer Bd. 2:1088–1089). Midrasch Wajikra Rabba 11,7 zu Lev 9,1 (ed. Margulies 1:233–234); Midrasch Bereschit Rabba 49,8 zu Gen 18,23 (Theodor/Albeck 2:506).

45 3. Mose 23,24; 4. Mose 29,1-6.

46 1. Thess 4,16; 1. Kor 15,52.

47 siehe oben S. 134-135; vgl. außerdem Phil 4,3.

48 Röm 3,10 und 23.

49 Pesikta de Rav Kahana, Anhang 7,2 (ed. Mandelbaum 472).

50 2. Mose 25,22 (eigene Übersetzung). Luther übersetzt den Begriff *kapporet* immer frei mit „Gnadenthron".

51 Yalkut Schimoni 398 (zu 2 Mos 34,3).

52 1. Kor 1,18.

53 z. B. Gal 1,3-4; Gal 2,15-20; 1. Kor 15,3-4; 2. Kor 5,10-15; Phil 3,7-11 und öfter.

54 1. Kor 1,23 und 2,2.

55 Röm 1,1-4.

56 Röm 1,20-32, und dann weiter in Kapitel 2 und 3.

57 Röm 2,4-5.

58 Röm 3,24-25 (eigene Übersetzung).

59 Röm 3,26 (eigene Übersetzung). Ich benutze hier die Formulierung „auf Gott vertrauen", um das Missverständnis zu vermeiden, man würde durch eine bestimmte Glaubensüber-

zeugung gerettet. Was mich rettet, ist aber nicht meine „Rechtgläubigkeit“, sondern das, was Gott für mich getan hat. Darauf zu vertrauen heißt, sich daran festzumachen.

60 1. Kor 1,23 und Gal 5,11.

61 Pinchas Lapide, Paulus zwischen Damaskus und Qumran (siehe oben S. 298), S. 23.

62 Gal 1,6-9; 2. Kor 11,4.

63 Pinchas Lapide, Paulus zwischen Damaskus und Qumran (siehe oben S. 298), S. 23.

64 Im griechischen steht *eu* für „gut“ und *angelion* für „Nachricht“.

65 Mt 2,2; Lk 2,11.

66 Mk 1,15; Mt 3,2; Mt 4,17.

67 Mt 3,7-12; Lk 3,7-9.

68 Luk 20,9-18.

69 Mk 10,45.

70 Mt 20,28; teilweise in Luk 19,10; 1. Kor 9,19-23; 10,33-11,1; Kol 1,13-14; 1. Tim 2,5-6.

71 1. Kor 15,3-5.

72 Gal 2,17-21.

73 Apg 20,25 und 38.

74 Vgl. dazu ausführlich Rainer Riesner, Back to the historical Jesus through Paul and his school, Journal for the study of the Historical Jesus 1.2 (2003), S. 171-199.

75 Detlef Häußer, Christusbekenntnis und Jesusüberlieferung bei Paulus, Tübingen 2006.

76 Mt 26,28.

77 2. Mose 32,31-34.

78 So tritt in Hes 34,10-11 Gott selbst als Hirte auf, der sein Volk weidet. In Hes 34,23 und 37,24 dagegen wird der „Knecht David“ dieser Hirte sein. Jesaja 9,1-6 redet zwar von der Geburt eines Kindes, dieses trägt aber dann Namen wie „Ewiger Vater“ und „Starker Gott“. In Sach 9,9 klingt es so, als wolle

Gott selbst auf einem Esel nach Jerusalem einreiten, um sein Volk zu retten. Sach 12,10 könnte so verstanden werden, dass Gott selbst unter der Ablehnung seines Volkes leidet. Jes 52,13-53,12 dagegen beschreibt den „Knecht Gottes", der stellvertretend für die Sünde Leid trägt.

79 Weisheit 2,17-18.

80 Weisheit 3,1-8.

81 4. Makkabäer 17,21-22 (eigene Übersetzung).

82 Tacitus: Historien V, 5,1. Ähnliche Vorwürfe äußerte der Alexandriner Apion (Josephus: Gegen Apion, 95), und sogar Paulus greift diese verbreitete Meinung auf (1 Thess 2,15).

83 Jesus der Jude, S. 136-148.

84 Jes 2,2-4; Jes 56,1-8.

85 Sacharja 2,14-15.

86 Sacharja 9,5-7.

87 Jes 19,23-25.

88 Mt 15,24; die bekanntesten Ausnahmen sind der Hauptmann von Kapernaum (Mt 8,5-13), die kannanäische Frau (Mt 15,21-28) und der besessene Gerasener (Mk 5,1-20).

89 Mt 10,5-6.

90 Mt 28,18-20; Apg 1,8.

91 Apg 8; Apg 10-11.

92 Apg 15,1-2.

93 Apg 15,14-18. Jakobus zitiert hier aus Amos 9,11-12.

94 Röm 11,13.

95 Apg 13,2.

96 Apg 22,14-15.

97 Apg 22,21.

98 Apg 26,16-18.

99 Gal 1,15-16.

100 Röm 15,4.

101 Röm 15,8-12.

102 Röm 15,19.

103 Rainer Riesner, Die Frühzeit des Apostels Paulus, (siehe oben S. 302), 213-227.

104 Jesaja 66,18-20.

105 Apg 16,13-14; 17,1-9; 17,10-12; 18,4-10; 19,9.

106 Röm 1,16.

107 Gal 2,7-9.

108 Gal 2,8.

109 Röm 9,3-4.

110 Vgl. dazu unten S. 290-291.

111 Eine Zusammenstellung aller wichtigen kirchlichen Erklärungen findet sich z. B. auf der Homepage des Evangelischen Arbeitskreises für das christlich-jüdische Gespräch in Hessen und Nassau, http://www.imdialog.org/evworte/index.html.

112 Evangelische Kirche in Deutschland, Christen und Juden I-III, Gütersloh 2002, S. 222.

113 Eine Sammlung von Beiträgen jüdischer und christlicher Forscher, die sich dieser Richtung zurechnen, bieten jetzt Mark Nanos und Magnus Zetterholm, Paul within Judaism: Restoring the First-Century Context to the Apostle, Minneapolis 2015.

114 N. T. Wright, Paul and the Faithfulness of God (siehe unten S. 333), S. 985-986 (eigene Übersetzung).

115 Ebenda, 1260 (eigene Übersetzung).

116 Pinchas Lapide, Paulus zwischen Damaskus und Qumran (siehe oben S. 298), S. 25.

117 N. T. Wright, Paul and the Faithfulness of God (siehe unten S. 333), S. 1446 (eigene Übersetzung).

118 Schalom ben Chorin, Paulus (siehe oben S. 298), S. 189. Allerdings sagt ben Chorin an anderer Stelle: „Freilich hat Paulus das Gesetz in einer Weise interpretiert, die das Judentum als Verfälschung und Entstellung ablehnen musste“ (S. 176).

119 Auf diese Lehre beriefen sich auch schon ältere jüdische Paulusforscher wie Heinrich Graetz, Leo Baeck und Hans-Joachim

Schoeps, in ihren Erklärungen zur „Gesetzesfreiheit" bei Paulus. Vgl. Meißner, Die Heimholung des Ketzers, Tübingen 1996, S. 237-238.

120 Babylonischer Talmud, Sanhedrin 97a-97b; Avoda Zara 9a; als Belege werden außerdem angeführt: Babylonischer Talmud Shabbat 151b; Nidda 61b; Berachot 34b; Pesikta Rabbati 4a; Yalkut Shimoni zu Pred 12,1; Midrasch zu Sprüche, Kapitel 9. Alle diese Texte stammen jedoch aus sehr viel späterer Zeit, und es ist unter Forschern sehr umstritten, ob man aus ihnen wirklich eine rabbinische Lehre von der Aufhebung des Gesetzes in der messianischen Zeit schließen kann.

121 Apg 16,3.

122 Vgl. dazu aber unten S. 229-231.

123 Gal 3,26-29.

124 Röm 3,30; 1, Kor 8,4.6; Gal 3,20; Eph 4,6; 1. Tim 2,5.

125 Vgl. vor allem die Gleichsetzung von „einem Gott" mit „einem Herrn" in 1. Kor 8,6; außerdem Phil 2,11; Röm 1,4; 1. Kor 1,9; umstritten ist die Bedeutung von Röm 9,5.

126 Röm 9,4.

127 Schalom ben Chorin, Paulus (siehe oben S. 298), S. 18-19.

128 Schalom ben Chorin, Paulus (siehe oben S. 298), S. 20.

129 Röm 8,19-21.

130 N. T. Wright greift eine Formulierung aus dem Galaterbriefkommentar von J. Louis Martyn auf und spricht davon, dass Paulus die Frage „Wieviel Uhr ist es?" anders beantwortet als seine jüdischen Glaubensgeschwister: Paul and the Faithfulness of God (siehe unten S. 333), S. 550.

Kapitel 6: „Frei vom Gesetz?"

1 Vgl. dazu das bereits erwähnte Buch von Mark Nanos und Magnus Zetterholm (siehe oben S. 319). Im deutschsprachigen Bereich herrscht noch vorsichtige Zurückhaltung. Eine recht weitgehende Treue des Paulus zum jüdischen Gesetz nehmen aber auch hier inzwischen einige Forscher an: Vgl. etwa Michael Bachmann, „Zu temporalen Elementen des Galaterbriefs", in: Paulus und Petrus: Geschichte - Theologie - Rezeption, hg. v. Heike Omerzu u. a., Leipzig 2016, 101-136; Markus Tiwald, „Setzt der Glaube an Christus die Tora außer Kraft? Ein neuer Blick auf die ‚Werke des Gesetzes' in Röm 3,20–31", in: König und Priester: Facetten neutestamentlicher Christologie, hg. v. Thomas Söding u. a., Würzburg 2012, 165–175.

2 Zur Frage der „Freiheit vom Gesetz" vgl. auch den in Kürze von mir erscheinenden Fachartikel „Freiheit vom Gesetz – eine paulinische Formel?" in dem für 2016 geplanten Sammelband von Armin Baum und Detlef Häusser, Der jüdische Messias Jesus und sein jüdischer Apostel Paulus (Tübingen).

3 Mk 8,32; Joh 7,26; 10,24; 11,54; 16,25; 16,29; 18,20.

4 Luk 13,12; Mt 18,27; Mt 17,26.

5 Luk 4,18.

6 Joh 8,31-36.

7 Ex 20,2.

8 Midrasch Schemot Rabba 15,11 zu Ex 12,2.

9 Mischna, Sprüche der Väter (Pirke Avot) 3,5.

10 Mt 6,24; Lk 16,13.

11 Midrasch Rut Rabbah zu Rut 3,14.

12 Tosefta Sota 14,3–4; ähnlich auch Babylonischer Talmud Sota 47b.

13 Midrasch Schemot Rabba 41,7 zu Ex 31,18.

14 2. Makk 2,20-24 (eigene Übersetzung).

15 Jüdische Altertümer XIV 10,24 (§ 259–260), Jüdischer Krieg V 9,4 (§ 406).

16 Vgl. dazu ausführlich „Jesus der Jude“, S. 105-161.

17 Mt 5,17.

18 Mt 23,3.

19 Mt 23,23.

20 Mt 15,1-20.

21 Mt 19,3-9.

22 Mt 12,2; Mk 3,2; Lk 6,2; Lk 6,7; Lk 13,14; Joh 5,10.16-18

23 Mt 11,29.

24 Mt 11,28-30 (Gute Nachricht Bibel).

25 „Wörtlich: Auf zu mir, alle, die ihr euch plagt und schwere Lasten zu tragen habt, und ich werde euch Ruhe verschaffen.“

26 Gal 5,1 (Neues Leben Bibel).

27 Gal 2,4 (Neues Leben Bibel). Im Grundtext steht hier nur: „Sie wollten uns versklaven.“

28 Röm 7,1-4 (eigene Übersetzung): Statt „dem Gesetz“ (dativus commodi) übersetze ich „vor dem Gesetz“ (dativus iudicantis) bzw. „dem Gesetz entsprechend“ (dativus modalis). Das entspricht dem üblichen Gebrauch von „Gesetz“ im Dativ, sowohl im AT wie auch in anderen antiken jüdischen Schriften (vgl. z.B. Ex 16,4; Psalm 118,29; Esr 7,14; 3.Makk 3,4; 4.Makk 2,8; 4,23; 5,16; 13,24; anders nur 1.Makk 2,26.42.50); Josephus und Philo gebrauchen die Form ebenfalls fast ausschließlich in diesem Sinn, insbesondere im Blick auf Ehegesetze: Josephus, Altertümer I 12,1 (§208), V 9,3 (§331); VIII 10,1 (§250) XVI 5,4 (§158); Philo, Über die Einzelheiten der Gesetze 3,89.

29 Auch wenn Luther hier zweimal mit „frei“ übersetzt, verwendet Paulus an dieser Stelle im Griechischen unterschiedliche Ausdrücke: In V. 2 steht das Verb *katergomai,* was eher „entbunden sein“ heißt. In V. 3 steht dann jedoch *eleuthera*, was tatsächlich mit „frei“ zu übersetzen ist. In V. 6 verwendet Pau-

lus erneut *katergomai*, in 8,2 wieder das mit *eleuthera* verwandte *eleutheroun.*

30 Röm 7,5-6 (eigene Übersetzung). Luthers Übersetzung lautet hier: „Nun aber sind wir vom Gesetz frei geworden und ihm abgestorben, das uns gefangen hielt." Das ist aber grammatisch ungenau, wie die meisten neueren Auslegungen inzwischen auch erkannt haben. Der Relativsatz bezieht sich nicht auf das Gesetz, sondern auf „das, worin wir gefangen waren" – also die vorher erwähnte Verfallenheit im „Fleisch" und „sündigen Leidenschaften". Paulus verwendet hier übrigens wieder, wie in Vers 2, das griechische Verb *katergomai.*

31 Röm 8,2. Hier verwendet Paulus wieder, wie in Vers 3, das Wort *eleutheroun* für „befreien".

32 Röm 7,22-25.

33 Röm 3,31.

34 Röm 7,10-13.

35 Nach den Worten des Tübinger Neutestamentlers Peter Stuhlmacher gilt es „nicht ohne Grund als der schwierigste Teil der Theologie des Apostels" (Theologie des Neuen Testaments, Band 1, Göttingen 2005, S. 253).

36 2. Mose 19,17.

37 Mekhilta des Schimon bar Jochai zu Ex 19,17 (ed. Epstein S. 143).

38 Sifre Devarim § 40 zu Dt. 11,12 (ed. Finkelstein S. 83 f.).

39 In Mekhilta Wayassa 1 zu Ex 15,26 wird die Tora z. B. mit einem Arzneimittel verglichen, das dem Volk Israel Heilung und Rettung bringt.

40 Röm 10,4.

41 Gal 3,13.

42 Gal 3,22-23.

43 Kommentar zum Galaterbrief (1535), WA 40.1, Sp. 518-519.

44 Phil 4,7; 2. Kor 11,32; vgl. auch 1. Petrus 1,5.

45 J. R. R. Tolkien, Der Herr der Ringe, Band 2: „Die zwei Türme", dt. Sonderausgabe Stuttgart 1981, S. 150.

46 J. R. R. Tolkien, ebd., S. 155.158.164-166.
47 Gal 4,3-5 (Luther-Übersetzung, geringfügig geändert)
48 Mischna, Sprüche der Väter (Pirke Avot) 1,1 und 3,13.
49 Aristeasbrief 139 und 142.
50 Gal 3,22-23 (eigene Übersetzung).
51 Gal 3,24-25.
52 Gal 5,1 (Luther).
53 Gal 5,1 (Hoffnung für alle).
54 Gal 5,1 (Neues Leben Bibel).
55 Gal 4,3.
56 Gal 4,21.
57 Schalom ben Chorin, Paulus, (S. Seite 298), S. 132.
58 Michael Bachmann, „Die andere Frau: Synchrone und diachrone Beobachtungen zu Gal 4.21–5.1“, in: ders., Antijudaismus im Galaterbrief?, Freiburg 1999; Mark Nanos, „What Does ‚Present Jerusalem‘ (Gal 4:25) in Paul's Allegory Have to do with the Jerusalem of Paul's Time, or the Concerns of the Galatians?“ Paper presented at the SBL Central States Meeting, St. Louis, March 29 (2004). https://www.yumpu.com/en/document/view/37167750, 127–158.
59 Offenbarung 21,2; Hebräer 8,3-5; 9,1-12.24; Babylonischer Talmud, Ta'anit 5a.
60 Allegorie des Gesetzes, 3,244.
61 Flavius Josephus, Jüdische Altertümer I 10,5 (§ 191-193); Philo, Abraham 251 und De Congressu 22-23.
62 Gal 4, 25.
63 Gal 4,3.
64 Gal 4,8.
65 Gal 5,13-14.
66 Röm 13,8-9.
67 Siehe oben S. 79.
68 Mi 6,8.
69 Jes 56,1.

70 Am 5,4.
71 Hab 2,4; Babylonischer Talmud, Makkot 23b-24a.
72 Mt 7,12; Mt 22,40.
73 Gal 6,2.
74 Babylonischer Talmud, Sanhedrin 59a.
75 Babylonischer Talmud, Sanhedrin 59a.
76 Tosefta Avoda Zara 8,4.
77 Apg 15,23-29.
78 1. Kor 7,17-20.
79 Röm 14,14.
80 Vgl. Jesus der Jude, S. 129-156. Nur so viel sei hier kurz gesagt: In Mk 7,15-19 geht es um einen Streit um das Händewaschen, nicht um erlaubte oder verbotene Speisen. Zur Debatte steht die Frage, ob (erlaubte) Speisen durch die Berührung mit ungewaschenen Händen „unrein" werden können. Verbotene Speisen, wie etwa Schweinefleisch, sind bei dieser Diskussion gar nicht im Blick. Zudem ist die Übersetzung des entscheidenden Satzes, Mk 7,19b, sehr unsicher. Statt „damit erklärte er alle Speisen für rein" kann nämlich ebenso gut übersetzt werden: „die Grube reinigt alle Speisen." Zur Vision des Petrus in Apg 10 siehe unten S. 245-246 .
81 Pesikta de Rav Kahana 4,7 (ed. Mandelbaum 74).
82 Siehe dazu unten S. 114-115.
83 Richard Harvey, Mapping Messianic Jewish Theology, Milton Keynes 2009.
84 Harvey nennt als Vertreter dieser Meinung z. B. Baruch Maoz und Arnold Fruchtenbaum.
85 Harvey nennt hier als Beispiel Gershon Nerel.
86 Harvey nennt als Beispiele Dan Juster und David Stern.
87 Harvey nennt Mark Kinzer und den US-amerikanischen „Messianic Jewish Rabbinic Council".

Kapitel 7: „Den Juden ein Jude, den Griechen ein Grieche?"

1 1. Kor 9,20-22.

2 Apg 13,14-41.46-47; 17,1-3; 17,11; 18,5; 23,3.6.

3 Apg 14,14-18.

4 Apg 17,22-31.

5 Apg 13,9-11; 14,10; 16,18; 16,26-28; 19,11-12.

6 Apg 24,10-21.

7 Apg 26,1-29.

8 Gal 2,5.

9 Zu diesem verbreiteten Missverständnis von 1. Kor 8-10 siehe unten S. 267-279.

10 Hyam Maccoby, Der Mythenschmied (siehe oben S. 298), S. 159.

11 Gal 2,7 und 10.

12 Anwender des „Paulus-Lukas-Keils" halten diesen Besuch allerdings für eine Erfindung des Lukas. An dieser Stelle verläuft die Argumentation aber im Kreis. Denn die Begründung für die Annahme einer solchen „Erfindung" liegt ja gerade in den eben geschilderten Widersprüchen zwischen Gal 2 und Apg 15.

13 Sowohl die Gleichsetzung von Apg 11,27-30 mit Gal 2,1-10 als auch eine frühe Datierung des Galaterbriefs vor das Apostelkonzil (aber nach die erste Missionsreise) ist zwar in der Forschung eine Minderheitenmeinung. Sie findet sich aber schon bei Johannes Calvin und wird bis heute von einer ganzen Reihe von Forschern vertreten. Vgl. dazu Colin Hemer, The Book of Acts (siehe oben S. 302), S. 244-307 und Rainer Riesner, Frühzeit (siehe oben S. 302), S. 284 und 350-352.

14 In der Forschung wird die Annahme, dass Paulus den Galaterbrief an die Gemeinden seiner ersten Missionsreise (in der „Provinz" Galatien) schrieb, als „Provinzhypothese" bezeichnet. Sie geht oft einher mit einer frühen Datierung des Briefes.

Die „Landschaftshypothese" dagegen geht davon aus, dass der Brief an Gemeinden gerichtet ist, die Paulus auf seiner zweiten Missionsreise in der weiter nördlich gelegenen „Landschaft" Galatien gegründet hat, und deshalb erst später entstanden sein kann.

15 T. J. Bauer, Paulus und die kaiserzeitliche Epistolographie, Tübingen 2011, S. 179-180.

16 Vgl. dazu neuerdings Jordan D. Rosenblum, Food and Identity in early Rabbinic Judaism, Cambridge 2010; David M. Friedenreich, Foreigners and their Food, Berkeley 2011.

17 Judit 10,1-6; Judit 12,1-20.

18 Aristeasbrief 179-184.293.

19 Joseph und Asenet 7,1.

20 Stücke zu Esther 4,17. Die „Stücke zu Esther" finden sich in manchen Bibeln unter den Apokryphen des Alten Testaments. Es handelt sich um Teile des Estherbuches, die sich nur in der griechischen, aber nicht in der hebräischen Fassung finden. Mit anderen Worten: Während Esther nach dem hebräischen Bibeltext bedenkenlos am Festmahl des heidnischen Königs teilnimmt, wird in der griechischen Übersetzung erklärend hinzugefügt, dass sie zwar teilgenommen, aber doch nicht mitgegessen habe.

21 Jubiläenbuch 22,16.

22 Tosefta Avoda Zara 4,6.

23 Mischna Chullin 2,7; Seder Elijahu Rabba 8.

24 Mischna Avoda Zara 5,5; Babylonischer Talmud, Gittin 47b.

25 Babylonischer Talmud, Beizah 21b.

26 Mischna, Bekhorot 5,2.

27 Babylonischer Talmud, Avoda Zara 8a-8b.

28 Tosefta Berachot 5,21; vgl. Jerusalemer Talmud, Berachot 8,12 [12c], Babylonischer Talmud, Sukkot 54a; Megilla 72a; Midrasch Bereschit Rabbah 66,6 zu Gen 27,29 (in manchen Handschriften).

29 Apg 10,28; 11,3. Das griechische Wort *athemitos*, das Petrus in Apg 10,28 verwendet, bedeutet nicht „verboten" im Sinne biblischer oder jüdischer Gebote, sondern „verpönt" im Sinne gesellschaftlicher Tabus.

30 Siehe dazu unten S. 245-246.

31 Jesus der Jude, S. 122-156.

32 Gedaljahu Alon, The Levitical Uncleanness of Gentiles, in: ders. Jews, Judaism, and the Classical World, Jerusalem 1977, S. 146-189; Vered Noam, The Gentileness of the Gentiles, in: Halakha in Light of Epigraphy, Göttingen 2010, S. 27-41.

33 Jonathan Klawans, „Notions of Gentile Impurity in Ancient Judaism", Association for Jewish Studies Review 20/1995, S. 285–312; Christine Hayes, Gentile Impurities and Jewish Identities, Oxford 2002; Magnus Zetterholm, Purity and Anger, Interdisciplinary Journal of Research on Religion 1/2005, S. 2-24.

34 Gal 2,14.

35 Gal 5,2-6; 6,12-15.

36 Gal 2,18.21; 5,4.

37 Röm 14,14. Vgl. dazu oben S. 218-220.

38 Röm 6,19; 8,3; 8,26.

39 Röm 14,21.

40 Röm 14,13 und 21.

41 Röm 11,8.12.19.

42 Röm 9,32-33.

43 Röm 14,17.

Kapitel 8: „Alles erlaubt?"

1 1. Kor 5,1-13.

2 1. Kor 6,1-8.

3 1. Kor 6,9-20. Die Worte „Unzucht" und „Hurerei", die hier in der Lutherübersetzung für *porneia* verwendet werden, suggerieren dem heutigen Leser, dass hier nur von Prostitution die Rede ist. Aber schon zu Luthers Zeiten war mit dem Wort jede unerlaubte Beziehung gemeint. Für unser Verständnis von Jesus und Paulus aber müssen wir natürlich danach fragen, wie die Worte in der jüdischen Sexualethik des ersten Jahrhunderts verwendet wurden: Hier bezeichnet das Wort *porneia* (hebr. *zenut*) jede sexuelle Beziehung außerhalb einer legal geschlossenen Ehe. Vgl. dazu ausführlicher mein Buch Jesus der Jude, S. 38-40. Der Mainzer Neutestamentler Ruben Zimmermann fasst den aktuellen Stand der Paulusforschung in diesem Bereich so zusammen: „Paulus (...) bleibt im Bereich der Sexualethik streng dem jüdischen Ethos verhaftet (...). Als normativ gilt hierbei, dass nur die Ehe der legitime Ort für die Ausübung von Sexualität ist." Vgl. Ruben Zimmermann, Körperlichkeit, Leiblichkeit, Sexualität: Mann und Frau, in: Paulus-Handbuch (siehe unten S. 333), 378-385, hier: 381.

4 1. Kor 7,10-17.

5 1. Kor 8.

6 1. Kor 10,27-33.

7 1. Kor 6,12 und 1. Kor 10,23.

8 3. Mose 18,8.

9 Babylonischer Talmud, Sanhedrin 74 a; Jerusalemer Talmud, Sanhedrin 3,6 (21b). Sifra Acharei Mot zu Lev 18,5 (ed. Weiss 86a). Ähnlich auch Babylonischer Talmud, Joma 82b.

10 1. Kor 5,1-13.

11 Matthäus 12,22-30.

12 Vgl. hierzu insbesondere die Texte aus Qumran, in denen Sün-

der als „Söhnen Belials“ bezeichnet werden: 4Q386 (=4QpsEzekb) 1 ii:3–4, ed. Parry 3:350; 4Q390 (=4Qapocr Jer Ca) 2 i:3–4, ed. Parry 6:114; 4Q286 (=4QBera) 7a ii:1–3, Parry 5:439; 11Q13 (=11QMelch) II:12–13; 1QM I:5, ed. Lohse 181. Vom Kampf der beiden Königreiche sprechen z. B. 4Q417 (=4QInstructionc) 1 ii (früher 2 ii):12; 4Q370 (=4QAdmonFlood) I:3;1QS III:20f; 1QM XIII:10–12 u. ö. An dieser Stelle steht Paulus übrigens den Qumran-Texten sehr nahe, wenn er sagt: „Wie stimmt Christus überein mit Beliar? Oder was für ein Teil hat der Gläubige mit dem Ungläubigen?“ (2. Kor 6,15).

13 1. Kor 5,13.

14 5. Mose 13,6; 17,7; 17,12; 19,19; 21,21; 22,21.24; 24,7 und öfter. An all diesen Stellen begründet der Satz zwar die damals geltende Todesstrafe. Wir wissen allerdings nicht, ob diese auch tatsächlich in solchen Fällen ausgeführt wurde oder ob es sich um Bestimmungen handelt, die die Schwere des Vergehens deutlich machen sollen. In der jüdischen Praxis des ersten Jahrhunderts jedenfalls wurde die Todesstrafe vermieden. Eine Verurteilung zum Tode erforderte zum einen eine böswillige und absichtliche Tat, zum anderen musste der Betroffene vor seiner Tat mehrfach ausdrücklich gewarnt worden sein, und zwar durch die Zeugen, die später vor Gericht gegen ihn aussagten (Mischna Sanhedrin 5,1; Tosefta Sanhedrin 9,1 und 12,7; Jerusalemer Talmud Sanhedrin 5,1 (22d) und Kiddushin 1,1 (58c). In der Praxis war es also so gut wie unmöglich, jemanden zum Tode zu verurteilen, und viele Rabbinen sprachen sich offen dagegen aus (vgl. dazu auch Jesus der Jude, S. 18-19).

15 Siehe Fußnote 7.

16 Mischna Makkot 3,15.

17 Vgl. dazu Peter J. Tomson, Paul and the Jewish Law: Halakha in the Letters of the Apostle to the Gentiles, Assen/Maastricht 1990, S.102. Vgl. auch die Erklärungen von Haim Hermann

Cohn in seinem Artikel über „Divine Punishment“ in der Encyclopaedia Judaica, Band 5, S. 708-709.

18 1. Kor 5,2.

19 1. Kor 5,10.

20 1. Kor 5,12.

21 Mt 18,17.

22 1. Kor 6,1-7.

23 1. Kor 6,12.

24 Babylonischer Talmud, Baba Kama 113a und Gittin 10b

25 Babylonischer Talmud, Gittin 88b.

26 1. Kor 7,7-8 und 25-40.

27 5. Mose 24,1.

28 Mischna Gittin 9,10.

29 Matthäus 19,3.

30 1. Kor 7,10-14.

31 1. Kor 7,15.

32 1. Kor 7,11.

33 Hans-Joachim Eckstein, Der Begriff Syneidesis bei Paulus: eine neutestamentlich-exegetische Untersuchung zum „Gewissensbegriff“, Tübingen 1983.

34 1.Kor 8,8, eigene Übersetzung.

35 2. Mose 23,33 und 34,12.

36 3. Mose 19,14.

37 Mischna Avoda Zara 1,4.

38 Babylonischer Talmud, Avoda Zara 12a.

39 Mischna Avoda Zara 3,7.

40 Mischna Avoda Zara 2,3.

41 Mischna Avoda Zara 3,4.

42 Vgl. die Erklärungen zu „unrein“ weiter oben, S. 218-220.

43 Babylonischer Talmud, Avoda Zara 14a.

44 Babylonischer Talmud, Avoda Zara 69a.

45 1. Thess 5,21-22.

46 Röm 7,12; Röm 10,4

Kapitel 9: „Eine Decke vor den Augen?“

1 Röm 11,1-2.

2 Siehe oben S. 152-156.

3 Jer 31,31; vgl. Luk 22,20; 1. Kor 11,25; Röm 11,27.

4 Röm 3,3 (eigene Übersetzung).

5 Röm 11,16-24.

6 Pinchas Lapide, Paulus zwischen Damaskus und Qumran (siehe oben S. 298), S. 79.

7 Röm 9,2.

8 Röm 11,19-20.

9 Apg 8,1-8.

10 Siehe oben S. 227.

11 Röm 11,11.

12 1. Mose 50,20.

13 Röm 11,15 (eigene Übersetzung).

14 Röm 11,25-27.

15 Mischna Sanhedrin 10,1.

16 Pinchas Lapide, Paulus zwischen Damaskus und Qumran (siehe oben S. 298), S. 81. Ähnlich auch Schalom ben Chorin, Paulus (siehe oben S. 298), S. 103, und Mark Nanos, The Mystery of Romans, Minneapolis 1996, S. 277-278.

17 Die Erklärung „Dabru Emet“ erschien am 10. September 2000 als offener Brief in der New York Times und ist seitdem vielfach wieder abgedruckt bzw. im Internet veröffentlicht worden.

18 2. Mose 34,35.

19 2. Kor 3,12-16.

20 Röm 11,33-36.

Tipps zum Weiterlesen

N. T. Wright, „Paul and the Faithfulness of God“, London 2013.
Das beste und umfassendste Buch über Paulus, das ich in den letzten Jahren gelesen habe. Nicht einfach zu lesen und bisher nur auf Englisch erhältlich. Ich stimme Wright nicht in allen Einzelheiten zu, insbesondere was seine Darstellung des Judentums und manche Einseitigkeiten der „neuen Paulusperspektive“ betrifft. Insgesamt aber ein großartiges und in jedem Fall lesenswertes Werk.

N. T. Wright, „Worum es Paulus wirklich ging“, Gießen 2010.
Eine einfach zu lesende Kurzdarstellung der Botschaft des Paulus.

Friedrich-Wilhelm Horn, „Paulus-Handbuch“, Tübingen 2013.
Das aktuellste Lehrbuch mit dem derzeitigen Stand der Wissenschaft zu allen wichtigen Fragen der Paulusforschung. Die unterschiedlichen Artikel zu verschiedenen Fragen stammen von den namhaftesten Experten der deutschen Universitätslandschaft.

Mark Nanos und Magnus Zetterholm, „Paul within Judaism: Restoring the First-Century Context to the Apostle“, Minneapolis 2015.
Eine Sammlung von Aufsätzen von jüdischen und christlichen Forschern, die das gemeinsame Ziel verfolgen, Paulus noch deutlicher als sonst üblich als einen Juden des ersten Jahrhunderts dazustellen.

Peter Wick, „Paulus“, Göttingen 2006.
Ein kompaktes, verständlich geschriebenes Lehrbuch für theologisch Interessierte.

Brad Young, „Paul, the Jewish Theologian. A Pharisee among Christians, Jews, and Gentiles.“, Peabody 1998.
Brad Young hat viele Jahre eng mit dem jüdischen Professor David Flusser (Jerusalem) zusammengearbeitet und zeigt den jüdischen Charakter der Paulusbriefe, in Theologie und Methode, in kompakter und allgemein verständlicher Weise auf.

Stellenregister

Ein Verzeichnis der in diesem Buch zitierten Bibelstellen, antiken jüdischen Quellen und modernen Autoren sowie ein Stichwortregister stehen unter www.francke-buch.de zum Download zur Verfügung.

Gehen Sie dazu auf die angegebene Website, suchen Sie nach diesem Buch und laden Sie sich das Zusatzmaterial kostenlos herunter. Ich bedanke mich bei Herrn Maximilian Naujoks für seine Hilfe und sein Engagement an dieser Stelle.

Viele der zitierten antiken Texte sind im Internet frei verfügbar. Eine Übersicht dieser Texte mit Internetlinks finden Sie auf meiner Webseite www.bibelentdeckungen.de

Mehr von Guido Baltes

**Jesus, der Jude
und die Missverständnisse
der Christen**
ISBN 978-3-86827-414-1
288 Seiten, gebunden

ass Jesus ein Jude war, ist heute für jeden Christen selbstverständ-ch. Aber das war nicht immer so: Unser Bild des Judentums ist oft och immer durch Unkenntnis oder Vorurteile der Vergangenheit getrübt. Dieses Buch baut eine Brücke, aus der Welt des modernen westlichen Christentums hinein in die Welt des Judentums zur Zeit Jesu. Es hilft, Jesus nicht nur durch die Brille unserer vertrauten christlichen Überzeugungen, sondern auch durch die Brille seiner jüdischen Zeitgenossen zu sehen.

Der Autor Guido Baltes hat in Jerusalem gelebt und gearbeitet. Aus den Erfahrungen seiner zahlreichen Gespräche mit Christen und Juden und aus der Begegnung mit dem Land der Bibel wirft er ein neues Licht auf vertraute Texte des Neuen Testaments. Er möchte dazu beitragen, dass die Begegnung mit Jesus nicht zu einer Abgrenzung vom Judentum führt, sondern zu einer tieferen Verwurzelung im jüdischen Denken und Glauben.